市场营销实战系列教材

现代商务礼仪

（第 3 版）

金 焕 王 川 主 编

萧 琳 刘茗飞 吴庆广 副主编

電子工業出版社
Publishing House of Electronics Industry
北京 · BEIJING

内 容 简 介

本书根据现代社会工作和生活的实际需求编写，吸收了现代商务礼仪的新理论和实践研究成果，从不同角度、不同层面对商务礼仪进行了综合阐述和训练，紧密结合现代商务活动中各个方面的内容介绍了商务礼仪的特点及规范，将商务礼仪的理论与实践相结合，内容实用，可操作性强，是高等院校财经商贸类相关专业基础课教材。本书每章都附有思考与练习，便于学生练习和掌握所学知识。本书内容包括商务礼仪概述、商务个人礼仪、商务交往礼仪、商务宴请礼仪、商务会议礼仪、馈赠礼仪、求职礼仪、文书礼仪、行业服务礼仪、营销礼仪、商务仪式礼仪、商务谈判礼仪和涉外礼仪。

本书适合高等院校市场营销、电子商务、国际贸易、会计、工商管理等专业的学生使用，也可作为企业的中高层管理人员、中级业务主管、业务人员等进行商务礼仪培训及希望提升个人修养与交际水平的其他人士的参考用书。

图书在版编目（CIP）数据

现代商务礼仪 / 金焕，王川主编. —3 版. —北京：电子工业出版社，2020.10

ISBN 978-7-121-38090-7

Ⅰ. ①现… Ⅱ. ①金…②王… Ⅲ. ①商务－礼仪－高等职业教育－教材 Ⅳ. ①F718

中国版本图书馆 CIP 数据核字（2019）第 251835 号

责任编辑：张云怡　　特约编辑：田学清
印　　刷：河北鑫兆源印刷有限公司
装　　订：河北鑫兆源印刷有限公司
出版发行：电子工业出版社
　　　　　北京市海淀区万寿路 173 信箱　　邮编：100036
开　　本：787×1 092　1/16　印张：14.25　字数：364.8 千字
版　　次：2006 年 8 月第 1 版
　　　　　2020 年 10 月第 3 版
印　　次：2020 年 10 月第 1 次印刷
定　　价：49.00 元

凡所购买电子工业出版社图书有缺损问题，请向购买书店调换。若书店售缺，请与本社发行部联系，联系及邮购电话：（010）88254888，88258888。

质量投诉请发邮件至 zlts@phei.com.cn，盗版侵权举报请发邮件至 dbqq@phei.com.cn。

本书咨询联系方式：（010）88254573、zyy@phei.com.cn。

前　言

随着人们社会交往的日益频繁，越来越多的人意识到了礼仪的重要性，不论是企业还是个人，规范的礼仪都将是顺应时代、提高自身竞争力的前提。讲究和注重礼仪不仅体现在它的文化价值、社会价值上，而且越来越多地体现在它的经济价值上。通过学习、运用现代商务礼仪，在业务往来中树立良好的形象，在纷杂的环境下更好地处理人际关系，已成为提高企业竞争力和个人良好素质的基本要求，更是建立人与人之间相互尊重、信任、宽容、友善的良好合作关系的重要手段。要卓有成效地开展商务活动，必须掌握现代商务礼仪知识，遵循礼仪规范，规避不合礼仪的言行。作为高等院校的学生，具有良好的、习惯性的、能自觉遵守的商务礼仪规范，是其职业素养的重要组成部分，也是专业培养所要达到的目标之一。

本书根据现代社会工作和生活的实际需要，有针对性地选取素材，全面系统地阐述了现代商务礼仪的基本理论、基本知识和应用技巧。本书的主要内容包括商务礼仪概述；商务个人礼仪，如个人仪容礼仪、个人服饰礼仪、仪态礼仪；商务交往礼仪，如日常商务交往礼仪、拜访礼仪及接待礼仪；商务宴请礼仪，如赴宴礼仪、就餐礼仪及饮用礼仪等；商务会议礼仪，如洽谈会礼仪、新闻发布会礼仪、展览会礼仪及茶话会礼仪；馈赠礼仪，如涉外赠礼常识等；求职礼仪，如面试服饰礼仪等；文书礼仪，如信函礼仪、电子邮件礼仪、请柬礼仪、题词礼仪、致辞礼仪、网络礼仪和微信礼仪；行业服务礼仪，如公司礼仪、商场礼仪、导游礼仪、酒店礼仪等；营销礼仪，如商品推销礼仪等；商务仪式礼仪，如开业仪式礼仪、剪彩仪式礼仪、签字仪式礼仪等；商务谈判礼仪，如商务谈判的组织安排礼仪、商务谈判的语言礼仪；涉外礼仪，如外事迎送礼仪、会见与会谈礼仪、宴会礼仪等。本书所述内容准确、实用，具有时效性和可操作性。

参加本书编写的人员：珠海城市职业技术学院的金焕（第 3 章、第 7 章、第 13 章）、王川（第 1 章、第 2 章、第 12 章）、萧琳（第 5 章）、刘茗飞（第 4 章、第 6 章）、罗丝（第 8 章）、赵永利（第 9 章、第 11 章），北京韦加智能科技股份有限公司的吴庆广（第 10 章）。其中，金焕、王川为主编，萧琳、刘茗飞、吴庆广为副主编，参编人员包括罗丝、赵永利。

第 3 版在第 2 版的基础上进行了内容整合和删减（金焕负责），并与时俱进地增加了商务会议礼仪、文书礼仪和商务谈判礼仪 3 章内容，还添加了配图，图文并茂、简单明了地展示了商务礼仪规范的操作。在编写过程中，我们参考了许多礼仪方面的书籍、文章及网络刊物的相关资料，在此谨向有关作者表示衷心的感谢。

由于时间仓促，且编者水平有限，书中难免存在疏漏之处，敬请各位专家和读者不吝赐教，以使本书日趋完善。

编　者

2019 年 10 月

目录

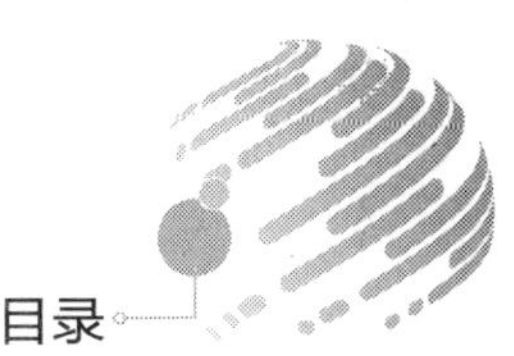

第 1 章 商务礼仪概述

学习目标

- 了解礼仪的起源与发展
- 明确礼仪的含义与特征
- 了解礼仪的功能与作用

1.1 礼仪的起源与发展

自古以来，礼仪一直是一个国家、一个民族文明程度的重要标志，是衡量社会公众教养和道德水准的标尺。礼仪是人类文明的产物，是随着社会的进步逐渐形成的。中华民族素有礼仪之邦的美称，几千年来，形成了一整套完善的礼仪，为人类的文明做出了卓越的贡献。如今我国已进入市场经济，社会经济的各个领域正逐步与世界接轨，人际交往日益频繁，人们已经把讲究礼仪看作自己走向社会的名片，甚至是生活和事业成功的基石。

1.1.1 中国礼仪的起源与发展

中国是世界四大文明古国之一，礼仪的形成和发展，经历了从无到有、从低级到高级、从零散到完整的漫长过程。礼仪起源于原始社会，在漫长的历史发展中，形成的许多具有广泛社会性与强大号召力的优良道德规范和人际交往的礼节仪式及生活准则，已成为中华民族共同的财富，对中华民族精神素质的形成起到了极其重要的作用。礼仪的发展史大致可以分为七个阶段：第一阶段，礼仪的萌芽时期（公元前5万年～公元前1万年）；第二阶段，礼仪的草创时期（公元前10000年～公元前2200年）；第三阶段，礼仪的形成时期（公元前2100年～公元前771年）；第四阶段，礼仪的发展和变革时期（公元前770～公元前221年）；第五阶段，礼仪的强化和衰落时期（公元前221年～公元1911年）；第六阶段，近代礼仪时期（公元1911年～公元1949年）；第七阶段，现代礼仪时期（公元1949至今）。

现代礼仪源于礼，而礼的产生可以追溯到远古时代。一方面，礼起源于原始的宗教祭祀活动，是人类对大自然认知过少所致；另一方面，礼起源于人类协调矛盾冲突的需要，因为人与人之间的交往需要借助一定的方式来传达善意，所以礼便产生和发展起来了。

礼的宗教观念起源于自然界，是古人敬天畏神的反映。在远古时代，由于社会生产力水平低下，人类认识自然界的能力很低，因此面对变幻莫测的自然现象和无法驾驭的自然力量，如电闪、雷鸣、地震等，人类往往迷惑不解，从而对自然界产生了神秘莫测感和恐惧敬畏感，进而产生了万物有灵的原始宗教观念，并开始采用原始的宗教仪式，如祭祀、祈祷等，企图以人类的虔诚来感化和影响自然神灵，使其多赐福少降灾。《礼记》对礼的起源和发展进行了概括性描述，大意是远古时代，人们把黍米和猪肉放在滚烫的石板上烤炙而食，在地上凿坑作为酒樽，用手掬捧而饮，并且用茅草茎捆扎成鼓槌来敲击土鼓，以表示对鬼神的祭祀。这就是远古时代拜神灵的礼仪，即礼的开始。后来，礼逐渐演变成一整套祭祀天地鬼神和祖先的政治制度和文物典章制度，尤指为表示敬意而隆重举行的祈福求福活动。殷商时代盛行的先王崇拜和祖先崇拜是中华民族古代礼仪的重要内容，其标志着古代礼仪的形成。

人类在维持人伦秩序和防止部落冲突的过程中也产生了礼。人类就其自然力量而言，不如牛、马等动物，但人类能以群体的力量战胜和驾驭牛、马等动物及其他自然力量。人类的社会群体性使得人与人之间相互依赖、相互制约。“男女有别、老少有异”既是一种天然的人伦秩序，又是一种需要被所有成员共同认定、保证和维护的社会秩序。因此，以狩猎为生的人类祖先在打猎时，相互间必须保持适当的距离，当不同部落里的人相遇时，如果双方都怀着善意，便各自伸出手掌，掌心向前，向对方表示自己手中没有石头或其他武器，走近之后，相互摸摸右手，以示友好。这一源于安全需要的动作沿袭下来，便成了今天人们常用的表示友好的握手礼。此外，人们在解决矛盾和部落的冲突时，常常因止欲制乱而制礼。在这方面表现突出的黄帝、尧、舜、禹等圣贤是被当时的人们普遍称道和尊重的典范。

人类在进入文明社会后，礼仪的内容开始得到不断完善和充实。周朝时礼的内涵已由原始社会的祭神仪式演变为封建等级秩序，大到国家政治，小到家庭生活，无一不是按照一定的程序、仪式进行的，尤其是在治理国家的过程中，礼仪起到了非常重要的、不可替代的作用，被视为国之基、君子之大柄。中国古代礼仪对后世影响甚大，部分古代礼仪如下。

家祭：古人在家庙内祭祀祖先或家族守护神的礼仪。唐代即有专人制定家祭礼仪，相沿施行。宋代陆游《示儿》诗中告诫子孙：“王师北定中原日，家祭无忘告乃翁。”

朝仪：古代帝王临朝的典礼。按规定：天子面向南，三公面向北以东为上，孤面向东以北为上，卿大夫面向西以北为上，王族在路门右侧面向南以东为上，大仆大右及大仆的属官在路门左侧面向南以西为上。朝仪之位已定，天子和臣子行揖礼，礼毕退朝。后世也称人臣朝君之礼为朝仪。

朝聘：古代宾礼之一，诸侯定期朝见天子的礼制。诸侯朝见天子有三种形式：每年派大夫朝见天子称为小聘；每隔三年派卿朝见天子为大聘；每隔五年亲自朝见天子为朝聘。

朝觐：古代宾礼之一，周朝诸侯朝见天子的礼制。诸侯朝见天子，“春见曰朝，秋见曰觐”，此为定期朝见。春秋两季朝见天子合称为朝觐。

揖让：一是指古代宾主相见的礼节，二是指禅让，即让位于比自己更贤能的人。揖让之礼按尊卑分为三种，一为土揖，专用于没有婚姻关系的异性，行礼时推手微向下；二为时揖，专用于有婚姻关系的异性，行礼时推手平而置于前；三为天揖，专用于同性宾客，行礼时推手微向上；以上称为三揖。

长揖：古代不分尊卑的相见礼，拱手高举，自上而下。

拱：古代一种相见礼，两手在胸前相合表示敬意。《论语·微子》中有这样的记载：“子路拱而立。”

顿首：古代的一种拜礼，为九拜之一，俗称叩头。行礼时，头碰地即起，因头接触地面时间短暂，故称顿首。顿首常用于官僚间的拜迎、拜送，以及民间的拜贺、拜望、拜别等，也常用于书信的开始或结尾，如丘迟《与陈伯之书》：“迟顿首。陈将军足下无恙，幸甚幸甚……丘迟顿首。”

稽首：古代的一种拜礼，为九拜之一。行礼时，施礼者屈膝跪地，左手按右手，拱手于地，头缓缓至于地，头至地须停留一段时间，手在膝前，头在手后。稽首是九拜中最隆重的拜礼，常为臣子拜见君王时所用，后来，子拜父，拜天拜神，新婚夫妇拜天地、拜父母，以及拜祖拜庙、拜师、拜墓等，也都用此礼。

九拜：我国古代特有的向对方表示崇高敬意的跪拜礼。《周礼》谓九拜："一曰稽首，二曰顿首，三曰空首，四曰振动，五曰吉拜，六曰凶拜，七曰奇拜，八曰褒拜，九曰肃拜。"这是不同等级、不同身份的社会成员之间，在不同场合所使用的规定礼仪。

跪：两膝着地，挺直身子，臀不沾脚跟，以示庄重。《廉颇蔺相如列传》有记："于是相如前进缻，因跪请秦王。"

坐：古代席地而坐，坐时两膝着地，臀部贴于脚跟。为了表示对人尊重，坐法颇有讲究："虚坐尽后，食坐尽前。""尽后"是尽量让身体向后坐一点，以表谦恭；"尽前"是尽量把身体往前挪，以免饮食污染座席对人不敬。

座次：古代官场的座次尊卑有别，官高为尊居上位，官低为卑处下位，十分严格。商朝、秦汉、元朝等朝代尚右，以右为尊，"左迁"表示贬官，如《廉颇蔺相如列传》有记："以相如功大，拜为上卿，位在廉颇之右。"古代建筑通常是堂室结构，前堂后室，在堂上举行的礼节活动是南向为尊。皇帝聚会群臣，他的座位一定是坐北向南的，故有"南面称王，北面称臣"之说。由于室东西长而南北窄，因此室内最尊的座次是坐西面东，其次是坐北面南，再次是坐南面北，最卑是坐东面西。《鸿门宴》中有这样几句："项王、项伯东向坐，亚父南向坐，……沛公北向坐，张良西向侍。"项王座次最尊，张良座次最卑。

冠礼：古代男子成年时（二十岁）加冠的礼节。冠礼是在宗庙中进行的，由父亲主持，并由指定的贵宾给行冠礼的青年加冠三次，先后加缁布冠、皮弁、爵弁，分别表示有治人、为国出力、参加祭祀的权利。加冠后，由贵宾向受冠者宣读祝词，并给他起一个与俊士德行相当的美"字"，使他成为受人尊敬的贵族成员。因为男子二十岁行冠礼，所以后世将二十岁称作弱冠。

婚冠礼：古代嘉礼之一。《周礼》："以婚冠之礼亲成男女。"因为古代贵族男子行冠礼后即可成婚，并享受成人待遇，女子十五岁行笄礼（笄：束发用的簪子。古时女子年满十五岁后会把头发绾起来，戴上簪子）后才可成婚，所以把婚礼、冠礼合称为婚冠礼。

祖道：古代为出行者祭祀路神和设宴送行的礼仪。《汉书》有载，西汉将领李广利率军队出击匈奴之前，"丞相为祖道，送至渭桥"；《荆轲刺秦王》："至易水上，祭祖，取道。"其中的"祖"就是祖道，临行祭路神，引申为饯行送别。

斋戒：古代在祭祀或举行重大事件前，要先沐浴、更衣、独居，戒其嗜欲，以示心地诚敬，这些活动叫斋戒。斋又称致斋，致斋三日，宿于内室，要求五思（思其居处、笑语、志意、所乐、所嗜），这主要是为了使思想集中、统一。戒又称散斋，散斋七日，宿于外室，停止参加一切娱乐活动，也不参加哀悼丧礼，以防失正、散思。古人斋戒时忌荤，但并非忌食鱼肉荤腥，而是忌食有辛味臭气的食物（如葱、蒜等），这主要是为了防止祭祀时口中发出的臭气亵渎了神灵、祖先。

虚左：三国两晋南北朝、唐宋、明清时期以左为尊，空着左边的位置以待宾客称虚左。《信陵君窃符救赵》："公子于是乃置酒大会宾客。坐定，公子从车骑，虚左，自迎夷门侯生。”此处足见信陵君对侯生之尊敬。今人有虚左以待一语。

再拜：先后拜两次，表示礼节之隆重。旧时书信末尾也常用再拜表示敬意。

膜拜：古代的一种拜礼，行礼时，两手放在额上，长时间下跪叩头。膜拜原专指礼拜神佛时的一种敬礼，后泛指表示极端恭敬或佩服的行礼方式。今人多用顶礼膜拜形容对某人崇拜得五体投地。

折腰：拜揖，鞠躬下拜，表示屈辱之意。《晋书·陶潜传》有载，陶渊明曾为彭泽县令，州郡派督邮巡视至彭泽县，县吏劝陶渊明束带迎见，他感叹地说：“吾不能为五斗米折腰，拳拳事乡里小人邪！”李白的《梦游天姥吟留别》中有：“安能摧眉折腰事权贵，使我不得开心颜？”折腰后来引申为倾倒、崇拜，如毛泽东《沁园春·雪》：“江山如此多娇，引无数英雄竞折腰。”

六礼：中国古代婚姻的六种手续或礼仪，即纳采、问名、纳吉、纳征、请期、亲迎。

秦晋之好：春秋时，秦、晋两国国君几代都互相通婚，后称两姓联姻为秦晋之好。

举案齐眉：古代妻子为丈夫捧膳食时要举案于眉，表示相敬。

以文会友：古代文人交往、交友的礼俗。文人相交轻财物而重情谊、才学，故多以诗文相赠答，扬才露己，以表心态。唱酬是以文会友通行的方式，即以诗词相酬答。在宴饮等聚会时，流行尽觞赋诗之俗，更是不可有酒无诗。

讳称：古人对死有许多讳称，主要的有如下几类。

- 天子、太后、公卿王侯之死称薨、崩、百岁、千秋、晏驾、山陵崩等。
- 父母之死称见背、孤露、弃养等。
- 佛道徒之死称涅槃、圆寂、坐化、羽化、仙游、仙逝等，仙逝现也用于受人尊敬的人物的死。
- 一般人的死称亡故、长眠、长逝、过世、谢世、寿终、殒命、捐生、就木、溘逝、老、故、逝、终等。

鸦片战争使中国国门被西方侵略者打开，西方的政治、经济、文化和思想渗透进来。中国近代的仁人志士在引入西方文化、科技的同时，也把西方的礼仪引入了中国，一些在西方流行的礼仪，如今在中国被接受和运用，如人们普遍使用的握手礼、注目礼、敬礼等。辛亥革命后，经过几十年的努力，旧礼仪中的糟粕部分被摒弃，取而代之的是符合现代社会道德、思想、伦理观念的新礼仪。

新中国成立后，苏联的一些礼仪也传入中国，如人与人之间互称同志。改革开放以后，东西方交流的增多，加快了西方礼仪传入中国的速度，使中国的礼仪增加了许多新的、符合国际惯例的内容。

1.1.2 西方礼仪文化的演变

西方的礼仪文化从古希腊到近现代，经历了漫长的发展过程，并孕育和催生了现代意义上的礼仪。

古希腊文化一直被称为西方文化的摇篮，其集中体现在古希腊神话与传说中，同时形成了古希腊人的宗教思想。这种宗教，与其说是一种信仰，不如说是一种礼仪，一般先有仪式，神话、教义、神学是后来发展起来的。[①]早期希腊宗教构想了大量具有人性色彩的神，如奥林匹斯山上的主神宙斯、太阳神阿波罗、智慧女神雅典娜等均是与人相似，可以与人平等交谈或像人那样需要吃饭、喝水、睡觉的神，人们可以根据自己的兴趣、需要和愿望去选择神。奥林匹斯诸神被所有希腊人承认，而且每个城市都保留着地方神祇和世代相传的宗教礼仪。

到了中世纪，欧洲兴起了基督教宗教礼仪。基督教宣扬博爱，主张爱人如己，《圣经新约》的《马太福音》提出“你们愿意人怎样对你们，你们也要怎样待人，因为这就是律法和先知的道理”，这被后人称为黄金定律，与中国孔子提出的“己所不欲，勿施于人”的意义大致相同。由于基督教宗教礼仪强化神性、神威和神权，忽视人性的价值和人权，因此其在中世纪后期日渐腐化，不合时宜。随着文艺复兴时期的到来，欧洲展开了对基督教神学的清算，从对宗教礼仪的强调转而崇尚一种新的、肯定世俗生活合理性的、强调人的社会交往和发展完善的人文交际礼仪，从而揭开了西方礼仪文化史新的一页。文艺复兴讴歌人的尊严和价值，大大提高了人对自身形象的认识和荣誉的热爱，因此人文礼仪和社交礼仪被提到了实现人自身价值的高度，并受到了前所未有的重视。17 世纪英国资产阶级启蒙思想家洛克在《教育漫话》一书中指出，要成为一名绅士，首先需要的是品德和礼仪，品德加上礼仪，犹如经过打磨的钻石，更能使人喜爱。虽然品德是一种精神上的宝藏，但是使品德发出光彩的是良好的礼仪。洛克所说的礼仪主要指待人接物、为人处世的礼节和风度。

洛克之后，欧洲的礼仪教育一直是学校教育和社会教育的重要内容，上至统治者下至普通百姓都非常注重自己的言行举止。讲究礼节礼貌成了现代意义上的人文礼仪和社交礼仪。因此，人类的礼仪文化既博大精深又源远流长，几乎每一个民族都有自己的礼仪风俗与传统，它们为现代礼仪的产生和发展提供了肥沃的土壤和丰厚的养料。另外，随着世界经济的国际化倾向日益明显，各个国家，各个地区及各个民族之间的交往日益密切，各地的礼仪也随之不断地相互渗透、取长补短，并不断被赋予新的内容。

1.2 礼仪的含义与特征

随着我国国际地位的不断提高，我国与世界各国在政治、经济、文化、教育、科技、体育等方面的交往日益密切，越来越多的人参与到了各种类型的国际交往活动中。由于交际范围的扩展、交际关系的复杂、交际频率的加快，人们产生了一种迫切的社会需要——希望找到一种有效的、能够帮助人们清除交际中的障碍的工具，以便顺利地进入各种交际场合，为事业的发展打开局面。

① 〔美〕伯恩斯 • 拉尔夫. 世界文明史. 第 1 卷，1 版，北京，商务印书馆，1987。

要了解商务礼仪的含义，首先需简要了解一下礼仪的含义，而要了解礼仪的含义，则有必要搞清楚礼、礼仪、礼貌、礼节等相关概念的含义及相互之间的关系。

1.2.1 礼仪的含义

何谓礼？礼之名，起于事神。在《说文·示部》中将礼解释为：“礼，履也，所以事神致神福也。”因此礼的本意是敬神。由于礼的活动有一定的规矩、仪式，于是又有了礼节、仪式的概念。进入文明社会以后，人们把这种礼仪活动由祈神转向敬人，所以礼是表示敬意的通称，是人们在社会生活中处理人际关系并约束自己行为以示尊重他人的准则。与礼相关的词主要有礼貌、礼节、礼仪，在大多数情况下，它们被视为一体混合使用。其实，从内涵上来看，它们之间既有区别，又有联系。

礼貌既是人们在交往时，通过言语、动作向交往对象表示谦虚、恭敬和友好的行为规范，又是一个人在待人接物时的外在表现，其侧重于表现人的品质与素养。

礼节是待人接物时的行为规则，是人们在日常生活中，特别是在交际场合相互表示尊敬、问候、祝贺、致意、慰问、哀悼及给予必要的协助与照料的惯用形式。礼节实际上是礼貌的具体表现方式，其与礼貌之间的相互关系是，没有礼节就无所谓礼貌；有了礼貌，就必然伴有具体的礼节。

礼仪是礼节和仪式的统称，是指在长期的社会生活和社会交往中，人们以约定俗成并共同遵守的程序、方式来表现的律己、敬人的具体行为规范体系。礼貌是礼仪的基础，礼节是礼仪的基本组成部分，礼仪在层次上要高于礼貌、礼节，而且其内涵更深。礼仪实际上是由一系列具体表现礼貌的礼节所构成的，它不像礼节只是一种做法，它是一个表示礼貌的系统，是一个完整的过程。不过从本质上讲，礼貌、礼节和礼仪三者所表现的都是尊敬、友好待人等，因此，为更完整、准确地理解“礼”，采用礼仪这一概念来对此加以表述是最为可行的。

礼貌、礼节和礼仪三者之间存在着既相互区别，又相互渗透的关系，它们的划分只具有相对意义。懂得了这种划分的相对性，将有助于我们在认识各种礼仪形式时融会贯通。就此，可以进一步对礼仪下一个更为完整的定义：礼仪是各民族在长期的交际生活中，集体创造并共同遵守的一种用符号形式表现出来的包含着尊重、爱护、关心他人等意义的具体的行为规范体系。

我们可从不同的角度对礼仪进行诠释，为进一步加深对礼仪的理解与把握，从修养角度来看，礼仪可以说是一个人的内在修养和内在素质的外在表现。礼仪即教养，人的内在素质体现在对礼仪的认知和应用。从道德角度来看，礼仪可以被界定成为人处世的行为规范。从交际角度来看，礼仪既可以是适用于人际交往中的一种艺术，也可以是一种交际方式或交际方法。从民俗角度来看，礼仪是待人接物的一种惯例，是在人际交往中必须遵行的律己敬人的习惯形式，也是在人际交往中约定俗成的示人以尊重、友好的习惯做法。从审美角度来看，礼仪是一种形式美，是人心灵美的必然外化。从传播角度来看，礼仪是人际交往中的一种相互沟通的技巧。

1.2.2 礼仪的特征

礼仪有一些独具的特征，这主要表现在其规范性、限定性、可操作性、传承性、变动性五个方面。

1. 规范性

礼仪就是人们在交际场合待人接物时必须遵守的行为规范。这种行为规范，不仅约束着人们在一切交际场合的言谈举止，而且是人们在一切交际场合必须采用的一种“通用语言”，是衡量他人、判断自己、敬人的一种尺度。总之，礼仪是约定俗成的一种自尊、敬人的惯用形式，因此，任何人要想在交际场合表现得合乎礼仪，彬彬有礼，都必须无条件地遵守礼仪。另起炉灶，自搞一套，或者只遵守个人适应的部分，而不遵守不适应自己的部分，都难以被交往对象理解、接受。

2. 限定性

礼仪主要适用于交际场合，适用于普通情况下、一般的人际交往与应酬。在这个特定范围内，礼仪肯定行之有效，离开了这个特定的范围，礼仪则未必适用，这就是礼仪的限定性。理解了礼仪的这一特点，就不会把礼仪当成放之四海而皆准的东西，也就不会在非交际场合拿礼仪去以不变应万变。必须明确的是，当所处场合不同，所具有的身份不同时，所要应用的礼仪往往也有所不同，甚至有时还会差异很大，这一点是不容忽略的。一般而言，适合应用礼仪的场合主要有初次交往、因公交往、对外交往三种。

3. 可操作性

切实有效、实用可行、规则简明、易学易会、便于操作，这是礼仪的五大特征。礼仪不是纸上谈兵、空洞无物、不着边际的，而是既有总体上的礼仪原则、礼仪规范，又在具体的细节上以一系列的方式、方法，仔细周详地对礼仪原则、礼仪规范加以贯彻，把它们落到实处，使之“言之有物，行之有礼”的。礼仪的易记易行，能够为其广觅知音，使其被人们广泛地运用于交际实践，并受到广大群众的认可，人们的广泛运用又进一步地促使礼仪以简便易行、容易操作为第一要旨。

4. 传承性

任何国家的礼仪都具有鲜明的民族特色，任何国家的现代礼仪都是在本国古代礼仪的基础上继承、发展起来的，离开了对本国、本民族既往礼仪成果的传承、扬弃，就不可能形成现代礼仪，这就是礼仪传承性的特定含义。作为人类的文明积累，礼仪将人们在交际应酬中的习惯做法固定下来，流传下去，并逐渐形成自己的民族特色，这不是一种短暂的社会现象，不会因为社会制度的更替而消失。对于既往的礼仪遗产，正确的态度不应当是食古不化，全盘沿用，而应当是有扬弃，有继承，更有发展。

5. 变动性

从本质上讲，礼仪是一种社会历史发展的产物，具有鲜明的时代特点。一方面，礼仪

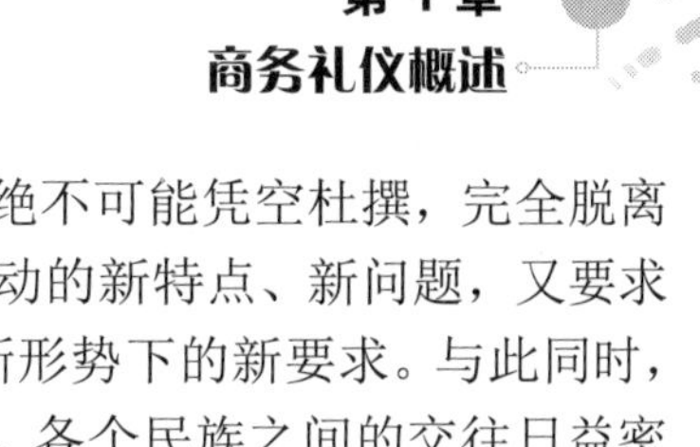

是在人类长期的交际活动实践中形成、发展、完善起来的，绝不可能凭空杜撰，完全脱离特定的历史背景；另一方面，社会的发展引起的众多社交活动的新特点、新问题，又要求礼仪有所变化，有所进步，推陈出新，与时代同步，以适应新形势下的新要求。与此同时，随着世界经济的国际化倾向日益明显，各个国家、各个地区、各个民族之间的交往日益密切，各地的礼仪也随之不断地相互影响，相互渗透，不断地被赋予新的内容，这就使礼仪具有了相对的变动性。了解了礼仪的变动性，以发展的眼光去对待它，就不会把它看作一成不变的东西，也不会对礼仪搞教条主义，使之一成不变、脱离生活、脱离时代。

1.2.3 商务礼仪的含义

商务礼仪是公司或企业的商务人员在商务活动中，为了塑造良好的个人形象和组织形象而应当遵循的对交往对象表示尊敬与友好的规范或程序。商务礼仪是一般礼仪在商务活动中的运用和体现，其比一般的人际交往礼仪的内容更丰富。商务礼仪以对顾客的尊重为基础，以提供符合消费者需求的商品和优质的服务来体现这种尊重。同一般的礼仪相比，商务礼仪具有很强的规范性和可操作性，并且与公司或企业的经济效益密切相关。

1.3 礼仪的功能和作用

1.3.1 礼仪的功能

1. 沟通功能

礼仪是一种人与人之间双向传播的情感互动过程。人通过礼仪沟通彼此之间的关系，增进相互之间的了解，升华人与人之间的感情，实现人与人之间信息的共享和情感的交流，使人的社会生活丰富多彩。人作为有理性的社会存在物，自会懂得“爱人者，人恒爱之；敬人者，人恒敬之”的道理，自会在人际交往中产生共鸣的心理现象，形成将心比心、心心相印的沟通效应。

2. 协调功能

礼仪是在一定的社会共同生活下对人们的行为提出的要求，这种要求通过风俗习惯和传统的方法来确定，并不断地支配和控制着人们的交往行为。所以，从某种程度上说，礼仪是人际交往和谐发展的调节器。礼仪的发展史表明，礼仪一开始就是一种协调众人行为的规范，也就是以虔诚的手段或方式去处理人我、己群之间的关系，以促进社会交往的顺利进行。

3. 规范功能

在人类社会中，人们无论是日常生活还是从事生产活动，都必须遵循一定的社会生活准则和规范，否则社会就无法正常运转。礼仪约束着人们的态度、动机和行为方式，协调着人们的关系，维护着社会的正常秩序，在社会交往中发挥着巨大的作用，可以说社会的稳定运行，社会秩序的井然有序，人际关系的协调与融洽，家庭的和睦与安宁，都依赖于人们共同遵守礼仪的规范和要求。

4. 评价功能

在人际交往中，礼仪往往是衡量一个人文明程度的准绳，它不仅能反映出一个人的交际技巧和应变能力，还能反映出一个人的气质风度、阅历见识、道德情操及精神风貌。可以说，礼仪即教养，通过一个人对礼仪的运用程度，可知其教养的高低、文明程度和道德水平的高低，这就是礼仪的评价功能。

1.3.2 礼仪的作用

礼仪作为社会文明的重要载体，体现着人们的道德理想和精神追求，代表着人们的社会价值观和健康的生活方式，可以说，礼仪是形成相互尊重的人文氛围、推动精神文明建设的有效保证。历史上许多思想家都把礼仪上升到治国安邦、济世安民的高度，认为“隆礼贵仪其国治，简礼贱仪其国乱”。《荀子·修身》中提出：“人无礼则不生，事无礼则不成，国家无礼则不宁。”

在当代社会，虽然礼仪已不再是维护社会等级秩序的工具，但是它在社会生活中仍起着重要的作用，而且已经渗透到社会各个环节、各个角落，成为人们社会交往、事业成功，以及组织兴旺、国家富强和国际交往中必不可少的手段。在现代生活中，礼仪的重要作用主要体现在以下几个方面。

第一，礼仪是人与人之间的润滑剂。现代礼仪的基础是平等待人，礼仪体现了对他人的尊重，所以遵守礼仪可以缓和人际交往中的摩擦。

第二，礼仪是事业成功的敲门砖。弗兰西斯·培根认为，礼仪是一封永久的推荐信，它可以使人通向四面八方。

第三，礼仪是国家富强、社会文明的标志。古人曾指出，“礼义廉耻，国之四维”，这表明其将礼仪列为立国的精神要素之本。

第四，礼仪是衡量个人文明程度的准绳。学习礼仪，运用礼仪，有助于提高个人的自身修养，提高个人的文明程度。

本章小结

礼仪是人们在社会交往中共同遵守的行为准则和规范。现代社会每一个人都需要学习礼仪、应用礼仪。掌握礼仪的概念，理解礼仪的含义，就要学习礼仪的主要特征、主要功能和作用。因为理论是实践的高度概括，所以理论的学习对于礼仪的应用将起到重要的指导作用。

中国礼仪起源于原始的宗教祭祀和人们协调相互关系的实际需要。中国现代礼仪同古代礼仪相比已经有了本质的不同，对中国古代礼仪要取其精华、弃其糟粕，坚持扬弃的原则。

思考与练习

一、选择题

1．商务礼仪的作用有（　　）。

A．沟通功能　　B．协调功能　　C．规范功能　　D．评价功能

2．古人对死有很多讳称，天子死称（　　）。

A．薨　　B．崩　　C．百岁　　D．千秋

二、填空题

1．礼仪起源：一方面源于（　　），另一方面源于（　　）。

2．同一般的礼仪相比，商务礼仪具有很强的（　　）和（　　），并且与公司或企业的经济效益密切相关。

三、问答题

1．试阐述礼仪的基本特征。

2．从不同的角度阐述礼仪的概念。

3．礼仪的功能与作用是什么？

四、判断题

1．礼仪是对礼节、仪式的统称。（　　）

2．国际通行礼仪源于西方礼仪。（　　）

第2章 商务个人礼仪

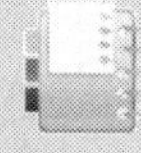

学习目标

- 掌握个人在商务场合下的仪容、服饰等礼仪基本知识
- 根据有关仪容、佩饰等进行个人商务形象设计

2.1 个人仪容礼仪

仪容主要指人的容貌，其在很大程度上取决于先天条件。容貌的美有天生丽质和精神气质之分，有的人天生丽质，但无精神气质，像一尊雕像；有的人并不漂亮，却气质风度俱佳，因此不能把容貌美绝对化。容貌姣好的人也有不足之处，不可能十全十美，而容貌平平的人，修饰打扮一番也可掩其不足，增其魅力。所以，适当的容貌修饰，会使人容光焕发，充满活力，在社会活动中展现良好的个人形象。

2.1.1 对仪容美的认识

人们总是赞赏美丽的容貌，因为容貌美会给商务活动带来许多便利。虽然爱美之心人皆有之，但是天生丽质的人总是少数，绝大多数人只是相貌平平，怎样才能使自己的容貌变得更加美丽呢？即便是天生丽质的人，随着时光的流逝，容貌也会衰老，怎样才能使自己的容貌青春常驻呢？美是可以追求的，美是可以再现的，美是可以创造的。在今天，美容化妆越来越受重视，因为美容化妆对于良好的整体形象有画龙点睛的作用，它表现了人体最富于感情的部分。美容化妆可以使人焕发青春的光彩，增强自信心，在工作和学习中精力充沛，在商务活动中增加魅力。同时，美容化妆也是在商务活动中表示相互尊重的一种形式，它还有促进商务活动成功的作用。

化妆是一门综合艺术，涉及美学、生理学、心理学、造型艺术等多门学科。化妆又是一种技术、技巧，它不是单纯的涂脂抹粉，而是运用色彩及各种化妆用品来突出和强调每个人面部自然美的部分，减弱或掩饰容貌上的欠缺，使每个人的容貌都变得尽可能完美。化妆的目的不是要把自己打扮得花枝招展，而是要塑造一副淡雅清秀、健康自然、鲜明和谐、富有个性的个人形象。

2.1.2 美容化妆的基本要求

1. 正确认识自己

既然化妆的目的是突出自己容貌上的优点，修饰自己容貌上缺点，那么，就要先了解一下人的面部的基本结构和特点。人们常说的五官端正是指人的面部五官比例要协调匀称，这是五官美的前提。人面部五官的位置是有一定比例的，这个比例就是三庭五眼。三庭是指上庭、中庭、下庭，上庭指从额头的发际线到眉线；中庭指从眉线到鼻底线；下庭指从鼻底线到颊底线，这三庭的长度应是相等的。五眼是指从正面看右耳孔到左耳孔之间的脸部横向距离正好等于自己五只眼睛的宽度。一个人的脸型如果符合这个比例，就会产生匀称感；如果不符，就要在化妆时运用一定的技法进行调整和弥补。

2. 化妆的准则

化妆时，以修整统一、和谐自然为准则。恰到好处的妆容，给人以文明、整洁、雅致的印象，而浓妆艳抹，过分的修饰、夸张的修饰是不可取的。

3. 化妆品的选用

化妆品种类繁多，必须正确地选择和使用。根据化妆品功用的不同，其可以分为三大类：清洁化妆品，用于清洁皮肤；护肤化妆品，用于保养皮肤；修饰类化妆品，用于修饰化妆。使用化妆品时要注意：一是根据自己的肤色进行选择；二是根据自己的肤质进行选择；三是注意化妆品的质量；四是不要频繁更换化妆品。

4. 适宜的妆色

妆色的浓淡要视时间、场合而定。在日间工作时，适合化淡妆，而浓妆艳抹，厚厚的粉底，重重的唇膏，会让人感觉你不是在认真工作，甚至认为你不稳重。在日间工作的环境中，应当力求表现自然、质朴，采用不露痕迹的化妆手法。晚上参加舞会、宴会等社交活动，可穿着艳丽、典雅的服装，妆色可浓一些，可使用发亮的化妆品。在旅游或运动时，不要化浓妆，在天然秀丽的风光中，最宜表现一个人的自然美。

5. 化妆时应注意的问题

（1）不要在众人面前化妆，这是非常失礼的，也是不自重的举动。如果需要补妆应到洗手间或偏僻处。

（2）不要非议他人的妆容。每个人都有自己的情趣和化妆手法，不要对他人的妆容评头论足。

（3）不要借用别人的化妆品，这样既不卫生，又不礼貌。

2.1.3 化妆的基本程序

化妆效果有晨妆、晚妆、工作妆、社交妆、舞会妆、少女妆、主妇妆、结婚妆等多种妆色，它们在浓淡的程度和化妆品的选择使用方面，都存在一定的差异。大多企业都要求营销人员在工作岗位上化淡妆，有人将这一规定简洁地称为淡妆上岗。

工作妆的主要特征：简约、清丽、素雅，具有鲜明的立体感，既给人以深刻的印象，又不显得脂粉气。总之，工作妆就是要清淡又传神。

男士的工作妆，一般包括美发定型、清洁面部与手部并使用护肤品进行保护、使用无色唇膏与无色指甲油分别保护嘴唇与指甲、使用香水等几项内容。女士的工作妆，在男士工作妆的基础上使用相应的化妆品略施粉黛。

化妆的基本程序如下。

1. 清洁面部

化妆必须在清洁面部的前提下进行，这项工作是十分重要的。用洗面奶等清洁类化妆品洗脸，并用水冲洗干净，然后涂以护肤类化妆品，如乳液、护肤霜、美容蜜等，其目的有两个：一是润泽皮肤；二是起隔离作用，防止带颜色的化妆品直接进入毛孔。

2. 上底妆

上底妆的目的是遮盖皮肤上的瑕疵，统一皮肤色调。根据自己的脸型施以粉底，突出面部的优点，修饰面部的不足，不要用太白的粉底，这样会让人感到失真，最好是选用两种颜色的粉底，在脸部的正面用接近自己天然肤色的粉底，均匀地薄薄地涂抹。在脸部的侧面可用颜色较深的粉底，从后向前，由深至浅均匀地涂抹。因为深色有后退和深陷的作用，这样做可以得到增强脸部立体感的效果。在面部需要表现后退和深陷的部位，都可以巧妙地使用深色粉底。

3. 定妆

上完基础底妆后用粉定妆，其目的是柔和妆面固定底色。可使用粉饼或散粉定妆，粉的颗粒越细效果越自然。粉一定要涂得薄而均匀，粉色不要太白，否则会让人像“挂霜”一样。

4. 画眼线

画眼线是为了增加睫毛的浓密度，使眼睛看起来更有神采。画眼线时，使用眼线笔紧贴睫毛根部由外眼角向内眼角方向描画，上眼线要比下眼线画得重些，上眼线从外眼角向内眼角画总长的 7/10，下眼线画剩余的总长的 3/10。

5. 画眼影

画眼影是为了表现眼部结构的整体化妆风格，强调眼睛的立体感。选择的眼影颜色要适应自己的肤色及服装色，眼影可以用腮红或阴影色代替。涂眼影时，贴近睫毛根部的位置要涂得重一些，眼角部位也要涂得重一些，然后用眼影刷轻轻扫开，与鼻侧影自然相接。

6. 修饰眉毛

修饰眉毛是为了给眼睛这幅美妙的图画配一个精彩的画框。眉毛的生长规律是两头淡中间深，上面淡下面深。标准眉形是在眉毛的 2/3 处有转折，描画时，应根据眉毛的生长规律将其修饰得接近于标准眉形。将眉笔削成扁平状，沿着眉毛的生长方向一根一根地描画，这样描出的眉毛有真实感，不要画成黑乎乎的一片。具体眉形要根据自己的脸型来修饰，脸盘宽大的人，眉毛不宜修得过细；五官纤细的人，眉毛不宜修得太浓密。

7. 刷腮红

刷腮红的目的，一是表现皮肤的健康红润；二是利用腮红的位置和范围来矫正脸型。面颊红润，会给人留下生气勃勃、精神焕发的印象。腮红的中心应在颧骨处，然后用腮红刷从颧骨处向四周扫匀，使颜色越来越淡，直到与底色自然相接。脸型圆的人，腮红的形状应是长条形的，以减弱胖的感觉；脸型长的人，腮红要刷得宽些，以增加胖的感觉。至于腮红的颜色选取，皮肤白皙的人，可选用淡而明快的腮红颜色，如浅桃红、浅玫瑰红；皮肤较黑的人，可选用深一些、暗一些的腮红颜色。

8. 涂口红

口红可以加深嘴的轮廓，使其生动润泽、富有魅力。涂口红时应先用唇线笔勾出理想的唇型，若嘴唇过大或过小，过厚或过薄，应注意修饰，然后用口红在轮廓内涂抹。在唇的外缘用深色口红，内缘用浅色口红，可以使嘴唇丰满，有立体感。根据肤色的不同选择不同的口红颜色，同时要注意不同的场合选用不同的口红颜色。

2.1.4 发型的基本设计

头发的造型也是仪容美的重要组成部分。有位知名造型师曾说："发型是人的第二面孔。"恰当的发型会使人容光焕发、风度翩翩。发型设计要与脸型、体型、季节、年龄、职业、气质等因素相适应，体现和谐的整体美。

发型的选择能体现个人的修养和品位，发型设计不仅可以使人端庄文雅、美观大方，而且能起到修饰脸型、协调体型的作用。女士发型式样多，变化大，发型必须根据自己的脸型来设计，椭圆形脸可选任意式样的发型；圆脸应将头顶部的头发梳高，使脸部增加几分力度，并设法遮住两颊；长脸看起来面部消瘦，发型设计应适当遮住前额，并设法使双颊显得宽一些；方脸应设法掩饰棱角，使脸显得圆润些；额部较窄的脸型，应增加额头两侧头发的厚度。发型设计应根据季节变化而有所不同，夏天应选择凉爽、舒畅的短发，若留长发可梳辫或盘髻；冬天衣服穿得厚，衣领高，留长发既美观又利于保暖；春秋季发型的选择可长可短，比较随意。

发型应根据个人职业和所处环境而设计，礼仪小姐的发型应新颖、大方；家庭主妇的发型应文雅、庄重；参加晚宴或舞会的发型应高雅、华丽。

男士的发型也可体现一个人的性格、修养和气质。短发发型可以体现青年人朝气蓬勃的精神面貌；长脸的男士不宜留太短的头发；下巴较方的男士可以留些鬓发；瘦高的男士应留长一点的头发；矮胖瘦小的男士头发不宜过长。

2.2 个人服饰礼仪

服饰是人们日常生活中的必需品，被称为人的第二肌肤。服饰的诞生与礼仪的起源是联系在一起的，正因为有了服饰，人类才得以充分地表现自己的礼、义、廉、耻及爱美之心。在现代生活中，服饰不仅具有御寒遮体的基本作用，而且具有影响社交的成功和事业

的顺达等更高层次的作用。因此，我们有必要注重服饰礼仪，并使之与自己所扮演的社交角色和所从事的社会活动相符，与所在企业的整体形象相协调。

2.2.1 着装的基本原则

服饰是人形体的外延，是一种无声的语言。莎士比亚曾经说过，“服饰往往可以表现人格”。得体的服饰不仅能充分展示美好的形象，还能反映出一个人内在高雅的审美。

商务人员着装一般要遵循以下几个原则。

1. 和谐与适体原则

和谐与适体原则是指一个人的穿着要和他的年龄性别、容貌肤色、体型、职业身份等相吻合，该原则强调整体效果的协调统一。

（1）与个人的年龄性别相适宜。男性服饰要体现刚毅有力、优美自然的男子气韵；女性服饰则要展示温柔妩媚、典雅端庄的女子风韵。俗话说，爱美之心，人皆有之，但是，不同年龄的人处在社交、事业和生命的不同发展时期，因此从服装款式到色彩应有所不同。在非正式场合，青年人应展示青春风采，服饰质地不必太考究以体现自然之美，塑造个性；在正式的工作场合，年轻人为了显得更加成熟、稳重，可穿一些深色、正统的服装。中年人力求突出成熟风韵，妆色柔和，服饰优雅，不追逐时髦，服饰质地考究；老年人则适当渲染岁月赐予的财富，展现高雅持重、深沉理性的睿智风格。随着人们生活水平的提高，人们的思想观念也在发生变化，中老年人的服饰颜色也变得明亮化。

（2）与个人的容貌肤色相协调。每个人的容貌肤色都不相同，有的人肤色深、有的人肤色浅。每个人五官的形状、大小、分布和比例不尽相同，因此服饰要根据自身特点扬长避短。肤色较深的人穿浅色服装会显得时尚，肤色较白的人穿深色服装更能显出皮肤的细腻白嫩。总之，每个人应根据自身特点搭配不同的服饰颜色，既要使原先不甚理想的肤色得以改善，又要给人一种和谐感。

（3）与个人的体型相协调。每个人的体型都各不相同，拥有不同的体型的人的着装的注意点应有所不同。要想通过得体的着装修饰来展示自己体型的长处，掩盖自己体型的弱点，首先要了解自己的体型。常见的体型有“A”形、“Y”形、“H”形、“X”形四种类型。

“A”形身材的主要特点：上半身较苗条，下半身较胖。“A”形身材的人，上衣应多为紧身式，下衣应为宽松式，这样搭配既能体现着装者上半身的身材优势，又能适当地遮盖下半身的身材劣势，而且在总体造型上显得松紧有致、富于变化和动感。

“Y”形身材的主要特点：上半身较胖，下半身较苗条。“Y”形身材的人，上衣应多为宽松式，下衣应多为紧身式，总体感觉上松下紧。一般来说，这样搭配意在遮掩着装者上半身的短处，同时衬托下半身的长处，让着装者看上去亭亭玉立、端庄大方。

“H”形身材的主要特点：身材看上去略显肥胖。“H”形身材的上衣应为宽松式，下衣应为筒式，这样既可以让着装者显得优雅、帅气，又可以为身材肥胖者掩盖弱点。

“X”形身材的主要特点：腰部较纤细。“X”形身材的人，上衣应多为紧身式，下衣应为喇叭式，这样既可以有意识地以上紧下松来突显着装者纤细的腰部，又可以体现着装者娇好的身材，使其看上去婀娜多姿、楚楚动人。

除上述四种体型之外，还有几种特殊体型，如“O”形、“B”形。拥有这样体型的人，要针对自己的脸型、颈型、肩型、体型、手型、腿型等身体特征，找出自身的优势和劣势，然后选择与之相适宜的服装的色彩、图案、款式和质地，最后利用饰品的造型、色彩和大小等修饰体型，力求突出体型优点，淡化体型缺点。

（4）与个人的职业身份相适宜。服饰与职业身份相适宜就是要体现自己的职业身份特点及表现内在的素养，并与所从事的职业的形象相协调。例如，教师在学校里不应穿奇装异服，在上课时不能浓妆艳抹、珠光宝气。在一般情况下，公关工作者的服饰应优雅、大方、考究；商业推销人员的服饰应体现稳重可靠的品质，并具有魅力；公司主管的服饰应追求干练、稳重的风格，并略微保守些。

2. 整洁与整体原则

服饰的选择应不以高档时髦为原则，其最主要的是要干净整齐。一个穿着打扮干净整齐的人给人的感觉是积极向上的，能给人留下较好的第一印象；而一位衣着褴褛的人给人的感觉总是消极颓废的。所以，在社交场合中，干净整齐的服饰可以缩短彼此之间的距离，协调彼此之间的关系。要想让人接受你，首先得让人接受你的服饰，如果你的穿着不能为他人所接受，那么你的言行举止，甚至你的一切也将很难为他人所接受。

着装是以人体为基础的，要塑造良好的个体形象，应注意着装的整体协调，首先是服装在色彩、图案、款式、质地和风格上要统一和谐；其次是佩饰的整体协调，也就是要让所有的修饰创造就出一种和谐的整体美的效果。

3. 个性化原则

个性化原则是指在社交场合中，穿衣要穿出自己的个性、品位，树立自己的个人形象。人人都希望自己以一个独立的个体为社会所接受，但在突出个性时，要注意两个问题：第一，不要赶时髦。最时髦的往往是最没有生命力的，也是最容易过时的；第二，穿出自己的特色。俗话说，世界上没有两片完全相同的叶子，不同年龄、经历、身份、职业、文化素养的人，自然会拥有不同的气质特点，因此，一定要根据自己的气质特点来选择服装，并通过服装更好地突出自己的个性。突出个性的前提是必须先深入了解自己，然后才能让服装起到锦上添花的效果。

个性化原则在社交场合中起着非常重要的作用。美国行为学家迈克尔·阿盖尔曾经做过一个实验，他以不同的衣着打扮出现在某城市的同一个地方，当他西装革履、风度翩翩地出现时，向他问路、问时间的人都是彬彬有礼的绅士阶层，而当他破衣烂衫、蓬头垢面地出现时，接近他的多半是流浪汉、无业游民。这个实验表明了人们总是习惯通过服饰来判断自己可能交往的对象。在社交场合中，你的服饰就是你的另一张脸，也是你个性的反映。

4. TPO 原则

TPO 原则的概念是由日本男装协会于 1963 年提出来的。TPO 原则是人们着装的总原则，即要求服饰因时间、地点和场合的变化而相应变化。TPO 分别是英文中 Time、Place、Occasion 三个词的首字母，意思是时间、地点、场合。

（1）服饰的变化与时间相协调。时间的含义有三层：一是指每天的早上、中午和晚上三段时间的变化；二是指每年的春、夏、秋、冬四季的不同；三是指时代的差异。根据一日中因时间变化所具有的不同光照，一年中随四季更迭所形成的不同气候条件、自然背景，以及顺应不同的时代、潮流和节奏，可以选择与之相适宜并协调的着装和佩饰。在西方，不同的时间有不同的着装要求。例如，男士在白天不能穿小礼服和晚礼服，在晚上不能穿晨礼服；女士在日落前不能穿过于裸露的礼服。

（2）服饰的变化与地点相协调。这里指根据不同国家、不同地区所处的地理位置和自然条件的要求来着装。例如，在气候较冷的地方，服饰应以深色或暖色为主；在气候较暖的地方，服饰应以淡色或冷色为主。

（3）服饰的变化与场合相协调。这里的场合主要指商务人员能够遇到的场合，其大致有三种：公务场合、社交场合、休闲场合。

不同的场合具有不同的服饰礼仪规则。服饰的效果只有合乎所处的特定场合的气氛，并与之融洽和谐，才能使交际对象感受到你的礼貌、诚意、教养和情趣，并在一开始就对你产生好感。上班要穿得整洁、大方、美观，不可妖艳，在夏季，女士不宜将吊带背心和超短裙穿进办公室；男士不宜穿短裤和拖鞋进办公室。在社交场合要穿得时髦、流行又不失高雅，在出席婚礼、宴会等重要场合时，女士既可以穿西服套裙、中式礼服，又可以穿旗袍和晚礼服；男士既可以着中山装，也可以着正规西服，但必须系领带。休闲装要穿得宽松、舒适、随意，棉制的衬衣、T 恤、牛仔装是郊外游玩的首选，穿上它们可以使你显得轻松和惬意。

2.2.2　男士西服着装的礼仪规范

莎士比亚说过，“一个人即使他默默无语，从他的着装也可以了解到他的过去”。可见，在人际交往的场合，着装应是一个人着重考虑的因素。一个人的着装直观地反映出他的精神内涵、审美品位和礼仪素养。

西服又称西装、洋服，它产生于欧洲，距今已有 150 多年的历史，是目前全世界较流行的一种服装，也是男士在正式场合着装的最佳选择。男士要想使自己所穿的西服称心合意，就要了解西服在选择、穿法和搭配上的相关礼仪规范和要求。

1. 西服的选择

挑选一套面料上乘、做工精细、款式大方、适合多种场合穿着的西服，需要注意以下几个方面。

（1）面料。一套西服，无论其花色多么漂亮，裁剪多么合身，缝制多么精细，如果面料不理想，那么就容易起皱或起球，从而失去原有的风采。鉴于西服适用于多种场合，且往往在正式场合被充当正装或礼服之用，因此，其面料的选择应力求高档。在多数情况下，毛料是西服面料的首选。

男性西服面料的质地可以表现出着装者优雅的个性、良好的品位和尊贵的气度。

下面介绍一些西服的常用面料及其优缺点，如表 2.1 所示。

表 2.1　西服的常用面料及其优缺点

面　料	品　质	优　缺　点
毛料	最好	不易变形，穿上身较好看，耐穿，要小心护理
毛料与人造纤维的混纺	较好	价钱便宜，质感极佳，像毛料，缝制效果好，几乎不会褶皱
人造纤维和棉的混纺	较好	质地轻，色泽浅，价钱适中，但不耐穿
人造纤维和毛的混纺	一般	清爽，质感较佳，较耐穿
棉、布、麻	一般	易褶皱、走样
锦纶和人造革	较差	不好看，太低档
丝织品	较差	与上班族形象不合
灯芯绒	较差	多为休闲服装，广告界、娱乐界人士喜欢

（2）款式。男式西服的款式没有女士服装款式的变化快。男士西服一般有两种：一种是两件套，包括同色和不同色；一种是三件套，即上装、下装和马夹。在参加高规格的商务活动时，以穿三件套的西服套装为好，因为它看起来更正规一些，但是要注意马夹的前胸与后背应采用统一的面料。

两件套西服可分为三种：一种是单排扣的西服，造型轻盈，稳重大方，适合中年人、青年人、老年人穿着或在正式场合穿着；一种是双排扣的西服，造型端庄、大方，适合中年人、老年人穿着或在非正式场合穿着；还有一种是改良型的西服，称为休闲西服，这种西服为便装，它的特点是活泼、年轻、有朝气，适合青年人、中年人穿着，不论学习、工作、外出都适宜，实用性强，但不正式。多数休闲西服适合在非正式场合穿着，但有时也用于舞台表演，其面料可以是棉、麻、丝、皮，也可以是人造纤维，其颜色多半都是鲜艳、亮丽的色彩，并且多为浅色，其款式强调宽松、舒适、自然，有时甚至以标新立异见长。

（3）颜色。西服的颜色必须庄重、正统，不应太过亮丽。因此，适合男士在正式场合中穿着的西服颜色，应当首推藏蓝/藏青色。除此之外，还可以选择灰色、黑色或棕色的西服，但还要因国家和地区不同而有所区别。例如，法国人在正式的场合，西服的首选颜色是黑色。按照惯例，职业人士在正式场合不宜穿颜色过于鲜艳或发光发亮及朦胧色、过渡色的西服。

（4）图案。因为商务人士要求看上去成熟稳重，过多的图案会适得其反，所以其西服一般以单色无图案的为最好，也可选择带条纹的西服。

（5）版型。西服的版型指的是西服的外观形状。目前，全世界的西服主要有欧式、英式、美式、日式四种版型。欧式西服洒脱大气，英式西服剪裁得体，美式西服宽大飘逸，日式西服则贴身凝重。男士应根据自己的身材和气质来选择西服的版型。一般来说，欧式西服要求穿着者高大魁梧，美式西服穿起来稍显散漫。相较而言，英式西服与日式西服更适合中国人的身材和气质。

（6）尺寸。西服大小要合身，宽松适度。在任何场合，所穿的西服过大或过小，过松或过紧，过肥或过瘦，都会影响整体效果，损害个人形象。

（7）做工。做工精致与否是判断西服质量的一个重要因素。在挑选西服时，检查其做工的优劣，要注意六点：一要看其里衬是否外露，二要看其衣袋是否对称，三要看其纽扣是否缝牢，四要看其表面是否有褶皱，五要看其针脚是否均匀，六要看其外观是否平整。

2. 西服的穿着要求

俗话说："西服七分在做，三分在穿。"西服的穿着必须符合礼仪的规范要求。根据西服穿着礼仪的基本要求，男士在穿西服时，要注意以下几个方面。

（1）拆除衣袖上的商标。西服上衣左边袖子的袖口处，通常会缝有一块商标，有时那里还会缝一块纯羊毛标志，在穿西服之前，一定要将它们先行拆除。通常，在购买西服时，销售人员会将其拆除。故意将商标露在外面以显示其西服的品牌和档次，这是不妥当的。

（2）西服必须合体。合体的西服是保证西服穿着挺拔的基本条件。合体的西服要求上衣盖过臀部，四周平整无皱褶，手臂伸直时，袖子长度应到手的虎口处，领子应紧贴后颈部，衬衫的领子应露出西服上衣领子约 1.5cm，衬衫的袖口应比外衣的袖口长出约 1.5cm。与上衣相配的通常是面料相同的西裤，其应有合适的腰围和长度。合适的腰围应是裤子穿在身上并拉上拉链，扣好扣子后，腰处还能伸进五指并拢的手掌；合适的裤长应是穿上裤子后，裤脚下沿正好触及脚面，并保证裤线笔直。如果裤子太长，裤线就会弯曲，从而影响西裤的挺括；如果裤子太短，坐下或蹲下时容易露出内衣，甚至皮肤，显得不雅观。一件西服上衣最好配两条裤子，因为裤子比上衣容易起皱，所以应该经常更换。裤线保持挺括，会使人显得精神抖擞。

（3）西服的纽扣。穿西服时，上衣、马夹与裤子的纽扣，都有一定的系法。通常，单排两粒扣式的西服上衣，讲究"系上不系下"，即只系上边那粒纽扣，或全部不系；单排三粒扣式的西服上衣，可以系上面两粒纽扣或只系中间那粒纽扣。在外国人眼里，只系上面的纽扣是正统，只系下面的纽扣是流气的，两粒全系上是土气的，全都不系是潇洒的。在较正式的场合，一般要求把纽扣系上，坐下时应解开。双排扣的西服上衣必须系上所有的纽扣，以示庄重。穿西服马夹，不论是将其单独穿着，还是与西服上衣配套，都要认真地系上纽扣。马夹也分单排扣式和双排扣式，在一般情况下，马夹只能与单排扣西服上衣配套。根据着装惯例，单排扣式西服马夹的最下边那粒纽扣可以不系，而双排扣式西服马夹的纽扣则必须全部系上。

目前，西裤的裤门上有的是纽扣，有的是拉链，前者较为正统，后者使用起来更加方便，但不管穿何种西裤，都要时刻提醒自己，将纽扣全部系上，或者是将拉链认真拉好。

（4）西服的口袋。男士穿西服时千万不要放太多的东西在口袋里，既不美观，又失礼仪，而且会把西服弄变形。西服上衣的口袋只作装饰，不放东西，必要时，也仅仅装折好的花式手帕，不应再放其他任何东西，尤其不应放钢笔或挂眼镜。西服左胸内侧口袋，可以装记事本、信封式钱包、票夹、小计算器等。西服右胸内侧口袋，可以装名片夹、香烟、打火机等。西服外侧下方的两个口袋，原则上是不放任何东西的。西服马夹的口袋起装饰作用，除可以放置怀表之外，不宜再放别的东西。西裤侧面的口袋只能放纸巾、钥匙包或钱包，其后侧的口袋，一般不放任何东西，以求裤形美观。

（5）西服的衬衫。与西服配套的衬衫应挺括整洁、无皱褶，尤其是领口。衬衫下摆要塞进西裤，袖口须扣上不得翻起。如果不系领带，可不系衬衫领扣。

与西服搭配的衬衫，应是正装衬衫。正装衬衫的选择要求如下。

第一，正装衬衫要选用精纺的纯棉、纯毛面料，以棉、毛为主要成分的混纺衬衫，亦可酌情选择。

第二，正装衬衫最好为纯色。在正式的商务活动中，白色衬衫是男士的最佳选择，除此之外，蓝色、灰色、棕色视情况亦可考虑。

第三，正装衬衫一般没有复杂的花纹和图案，某些细条纹的衬衫可在一般的场合中穿着，但是，条纹衬衫不能搭配条纹西服。

第四，正装衬衫的衣领多为方领、圆领和长领，应根据本人的脸型、脖子长度及领带结的大小来选择。

（6）领带的搭配。男士穿西服时最重要的配件就是领带。在欧美各国，领带、手表、装饰性袖扣被并称为“成年男子的三大饰品”。男士在挑选领带时，要注意以下几点。

第一，面料。好的领带多采用真丝面料，目前比较时尚的打法——男人的酒窝，即用真丝领带打成。以涤丝制成的领带售价较低，易于打理，有时也可以使用。由棉、麻、绒、皮、革等制成的领带，在正式场合均不宜佩戴。

第二，颜色。在正式场合中，蓝色、灰色、棕色、黑色等单色领带都是十分理想的选择。切勿佩戴多于三种颜色的领带，同时，应尽量少佩戴浅色和颜色鲜艳的领带。

第三，图案。在正式场合中，主要是以单色无图案的领带为主，有时也可选择以条纹、圆点、方格等几何图案为主的领带。

第四，款式。领带的款式往往受到时尚潮流的影响，因此，职业人士应注意四点：一是领带有箭头与平头之分，下端为箭头的领带，比较传统、正规，下端为平头的领带，比较时髦、随意一些；二是领带有宽窄之别，除流行因素之外，领带的宽窄最好与本人的胸围和西服上衣的表领形状一致；三是简易式的领带，如“一拉得”领带、“一挂得”领带等，均不适合在正式的场合中使用；四是领结宜与礼服、翼领衬衫搭配，并且主要适用于出席宴会等重要社交场合。

第五，质量。一条好的领带，其质量必须符合以下要求：外形美观、平整，无跳丝、无疵点、无线头，里衬不变形，悬垂挺括，质地厚重。

领带的常见打法有四种，具体如下。

- 单结。单结的结法如图 2.1 所示。

图 2.1　单结的结法

● 中宽结，即准温莎结。中宽结的结法如图 2.2 所示。

图 2.2　中宽结的结法

● 长结。长结的结法如图 2.3 所示。

图 2.3　长结的结法

● 厚结，即温莎结。厚结的结法如图 2.4 所示。

      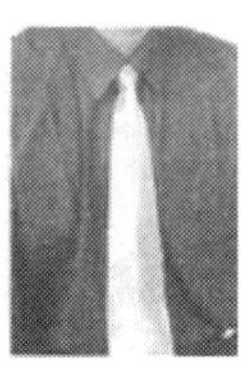

图 2.4　厚结的结法

（7）鞋袜的搭配。穿西服时必须穿皮鞋，常见的皮鞋有牛皮鞋和羊皮鞋。黑色的皮鞋素雅大方，因此较为流行。麂皮鞋、磨砂皮鞋、翻毛皮鞋等大都属于休闲皮鞋，一般不适合在正式场合穿。男士在穿皮鞋时应做到鞋内无味、鞋面无尘、鞋底无泥。

男士在穿西服、皮鞋时所搭配的袜子，应以深色和单色为宜，并且最好与西服同色，同时注意袜子要洗涤干净，做到一天一换，以防其有异味使自己难堪，也令他人难受；袜子要完整，穿袜子之前，一定要检查袜子有无破洞、跳丝现象，如果有，应及时更换；袜子要成双，不要因为粗心大意或赶时间，而将两只不相同的袜子随意穿在一起；袜子要合脚，在正式场合穿的袜子，其大小一定要合适，不能穿太小、太短的袜子，袜子太小，不但易破，而且容易从脚跟上滑下去，袜子太短，则会使脚踝外露，一般而言，袜子的长度不宜低于自己的踝骨，袜口不要露在裤脚之外。

（8）公文包的搭配。公文包、皮鞋、皮带被称为“男士三宝”，这三种物件的颜色最好统一，首选是黑色。男士所选择的公文包，以黑色、棕色的牛皮、羊皮制品为最佳。在款式上，手提式的长方形公文包是最合适的选择。

2.2.3 西服套裙着装规范

西服套裙可以使着装者看起来干练、洒脱和成熟，而且能烘托出女性独具的韵味，使其显得优雅、文静。可以说，西服套裙是能够体现职业妇女的工作态度与女性美的最好道具。

1. 西服套裙的选择

（1）西服套裙的面料。西服套裙应选用质地上乘的面料，且上衣与裙子应使用相同的面料。除女士呢、薄花呢、人字呢、法兰绒等纯毛面料之外，也可选择高档的丝绸、亚麻、府绸、麻纱、毛涤面料来制作西服套裙。应当注意的是，用来制作西服套裙的面料应当匀称、平整、滑润、光洁、丰厚、柔软、挺括，其弹性一定要好，而且要不易起皱。

（2）西服套裙的颜色。西服套裙的颜色应当淡雅、清新，不宜选择过于鲜亮的颜色，与流行色要保持一定的距离，以示庄重。具体来讲，在颜色方面，西服套裙应以浅色或冷色调为主，从而体现出着装者的高雅、端庄。在正式场合中穿着的西服套裙的颜色最多不可超过两种，否则就会显得杂乱无章。

（3）西服套裙的造型。西服套裙的造型变化无穷，其变化主要集中于长短与宽窄两个方面。在西服套裙中，上衣与裙子的长短没有明确的规定，上衣与裙子的造型，可采用上长下长、上短下短、上长下短、上短下长四种形式。西服套裙的上衣最短可以齐腰，裙子最长可至小腿中部。如果上衣再短，裙子再长，将会给人散漫的感觉。同时，西服套裙也不宜过于肥大或紧身，以免显得不利索或不庄重。穿西服套裙时不能露臂、露肩、露背、露腰、露腹。

（4）西服套裙的裙子。作为西服套裙的裙子，其式样可以有不少选择。其中，西服裙、围裹裙、一步裙、筒裙等，式样端庄、线条优美；百褶裙、人字裙、喇叭裙、旗袍裙等，飘逸洒脱、高雅漂亮，它们都是可以被西服套裙接纳的裙子式样。西服套裙的裙子一般不宜添加过多的花边或饰物，因此，在选择裙子时，应从自己的实际出发，不要唯时髦是从。穿西服套裙，特别是穿丝、麻、棉等薄型面料或浅色面料的西服套裙时，一定要穿衬裙。

2. 女士着装的注意事宜

（1）按规定着装。重大的宴会、庆典和商务谈判，尤其是涉外性质的商务活动，当组织者所发请柬上专门注有着装要求的，参加者应按要求着装。即便组织者没有注明具体的着装规定，那参加者也应穿着较正式的服装。通常，女士可穿各式套装、民族服装、旗袍或连衣裙等。

（2）注意场合。商务礼仪规定：女士在各种正式的商务交往活动中，一般以穿着套裙为好，但是忌穿黑色皮裙；在出席宴会、舞会、音乐会时，可酌情选择适合参加这类活动的时装或礼服。

（3）选择合适的袜子。许多人说，夏季是女士的季节，女人在夏季是最美丽的，这可能要归功于裙子，而把裙子衬托得更美丽的，就是女性的袜子。在社交场合中，穿裙装

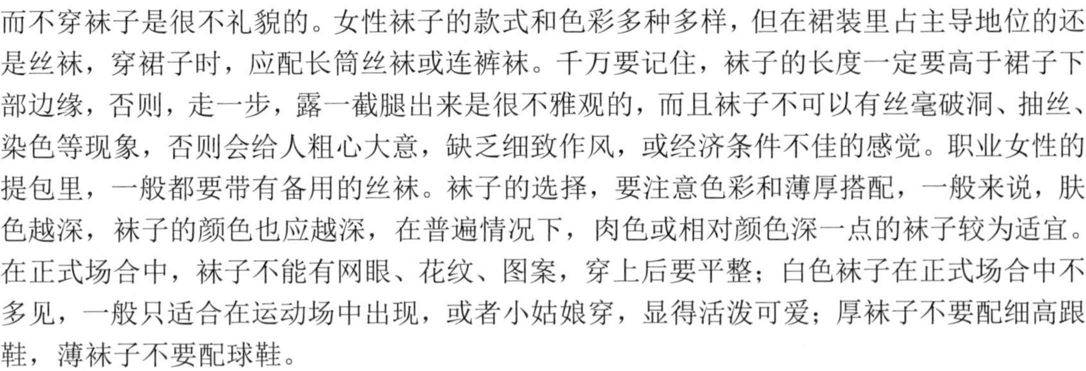

而不穿袜子是很不礼貌的。女性袜子的款式和色彩多种多样，但在裙装里占主导地位的还是丝袜，穿裙子时，应配长筒丝袜或连裤袜。千万要记住，袜子的长度一定要高于裙子下部边缘，否则，走一步，露一截腿出来是很不雅观的，而且袜子不可以有丝毫破洞、抽丝、染色等现象，否则会给人粗心大意，缺乏细致作风，或经济条件不佳的感觉。职业女性的提包里，一般都要带有备用的丝袜。袜子的选择，要注意色彩和薄厚搭配，一般来说，肤色越深，袜子的颜色也应越深，在普遍情况下，肉色或相对颜色深一点的袜子较为适宜。在正式场合中，袜子不能有网眼、花纹、图案，穿上后要平整；白色袜子在正式场合中不多见，一般只适合在运动场中出现，或者小姑娘穿，显得活泼可爱；厚袜子不要配细高跟鞋，薄袜子不要配球鞋。

（4）选择合适的鞋。在社交场合中，最常穿的鞋是皮鞋。黑色皮鞋四季穿都适合，而且可以与所有颜色的服装相搭配，不论搭配什么样的服装，都能给人稳重、沉着之感，所以多配几双总没错。白色皮鞋与浅色服装相配，给人年轻活泼的感觉。若是选择其他颜色的鞋，就要注意与服装色调为同一色系，如果鞋的颜色与服装的颜色反差太大，就会破坏整体之美。总之，鞋的颜色最好与服装主色调相呼应。皮鞋鞋跟的高低选择应视身材来决定，一般而言，中跟皮鞋能使女性显得挺拔与秀气；身材较高的女性可以穿平跟鞋；身材较矮的女性可以穿高跟鞋。皮鞋鞋跟的形状也要注意，身材较矮的女性最好不要穿方跟或酒杯跟的皮鞋；身材较高的女性不要穿特别细特别尖的皮鞋，那会令人产生“头重脚轻”、不稳重之感。

（5）包的搭配。包是职业女性在社交场合中不可缺少的配件，其既有实用功能，又有装饰价值。材料名贵、手工精致、外观华丽、体积合适的包，能使人赏心悦目，在动态中显示出女性的魅力。女性上班族所使用的包的材料多为真皮，颜色沉稳，款式简单大方，可带有形状规则的金属扣装饰，显得端庄稳重、干练利索，适合于搭配各种服装，能盛放女性物品，如笔记本、化妆盒、手纸等，非常实用。出席宴会、晚会等场合的女性，如果穿着典雅的礼服，可以选择小巧高档的夹包、精致的皮包或手工包，颜色可选择亮眼的金色、银色，灯光下更添光彩。经常参加社交活动的女性，可以多备几个不同款式、颜色、质地的包，可根据穿着的服饰搭配不同的包，以达到整体和谐美。休闲式样的大挎包、双肩包或手拎包，适合逛街、游玩时使用。高级时装可以搭配高档的牛皮包、柔软的羊皮手袋或闪亮的金属包，显得华贵富丽，气质高雅。合体的羊毛套裙，则可以搭配古典秀雅的小坤包。

3. 职业女士着装的禁忌

珠光宝气、浓妆艳抹的职业女性是不受欢迎的，因此应该注意以下几点：

（1）切忌盲目追求潮流。

（2）切忌着装太烦琐、太复杂，简单就是美。

（3）切忌着装太露、太透、太薄，否则有低俗感。

（4）切忌过分束腰。

（5）切忌着装不合时令。

（6）切忌珠光宝气。

（7）切忌着装五颜六色，备几套黑、灰、白的服装永远不过时。

（8）切忌服装款式太过累赘，装饰太复杂可能会弄巧成拙。

（9）切忌内衣外穿。

2.2.4 礼服的着装规范

礼服是对出席礼仪性活动时着装的统称。在出席隆重的社交活动时，许多国家都有穿礼服的习惯。在此类社交活动的正式请柬上，往往会对活动参与者穿着的礼服做出特别的规定。

1. 男士礼服

（1）中式男礼服，即中山装，一般由上下身同色的深色毛料精制而成。中山装前门襟有五粒扣子，袖口有三粒扣子，封闭式领口，上下左右共有四个贴袋，袋盖外翻并有盖扣。穿着中山装时，应将前门襟、风纪扣、袋盖扣全部扣好；口袋内不宜放置杂物，以保持衣服平整挺括；配黑色皮鞋。中山装可以用于参加各种礼仪活动。

（2）西式男礼服。西式男礼服分日间礼服和晚礼服两种。一般日落后是穿晚礼服的时间，忽视了时间而胡乱穿着不合时宜的礼服，是很失礼的。

男士晨礼服是西式日间礼服的一种，通常上装为灰色或黑色，后摆为圆弧形，下装为深灰色黑条裤，戴黑色礼帽，系灰色领带，穿黑色皮鞋。男士晨礼服在白天参加各种典礼、婚礼及星期日上教堂做礼拜时穿用。

男士大礼服，也称燕尾服，西式晚礼服的一种，其由深色高级衣料制成，前身较短，后身较长，下端张开像燕子尾巴；翻领上镶缎面；裤腿外侧有丝带；通常系白色领结，配黑色皮鞋、黑丝袜，戴白手套。燕尾服是晚间最为正式的礼服，可用于隆重庄严的场合，如婚礼晚宴、观歌舞剧、授勋仪式、授奖仪式等。

男士小礼服，也称无尾礼服、便礼服。男士小礼服的领带是黑色的领结，适用于一般性的晚宴、音乐会、酒会等。

（3）通用男礼服，即西服。西服的样式有很多，领型有大、小驳头之分；前门有单、双排扣之分；对扣眼有一粒、二粒、三粒之分；口袋有明暗之分；套件有两件套（上、下装）和三件套（上、下装加马夹）之分。作为礼服的西服应由上下身同色的深色毛料精制而成。在穿西服时，还应系领带，穿黑色皮鞋，必要时还要配帕饰。

2. 女士礼服

（1）中式女礼服。最常用的中式女礼服为旗袍，旗袍有各种不同的款式和花色。在正式场合穿着的旗袍一般具有高领、贴身、衣长过膝、两旁开衩、斜式开襟等特点，且袖口至手腕上方或肘关节上端或无袖的款式；面料多为高级呢绒、绸缎，颜色以单色为佳，而且不宜在面料上刺绣或装饰过多的图案或饰物。旗袍的长度最好是长至脚面，其开叉不宜太高，以到膝关节上方一至二寸为最佳。穿旗袍时应搭配高跟鞋或半高跟鞋，或者穿面料高级、制作考究的布鞋。

（2）西式女礼服。西式女礼服包括大礼服、小礼服、晨礼服三种。

女士大礼服，也称大晚礼服，其为露背的单色无袖连衣裙式服装，从正面看，穿着者的脖颈、双臂及前胸以上部分暴露在外；从背面看，穿着者的双肩直至腰际裸露在外。大礼服的下摆可长及拖地或刚及地面，其面料多为高档的薄纱或绸缎，色彩必须为单色，且穿时必须戴上与其色彩相同的帽子或面纱，有一副薄纱或网眼的长手套，以及耳环、项链等饰品相配。大礼服是一种较正式的礼服，主要适合在晚间举行的较正式的各种活动，如官方举行的正式宴会、正式的大型交际舞会等。

女士小礼服是一种质地高档、色彩单一的露背的连衣裙式服装。小礼服前胸暴露在外的肌肤相对少些，裙长至脚面而不拖地，其衣袖有长有短，着装者可根据袖长的具体情况来选配长短适当的手套。在一般情况下，着小礼服时，为方便交谈，女士可不戴帽子或面纱。小礼服的地位仅次于大礼服，主要适合参加晚上 6 点钟以后举行的宴会、音乐会或观歌剧。

女士晨礼服，也称常礼服，可以是质地、颜色相同的上衣和裙子的组合，也可以是单件连衣裙。晨礼服一般以长袖居多，而且肌肤暴露的很少，与此搭配的是一顶合适的帽子、一副薄纱短手套，还有一只小巧的手包或挎包。晨礼服主要在白天穿，适合参加在白天举行的庆典、茶会、游园会和婚礼等。西方人在星期日去教堂做礼拜时，也需穿晨礼服。

（3）通用女礼服，即西服套裙。作为礼服的西服套裙是指西服上衣和与之相配的裙子是成套设计制作的，其一般是由一件西服上衣和一条半身裙构成的两件套女装。除此之外，也有三件套的西服套裙，即除西服上衣与半身裙之外，再加上一件马夹。

2.2.5 佩饰的礼仪规范

1. 佩饰的礼仪规范

佩饰是指人佩戴的装饰物品。饰品是全身装饰物的总称，即广义上的首饰，具体包括头饰、项饰、手饰、胸饰、腰饰、脚饰等。头饰有发卡、发插、耳环、耳钳、耳插等；项饰有项链、项圈、项坠等；手饰有手镯、手镯链、戒指、袖扣、臂镯等；胸饰有胸针、别针、领针、领带夹等；腰饰有腰带、挂坠、佩刀等；脚饰有脚镯、脚趾环、脚镯链等。佩饰不仅是财富的象征，而且是一个人文化素养、气质风度和审美的表现。由于人们对佩饰有诸种动因和不同的风俗习惯，因此其佩戴有着特定的规范。

1）戒指的佩戴

戒指既是一种装饰品，又是吉祥物和生活变迁的标记，其佩戴很有讲究。国际上较为通行的佩戴规范是把戒指戴在左手上，这是人们的一种生活习惯，因为人们常用右手劳动。作为特定信息的传递物，戒指的不同戴法，可以表达不同的约定含义，如戴在食指上，表示无偶求爱；戴在中指上，表示已在恋爱；戴在无名指上，表示已订婚或结婚；戴在小指上，表示奉行独身主义，并且在短时间内不想结婚；拇指不戴戒指。另外，需要注意的是佩戴戒指的数量，一个人最多只能佩戴两只戒指，并且是分别戴在不同的手上，再多就不宜佩戴了，否则会给人一种俗气的感觉。在社会交际中，应注意准确地传递戒指的特定信息，以免造成误会。

2）手镯的佩戴

手镯是一种戴在手腕间的环形首饰，其戴法不甚讲究。在一般情况下，手镯可在左手腕或左、右两腕上同时佩戴，表示佩戴者已结婚；仅在右手上佩戴，则表明佩戴者是自由而不受约束的。并且，戴手表时不应同时戴手镯。另外，还要考虑到手镯的戴法会因各地各民族的习俗不同而不同。中国人习惯将手镯戴在右手，而西方不少地方则习惯戴在左手。

3）领带夹和袖扣的佩戴

领带夹是较常见、较醒目的男用饰品之一。领带夹的作用是把领带固定在胸前，它的位置不能太靠上，若是穿着七粒扣子的衬衫，以从上往下数的第四到第五粒衬衫扣处为宜；若是穿着六粒扣子的衬衫，以从上往下数的第三到第四粒衬衫扣处为宜。在正式场合，若佩戴领带夹，应佩戴线条优美、工艺精致、材料考究的领带夹。袖扣是佩在男式衬衫袖口上的特有装饰，其常与领带夹配套使用，因此，要求两者在造型、图案、色彩、质地等方面风格统一，相互协调。

2. 佩饰的技巧

佩饰既要与人相宜，与人的外在体型和内在气质和谐，起到掩瑕扬瑜的作用，又要以服装为轴心进行搭配，使佩饰与服装在意念、色彩、图案、款式和造型上取得呼应。在整体效果上，佩饰起到点缀、平衡、呼应、对比的作用，让整体的服装在原有基础上，因佩饰而产生层次和情感的变化，使人的全身画面有和谐韵致的美感。

1）与人相宜

（1）与脸型相宜。

椭圆形脸比例匀称，可根据自己的其他情况比较自由地挑选饰品，特别适合佩戴大方形和大圆形等夸张款式的耳环。

圆形脸应佩戴具有竖线条的细长首饰，如链节式、杠式耳坠，长方形、叶形、泪形垂吊耳环，细长项链或带挂件的项链；还可在蓬起的发型上稍加点缀或使用宽发带，以增加脸的长度。单独别一枚胸针在领口中间的位置，也会使脸显得清瘦些，但不宜戴纽扣形、圆形等使脸显得更圆的耳环。

方形脸应佩戴体积较小、线条圆润流畅的圆形、鸡心形、螺旋形或垂挂形等形状的耳环，以减弱面部棱角；不宜选规整的方形或边距棱角突出的几何耳环。

长方形脸应佩戴粗短结构的耳环与项链，耳环宜选较大的圆形结构，头饰要向两侧发展，以达到脸型变短、线条变柔的效果；不宜选细长或带挂件的项链和戴细长的耳环、耳坠。

正三角形脸应佩戴较大的耳环，配合短发的一角遮盖下颚，还可在蓬松的发型鬓角处戴一醒目的发簪、发夹、花簇等，以增加上额的宽度；亦可借助具有拉长效果的长项链，弥补脸型缺陷和不足。

倒三角形脸应佩戴具有圆润感的圆形的发饰、耳饰、项饰和胸饰，使其多些浑然的感觉。

（2）与身材相宜。

比例恰当而匀称的身材，其佩饰的选择面较广，若身材不够标准，则需精心选佩。体型瘦长者，宜佩有横线、块面感觉的饰品，色彩宜选白色、粉色等浅色；体型矮胖者，宜佩呈竖直条状、片状且简练明快、小巧玲珑的饰品，忌用横向、方状、面状造型的饰品。

颈型细长者宜佩粗且短的项饰，使其在颈部占一定位置，视觉上能缩短颈长，不宜戴细长坠子的耳环；颈型粗短者宜佩细且长的项饰，下垂的弧线可增加脖子的修长感，或者不戴项饰。手臂细长者宜佩宽镯或多个细型手圈；手臂粗短者，宜佩窄镯或不戴手镯。

指型修长者宜佩方戒等粗线的款式；指型丰满者宜佩圆形、梨形或心形的戒指，且戒指分量要相对加重。指型短胖者宜佩细小的指环，有起角和不对称的款式，如梨形、圆形的嵌宝戒；指型纤秀者适合佩戴各种类型的戒指。

（3）与气质相宜。

贤惠型的人，贤良温和，端庄稳重，宜选佩以自然景物为题材，或者有圆线、曲线韵味的饰品，且色彩和材料宜考虑柔和的珍珠色、温暖的金色和各种暖灰色，冷色系应尽量少用。

奔放型的人，开朗奔放，自由不羁，宜选大而粗犷并带有动感的饰品，如坠式的耳环，且色彩应具刺激性。

书卷型的人，冷静内向，温文尔雅，宜选较为端庄素雅的饰品以树立自己的形象。

练达型的人，爱好交际，精干好强，宜选造型刚直抽象的饰品。

纯真型的人，耽于幻想，清纯无拘，宜选卡通玩具似的饰品，且饰品的色彩应单纯明快，不宜佩戴式样过于复杂的饰品。

娇美型的人，小鸟依人，娇娆甜美，宜选线条造型柔和，色彩充满暖意的饰品，但在正式职业场合，应与角色气质相宜。

2）以衣为轴

（1）与服装色彩匹配。

根据饰品的色彩特征，饰品在整体服饰效果中起画龙点睛、锦上添花的作用。在服装色彩单调和沉稳时，可佩戴鲜明而多变的饰品来点缀，使之活跃而富有变化；在服装色彩华美和强烈时，可佩戴简单而含蓄的饰品来调节，使之缓和且具平衡感。当饰品色调与服装色调相呼应时，会使两者相辅相成，如棕色套裙配透明的琥珀手镯和胸针；镶黑色驳领的白色西服套裙配镶嵌黑亮珠饰的项链与耳饰。当饰品色调与服装色调相对比时，会使两者相得益彰，如蓝色西服配橙色领带夹；绿色连衣裙配水晶项链。

（2）与服装的衣料匹配。

饰品的材料、工艺、档次要与服装的衣料协调统一。一般高档的服装衣料配材料昂贵、工艺精致的由珍贵宝石和贵重金属制成的饰品；中低档的服装衣料配材料低廉、工艺一般的由天然材料和人工合成材料制成的饰品。华贵的裘皮大衣，若配以陶瓷、骨木为材料的饰品就显得不协调；若配黄金、钻石材料的饰件，则会产生雍容华贵、气度不凡的效果。饰品的质感、格调、意趣也要与服装的质感、格调、意趣相协调统一。钩织面料的服装配金丝项链、花丝手链、填丝戒指等花丝编织或雕琢出剔透质感的饰品为佳；而骨质饰物的格调意趣与蜡染布服十分相宜。

（3）与服装款式匹配。

饰品的款式造型要与服装的款式造型取得格调上的统一。一般是宽松的衣服配粗犷、松散的饰品；紧身显露体型的服装，配结构紧凑细小的饰品。休闲服配造型简洁、颜色明快的饰品；礼服则配造型典雅、精致瑞丽的饰品。衣饰一经穿戴在人体上，便成为人外表的有机组成部分，烘托和反映着人的内在气质。

2.3 仪态礼仪

仪态指人在各种行为中的姿势和风度。姿势是指身体呈现的样子，风度则属于气质方面的表露。洒脱的风度、优雅的姿势，常被人羡慕和称赞，最能给人留下深刻的印象。我们往往可以从一个人的仪态来判断他的品格、学识、能力和其他方面的修养程度。在人际交往中，人们的感情流露和交流往往借助于人体的各种姿态，这就是我们常说的体态语言，它作为一种无声的语言，在生活中被广泛地运用。达·芬奇说过，“从仪态知觉人的内心世界，把握人的本来面目，往往具有相当的准确性和可靠性”。用优美的体态表达礼仪，比用语言更让受礼者感到真实、美好和生动。

2.3.1 站姿

站姿是人最基本的姿势，也是其他姿势的基础，更是我们日常生活中正式或非正式场合中第一个引人注视的姿势。“站如松”是说人的站立姿势要像青松一般端直挺拔，这是一种静态美，是培养优美典雅仪态的起点，也是发展不同质感动态美的起点和基础。良好的站姿能衬托出美好的气质和风度。

1. 正确的站姿

正确的站姿，从整体上给人以挺、直、高的感觉。标准站姿的基本要领如下（见图 2.5）。

（1）头正，颈挺直，双肩展开向下沉。人体有向上的感觉。

（2）收腹、立腰、提臀。

（3）两腿并拢，膝盖挺直，小腿往后发力，人体重心前倾。

（4）女士四指并拢，虎口张开，双臂自然放松，将右手搭在左手上，拇指交叉；脚跟并拢，脚尖分开呈“V”字形，体现女性线条的流畅美。

（5）男士可将两脚分开与肩同宽，也可脚尖分开呈“V”字形，将双手相握叠放于腹部或相握于身后，塑造男性轮廓的挺拔美。

（6）女士穿旗袍时，双脚应呈丁字步站立，下颌略收，双手交叉置于肚脐位置上。

（7）站立时应保持面带微笑。

站姿

■ 将双手相握叠放于腹前或相握于身后

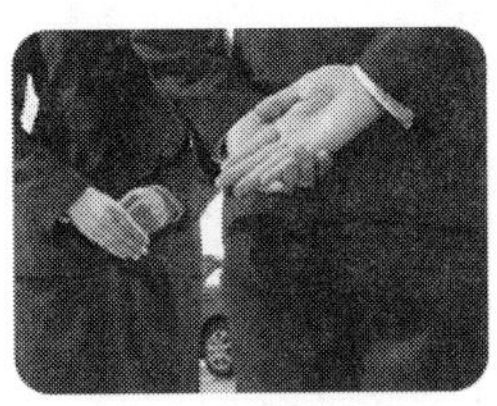

■ 男士双脚可分开，与肩同宽

■ 女士双脚并拢或丁字步站立

■ 双脚交替切勿过于频繁

图 2.5　站姿的要领

2. 纠正不良的站姿

在社交场合站立时切记：双手不可叉在腰间，也不可抱在胸前；不可驼着背、弓着腰、眼睛不断向左向右看、一肩高一肩低、双臂左右乱摆、双腿不停抖动；不宜将手插在裤袋里，更不要下意识地做小动作，如摆弄打火机、香烟盒，玩弄皮带、发辫，咬手指甲等。这样不但显得拘谨，给人以缺乏自信的感觉，而且也有失庄重。

2.3.2　坐姿

坐姿的原则是“坐如钟”，正确的坐姿给人以端正、大方、自然、稳重之感。

1. 正确的坐姿

标准坐姿的基本要领如下（见图 2.6）。

（1）入座时要轻要稳，走到座位前，从侧面轻稳地坐下，身体挺直。女子入座时，若是裙装，应用手将裙稍稍拢一下，坐后将裙角收拢；不要坐下后再站起来整理衣服。

（2）坐在椅子上时，上身应保持站姿的基本姿势，双膝自然并拢，两脚平行，鞋尖方向要一致。

（3）根据所坐椅子的高低调整坐姿，双脚可正放或侧放，并拢或交叠。切记，女士的双膝应并拢，任何时候都不能分开。

（4）双手可自然弯曲放在膝盖或大腿上，如果坐在有扶手的沙发上，男士可将双手分别搭在扶手上，而女士最好只搭一边扶手，显得高雅。

（5）坐在椅子上时，一般是男士坐满椅子的 2/3，女士坐满椅子的 1/2，一般情况下，不要靠椅背，休息时可轻轻靠椅背。

（6）起立时，双脚往回收半步，用小腿的力量将身体支起。不要用双手撑着腿站起，要保持上身的直立状态。

坐姿

■ 从侧面轻稳入座，身体挺直，微微前倾，表示对对方的尊重

■ 女士入座时应以手背拂裙，坐后将裙角收拢

■ 双膝自然并拢，双脚置中，也可侧向一方

■ 男士膝部可适度分开

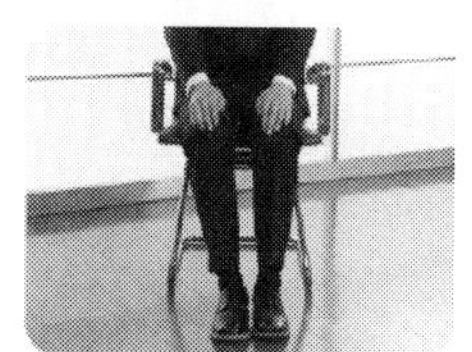

图 2.6　坐姿的要领

2. 女士的其他几种坐姿

（1）双腿垂直式。双腿垂直式坐姿的基本做法是双腿垂直于地面，双脚的脚跟、膝盖直至大腿都需要并拢，双手叠放在大腿上。这是正式场合的最基本坐姿，特别是谋职面试，与领导、长辈谈话，都应该保持双“L”形，即大腿与小腿成直角，臀部与背部成直角，而且不能靠椅背。双腿垂直式坐姿可给人以诚恳、认真的印象。

（2）双腿叠放式。双腿叠放式坐姿要求上下交叠的膝盖之间不可分开，两腿交叠呈一直线，这样才会给人以纤细的感觉。双脚置放的方法可视座位的高低而定，既可以垂直，又可与地面成 45° 角斜放。采用双腿叠放式坐姿时，切勿双手抱膝，更不能两膝分开。

（3）双腿斜放式。当坐在较低的沙发上时，若双腿垂直放置，膝盖不可高过腰，否则极不雅观，这时最好采用双腿斜放式坐姿，即双腿并拢后，双脚同时向右侧或向左侧斜放，并与地面形成 45° 角。这样，就座者的身体会呈现优美的“S”形。

（4）双脚交叉式。双脚交叉式坐姿的基本做法是双腿并拢，双脚在踝部交叉之后略向左侧斜放。当坐在主席台上、办公桌后面或公共汽车上时，比较适合采用双脚交叉式坐姿，感觉比较自然。

（5）双脚内收式。双脚内收式坐姿的基本做法是两条小腿向后侧屈回，双脚脚掌着地，膝盖以上并拢，两脚稍微张开。双脚内收式坐姿在并不受注目的场合显得轻松自然。

3. 自觉纠正不良坐姿

需纠正的不良坐姿有以下几种。

（1）与人交谈时，双腿不停地抖动甚至鞋跟离开脚跟在晃动。

（2）坐姿不符合环境要求，如与职位高者、长者交谈时叠腿。

（3）双脚搭到椅子、沙发、桌子上。

（4）叠腿姿势成“4”字形。

（5）坐下后脚尖相对或双腿拉开成“八”字形或将脚伸得很远。

2.3.3　走姿

走姿属动态美，协调稳健、轻松敏捷的走姿会给人以美的感受。

1. 正确的走姿

（1）以站姿为基础，面带微笑，眼睛平视。

（2）双肩平稳，双臂前后自然地、有节奏地摆动，摆幅以 30°～35° 为宜，双肩、双臂都不应过于僵硬。

（3）重心稍前倾，行走时左右脚的重心反复地前后交替，使身体向前移。

（4）行走时，两只脚两侧行走的足迹为一条直线。

（5）步幅要适当，一般应该是前脚的脚跟与后脚的脚尖相距为一脚长，但因性别身高不同会有一定差异。着装不同，步幅也不同，如女士穿裙装（特别是穿旗袍、西服裙、礼服）和穿高跟鞋时步幅应小一些，穿长裤时步幅可大一些。

（6）跨出的步子应是脚跟先着地，膝盖不能弯曲，脚踝和膝盖要灵活，富于弹性，不可过于僵直。

（7）走路时应有一定的节奏感。

2. 需要纠正的不良走姿

（1）内八字、外八字的走姿。

（2）弯腰驼背，摇头晃脑，扭腰摆臀的走姿。

（3）膝盖弯曲，重心交替不协调，使得头先去，腰和臀后跟上来的走姿。

（4）左顾右盼，走路时抽烟，双手插裤兜的走姿。

（5）身体松垮，无精打采的走姿。

（6）摆臂过快，摆臂幅度过大或过小的走姿。

2.3.4　手势

手势是人们交往时不可缺少的动作，是非常具有表现力的一种体态语言。手势美是一种动态美，能够恰当地运用手势来表情达意，可为交际形象增辉。

1. 使用手势应注意的问题

（1）手势的使用应该有助于表达自己的意思，但不宜过于单调重复，反复做一种手势会让人感到修养不够。其次也不能做过多手势，与他人交谈时，随便乱做手势或不停地做手势，会影响他人对说话内容的理解，因此，营销人员应约束自己，讲话时注意控制手势的运用。

（2）打招呼、致意、告别、欢呼、鼓掌等都属于手势范围，但应该注意其力度的大小、速度的快慢、时间的长短，不可过度。例如，看体育比赛、文艺演出或欢迎人到来时的鼓掌，应该用右手手掌轻拍左手手掌心，不可过分用力，也不可不鼓掌，更不应该喝倒彩，即用鼓掌表示不满。

（3）在任何情况下，不要用拇指指自己的鼻尖和用手指指点他人，谈到自己时应用手掌轻按自己的左胸，这样会显得端庄、大方、可信。用手指指点他人是不礼貌的。

（4）在介绍某人、为某人指示方向或请某人做某事时，应该使掌心与地面成45°角，手指自然并拢，掌心向上，以肘关节为轴，指示方向，上身稍向前倾15°，以示敬重。这种手势被认为是诚恳、恭敬、有礼貌的。

2. 在日常生活中应该避免出现的手势

在日常生活中，某些手势会令人极其反感，严重影响交际风度，如掏耳朵、抠鼻孔、咬指甲、剜眼屎、搓泥垢、修指甲、揉衣角、用手指在桌上乱画等，这些都是交际中禁忌的举止。咳嗽、打喷嚏时要以手帕捂住口鼻并面向一侧，避免发出大声；口中有痰要吐在手纸或手帕中；手中的废物应扔进垃圾桶。

2.3.5 表情

表情是仅次于语言的一种交际手段，因此在交际活动中备受人们的注意。在人的千变万化的表情中，眼神和微笑具有礼仪功能和较强的表现力。

1. 眼神

表情中起主导作用的是眼睛，眼睛对人内心情感的传达主要靠眼神。用眼神表情达意时需要注意以下两个礼仪方面的问题。

（1）注视的时间。在交谈过程中，有些人让人感觉舒服，有些人则令人不自在，甚至让人感觉不值得交往，这主要与注视的时间长短有关。目光接触的技巧如图2.7所示。一般来说，与对方目光接触的时间超过了全部谈话时间的1/3时，要么是被认为很吸引人，要么是怀有敌意。因此，对于不太熟悉的人，不可长时间地盯着对方的眼睛，以免引起对方的恐惧和不安；如果感觉与对方谈得来，可以一直看着他，这样的谈话可以有60%以上的时间在注视对方，让他意识到你喜欢与他交往，以建立良好的情感关系。不难想象，如果谈话时心不在焉、东张西望，或者由于紧张、羞怯不敢正视对方，目光注视的时间不到全部谈话时间的1/3，那一定不容易被人信任。当然，注视时间长短还要考虑文化背景的差异，对南欧人来讲，注视对方过久可能会造成冒犯；非洲肯尼亚卢奥部族明文规定，女婿与岳母不得面对面地交谈，如果有话要说，必须背对背或各向一隅；南美洲印第安人在交谈时，忌东张西望，当面对三个以上的听众讲话时，必须背对听众，目视远方侃侃而谈。

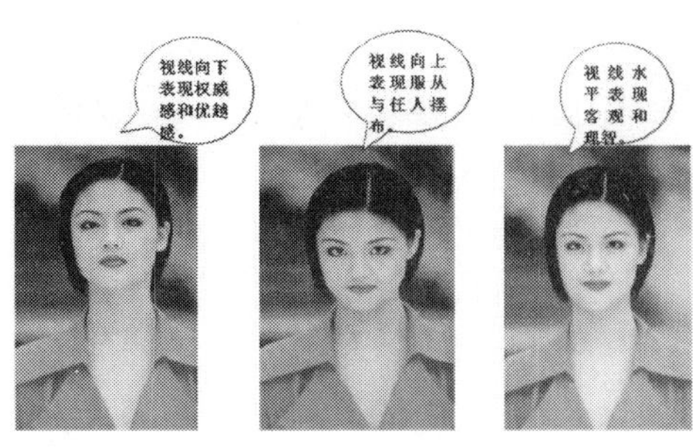

图 2.7　目光接触的技巧

（2）注视的区间。注视不同的区间，传达的信息有所区别，造成的气氛也相异。不同的场合和交往对象，目光所及之处也有区别。若是在公务场合中的注视，目光所及区域应在额头到两眼之间的正三角形区间内；若是社交场合，则目光所及区域应在两眼到嘴之间的倒三角形区间内；亲密注视的目光所及区域可落到某个具体部位，如双眼、唇、脖子等（见图 2.8）。

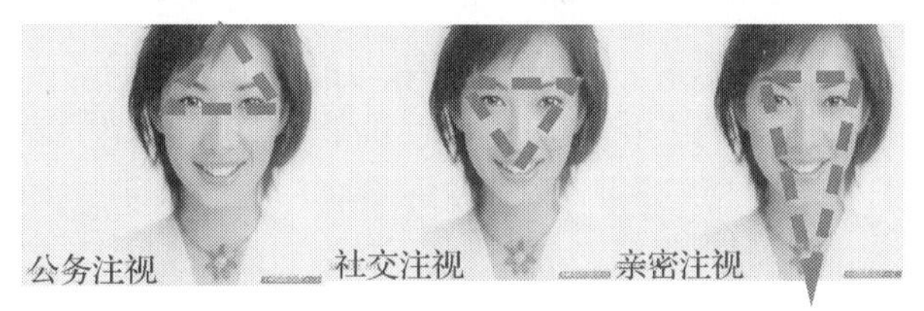

图 2.8　注视的区间

2. 微笑

人的五官中，嘴的表现力仅次于眼睛。嘴是一个人面部表情中比较显露突出的部位，笑主要是由嘴来完成的，它是一种生动、多变的感情表达语。

笑是眼、眉、嘴和面部的动作集合，它能够有效地表达人的内心情感。据专家统计，人的面部表情肌有 30 多种，能做出大约 25 种不同的表情，就拿笑来说，可以分为微笑、欢笑、大笑、狂笑、苦笑、奸笑、傻笑、狞笑、嘲笑等，其中最常见的、用途最广的、损失最小而效益最大的便是微笑。

微笑的表情之所以动人，令人愉快，最主要的原因不在于这种表情在外观上给人的美感，而在于这种表情所传递的、表达的可喜的信息和美好的感情。微笑总能给人们带来美好的感受，总能给人带来欢乐和幸福，带来精神上的满足。

1）微笑对营销的重要作用

微笑已成为各国宾客都理解的世界性语言，正如罗杰 • E.艾克斯泰尔指出的：“有一个世界通用的动作，一种表示，一种交流形式，它存在于所有的文化与国家中，人们不分国别、不分种族地使用它，并理解它的含义。它可以帮助你与各种关系的人交往，不论是业务伙伴，还是朋友，它是人们交流中最有用的形式，那就是微笑。”

世界著名的酒店管理集团，如喜来登、假日等酒店有一条共同的经验，即服务金钥匙中非常重要的一把就是“微笑”。麦当劳快餐店老板也认为：“笑容是最有价值的商品之一。我们的快餐店不仅提供高质量的食品、饮料和高水准的优质服务，而且免费提供微笑。”

自称“微笑之邦”的泰国，其一切工作服务都是在微笑中进行的。泰国航空公司把微笑写进了广告，“请乘坐平软如纱的泰航飞机，到泰国来享受温暖的阳光和难忘的微笑吧！”泰国人给人们留下了热情好客的印象，正如该国供外国游客阅读的旅行指南中所说的，“当你尽兴地离开泰国时，你带走的将是这块充满微笑的土地的最美好的记忆！”日本知名航空公司的空姐上天之前，要接受的主要礼仪训练就是微笑，学员要在教官指导下进行长达六个月的微笑训练，训练在各种乘客面前、在各种飞行条件下应保持的微笑。

2）微笑的内涵

微笑是人们对美好事物表达愉快感情的心灵外露，是善良、友好、赞美的象征；是对他人的理解、关心和爱的表现；是谦恭、含蓄、自信的反映；是礼貌修养的表现；是心理健康的标志。微笑的内涵是博大的，它具有强大的感染力。

微笑是自信的象征。一个人即使在遇到危险或困难的时候，仍然微笑面对。这种微笑充满着自信，充满着力量，好像有一种超凡的魔力，像阳光一样，可以驱散阴云，驱散黑暗，把许多令人忧郁、沮丧、恐惧、苦恼等情绪一扫而光。

微笑是礼貌的表现。让微笑之花常开在自己的脸上，对认识的和陌生的人，都将微笑当作礼物，慷慨地、温和地、像春风春雨一样地奉献，使人感到快乐、愉悦。微笑服务能极富魅力地感染消费者，拨动消费者心弦，使营销活动能在愉快、和谐的气氛中完成，给人以热情待客的良好印象。

微笑是友好的反映。某些人能够与别人相处得很融洽，往往是经常保持微笑的结果，因为他在别人面前，经常笑容满面，会显得和蔼可亲，易于接近。在现实生活中，如果人人脸上都有微笑，那么将会使苦恼的人也感到愉快，气氛也会融洽平和，至少人人的心中都少了许多令人不愉快的怒气，争吵打斗的事情也会少许多。这种微笑，好像一股磁力、一种电波，能够跟许多人的心灵相近、相通、相亲。

微笑是交际的手段。有人认为对自己看不起的人，就不必微笑；有人只对自己想要讨好的人才微笑。有的人对于自己的部下、自己的晚辈，从不微笑，若微笑，仿佛有损于自己的尊严。这种人的微笑不是发自内心的微笑，而是一种虚伪的微笑，是做给别人看的，不是真诚的，善良真诚的人切莫被这种虚假的微笑迷惑。

微笑是健康的表露。一个心理健康的人才能真诚地微笑，使美好的情感、崇高的思想、温暖的情怀及善良的心地水乳般地交融在一起。发出真诚微笑的人，表现出对别人尊重、理解和同情、愿意在分担他人的忧伤、减轻他人痛苦的同时，也与人分享快乐。正如瑞典的一句谚语：“与人分享的快乐是双重的快乐，与人分担的痛苦是减半的痛苦。”与善于发出真诚微笑的人交朋友，无疑会得到他坦诚、热情、无私的帮助。

3）微笑的练习

微笑是一种健康文明的举止，通过微笑来表达美的习惯是可以通过训练养成的。微笑的基本要领是不发声、不露齿、肌肉放松、嘴角两端向上略微提起、面含笑意、亲切自然。其中，亲切自然最重要，它要求微笑发自内心、发自肺腑，无任何做作之态，也只有这种发自内心的微笑，才能使一切与你接触的人都感到轻松和愉快。

人们在微笑时，首先表现在嘴的两端要平齐地向上翘起。在练习时，为使双颊肌肉向里，可念普通话中的“一”字音。笑的关键在于善于用眼，如果一个人的嘴上翘时，眼睛仍是冷冰冰的，就会给人假笑的感觉。眼睛里有“笑容”的训练方法为：取厚纸一张，遮住眼睛下边部位对着镜子，心里尽情地回忆过去美好的时光，使笑肌抬升收缩，嘴角两端做出微笑的口形，接着放松面部肌肉，随后即使是口部恢复原形，目光中仍然会反射出含笑脉脉的神采。

本章小结

本章详细介绍了仪容美的基本内容，探讨了男士西服和女士西服套裙的穿着礼仪，分析了服饰的搭配技巧，并介绍了与佩饰有关的礼仪，重点讲解了站姿 、坐姿、走姿三种基本体姿。

思考与练习

一、选择题

1．爱美之心人皆有之，美容化妆的基本要求有（　　）。

A．正确认识自己　　B．化妆的准则

C．化妆品的选用　　D．适宜的妆色

2．商务人员着装一般遵循以下几个原则（　　）。

A．和谐与适体　　B．整洁与整体

C．个性化　　D．TPO 原则

二、填空题

1．公务场合中的注视，目光所及区域应在（　　）之间的正三角形区间；如是社交场合，则目光所及区域在（　　）的倒三角形区间。

2．戒指戴在食指上，表示（　　）；戴在中指上，表示（　　）；戴在无名指上，表示已订婚或结婚；戴在小指上，表示奉行（　　），并且在短时间内不想结婚。

三、问答题

1．化妆分几个步骤？

2．西服的穿着有哪些礼仪规范？

3．职业女性应如何着装？

四、实训题

假设你是一个从事商务工作的人员，请根据学过的服饰礼仪知识为自己做一个服饰策划。

第3章 商务交往礼仪

学习目标

- 掌握几种常用的日常礼仪
- 深入了解拜访和接待的礼仪规范

交往是指在社会生活中人与人之间基于某些客观需要而发生的思想、情感、语言和行为方面的相互影响和作用。交往礼仪在人类社会生活中具有相当重要的指导作用。我们要克服那种认为日常交往平平常常，没有什么好学的偏颇认识。学好交往礼仪，对自己融入社会，在社会生活和交往中获得成功具有很大的帮助。

3.1 日常商务交往礼仪

3.1.1 握手礼仪

握手是交往时常用的见面礼仪，它来源于中世纪欧洲的武士，表明手中没有武器，以示亲切友好之意。握手的礼节通行于欧美，并在辛亥革命后传入中国。如今，握手已是世界通行的礼仪，初次见面、久别重逢、告别或表示祝贺、鼓励、感谢、理解、慰问等都可行握手礼。

1. 握手的姿势

握手时，双方应保持一步左右的距离，各自伸出右手，手掌略向前下方伸直，四指并拢，大拇指叉开，指向对方；手掌与地面是垂直的，两人手掌平行相握，持续 1～3 秒，如图 3.1 所示。同时注意：上身稍向前倾、头略低，面带微笑，注视对方，并伴有问候性语言。

图 3.1　握手礼仪

2. 握手的时间

握手的时间应长短适宜，一般以三五秒为好，如果是初次见面，握手时间不宜过长；如果是老朋友意外相见，那么握手时间可适当加长，以表示不期而遇的喜悦或真诚，甚至可以一边握手一边寒暄，但一般也不要超过 20 秒。男士与女士握手的时间不宜过长，拉住他人的手不放是很不礼貌的。

3. 握手的力度

握手时用力要均匀，不要死握住对方不放，让人有痛感，尤其是对女性，不能让女性产生痛感。当然也不要松松垮垮，软绵无力，尤其是男性，如果握手无力，只轻轻碰一下，则会被认为毫无诚意或拒人于千里之外。对于女性而言，握手可以松软些，不必太用力，而且男士同女士握手，一般只轻握对方的手指部分。握姿要沉稳、热情、真诚，更要轻重适宜，所谓轻重适宜，就是指握手时的力度能传递自己的热情但又不显得粗鲁。

4. 握手时应注意的问题

（1）注意伸手的先后顺序。见面时握手是在向对方表示友好、礼貌，但在人际交往中，却不可贸然伸手。伸手的先后顺序要视身份、地位而定，各种场合的握手应该按照上级在先、长辈在先、主人在先、女士在先的顺序进行。作为下级、晚辈、客人、男士，应该先问候，见对方伸出手后，再伸手与其相握，尤其在上级、长辈面前不可贸然伸手。作为女士，当男士已伸出手时，不可置之不理，而应落落大方地与对方握手。女士如果不打算与向自己问候的男士握手，可欠身或点头致意，不要视而不见或转身离去。若一个人要同时与许多人握手，最有礼貌的顺序应该是先上级后下级，先长辈后晚辈，先主人后客人，先女士后男士。

（2）男士与女士在社交场合需要握手的时候，应该是女士主动伸出手来，男士迎合女士来握手。如果女士没有伸出手，男士不能主动去握女士的手，这是一种出于礼节的尊重；如果男女双方初次见面，女方可以不与男方握手，互致点头礼即可；若接待来宾，不论男士女士，女主人都要主动伸手表示欢迎，男主人也可对女宾客先伸手表示欢迎。和女士握手的时候，应等女士先伸出手后才可与对方握手，且不要全力握住整个手，只需轻轻握住女士的除大拇指外的四指部分即可，如图3.2所示。

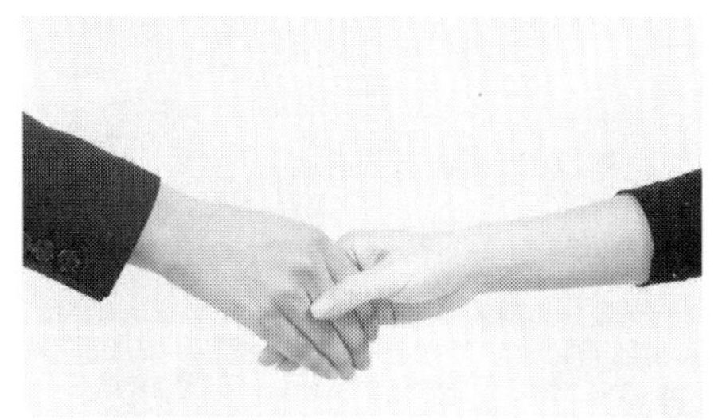

图3.2　男士与女士握手礼仪

（3）与他人握手时，手应该是洁净的。如果手上有油渍或较脏则不能握手，此时，应先说明，表示歉意。握完手后不应搓手、擦手。

（4）握手时一定要用右手，用左手与别人相握是失礼的行为。不过，在特殊情况下可用左手与人相握，但应当事先说明并表示歉意。

（5）握手时要面带微笑，眼睛注视对方。握手时不要东张西望，心不在焉，否则会使对方产生不受尊重的感觉；同样也不应该目光下垂，这样会显得拘谨、不大方。

（6）握手的力度要适中。如果握手双方是一般关系，那么握手时只需稍稍握一下即可；如果握手双方关系密切，那么双方握手时可略用力，并上下轻摇几下。

（7）除残疾人、老人、身体欠佳者之外，不能坐着与人握手。

（8）握手时不要拍对方的肩膀，除非是老朋友、熟人，否则大部分人会产生不快，尤其是对上级、长辈和异性，更不允许使用这种方式。

（9）握手时一般不要伸出双手接捧，只有对特别年长或身份极高的人，才可以用双手握住对方的手以表示毕恭毕敬。男士对女士的敬重一般不用这种方式来表示。

（10）年幼者对年长者、身份低者对身份高者，握手时应稍微向前欠欠身，小小的鞠躬，以示尊敬。

（11）当他人已伸出手时，切忌迟迟不伸出手，令人尴尬，尤其是女士，不要软绵绵地把手递过去。一般来说，他人已伸手了，不得拒绝握手。

（12）按国际惯例，身穿军服的军人可以戴着手套与人握手，地位高的人和女士也可以戴着手套（但只限于薄纱的装饰性手套）。一般人在握手时要脱去手套，否则将是十分失礼的，如果因故来不及脱掉手套，则必须向对方说明原因并表示歉意。

（13）军人应先行军礼再握手；佛教徒应先行合掌礼再握手。

（14）几个人都需要握手时，可按顺时针或逆时针顺序行握手礼，但不能交叉握手，即当两个人正在握手时，其他人不要把胳膊从上面架过去急着和另外的人握手。

5. 握手的方式与性格特点

常言道：“十指连心。”确实，在两个人双手相握的一刹那，便接通了两颗心灵之间的“情感回路”，双方的性格密码在这“情感回路”中飞快地传递着、交流着。

（1）对等式。对等式是标准的握手方式，即握手时两人伸出的手心都不约而同地向着左方握在一起。对等式也是意义较单纯的、礼节性的、表示友好的握手方式，采用这种握手方式的人比较友好，也可能是遵守游戏规则的平等竞争对手。

（2）控制式，也称支配式，即用掌心向下或向左下的姿势握住对方的手，显得傲慢，也暗示想取得主动或支配地位。采用这种握手方式的人一般说话干净利落，办事果断，极度自信，凡事一经决定，就很难再改变观点，作风不大民主。

（3）谦恭式，也称乞讨式，即掌心向上或向左上与对方握手，与支配式握手相对。采用这种握手方式的人往往性格软弱，处于被动、劣势地位，但可能在处事上较民主，性格谦恭、平易近人、不固执，对对方比较尊重、敬仰，甚至有几分畏惧，也可能是慈母对归来游子的接纳与疼爱。

（4）双握式。双握式即在用右手紧握对方右手的同时，再用左手加握对方的手背、前臂或肩部。从手背开始，加握对方身体的部位越高，其热情友好程度显得越高。使用这种握手方式的人是在表达自己的热情真挚、诚实可靠，显示自己对对方的信赖和友谊。

（5）死鱼式。死鱼式握手过于软弱无力，给人一种毫无生命力的感觉。采用这种握手方式的人，如果不是生性懦弱，就是对人冷漠无情，待人接物消极傲慢。假如你握到这样一双手，那你一般就不要指望此人会热情地帮助你。

（6）抓指尖式，也称捏手指式。抓指尖式即握手时，轻轻触一下对方的指尖，往往给人一种冷冰冰的感觉。女士与男士握手时，常采用这种方式，以示矜持与稳重，也隐含着保持一定距离的意思。如果同性之间这样握手，就显得有几分冷淡与生疏，若换成显贵人物，则其意在显示自己的“尊贵”。

（7）拉臂式。拉臂式即将对方的手拉到自己的身边相握，且往往相握的时间较长。拉臂式常常是社会地位较低者，特别是那些有较强自卑感的人在与社会地位较高者握手时所采用的方式。采用拉臂式握手方式的人往往过分谦恭，在别人面前唯唯诺诺、轻视自我，缺乏主见与敢作敢为的精神。

（8）扣手心式，也称情人式。扣手心式即两手相握之后，不是很快松开，而是轻轻施压，双手手掌相互缓缓滑离，让手指在对方手心适当停留。扣手心式往往表达的是对对方的一种依恋和爱意，因此，这种握手方式主要用于情人、恋人之间。采用扣手心式这种握手方式的人，在爱情方面比较大胆主动，在一般情况下，也属于活泼开朗型，容易热血沸腾、情绪高涨。

6. 握手语

握手时，除了动作上的礼仪，通常还需要一两句话来活跃气氛，增进感情，这种语句称为握手语。不同的场合有不同的握手语。一般来说，握手语有以下几种类型。

（1）问候语。问候语是较常见的握手语，如“您好”“很高兴见到您”“久仰久仰”“幸会幸会”等。

（2）祝贺语。例如，“祝贺您”“恭喜恭喜”等。

（3）欢迎语。对第一次来的客人，可以说“欢迎光临”等。

（4）关心语。对远道而来的人或久别重逢的朋友，可以说“辛苦了”“累了吧”“近来忙些什么呢”“还好吧”等。

（5）安慰语。对碰到难题的人说“一切都会过去的”等。

（6）赞美语。对对方的服饰、精神状态等均可以适当加以赞美。例如“您这套服饰真漂亮”“您今天看起来精神可好了”等。

（7）天气语。例如，“今天天气不错”“这里的天气能适应吗”等。

（8）礼貌语。告别或送别时，可以说“请走好，再见”“恕不远送”“招待不周，请多多包涵”等。

（9）祝福语。例如，“祝您好运”“祝您幸福”等。

3.1.2 介绍礼仪

介绍是交往活动中相互了解的基本方式，是人们交往的第一座桥梁。通过介绍，可以缩短人与人之间的距离，为更好地交谈、了解、沟通迈出第一步。

日常交往中的介绍主要有他人介绍、自我介绍、集体介绍三种方式。

1. 他人介绍

他人介绍，就是由第三方把一方介绍给另一方，介绍人、被介绍人和接受介绍的人形成了三角关系。在介绍他人时，不仅要熟悉双方的情况，而且要懂得介绍的礼仪规范。

（1）介绍的顺序。在介绍两人相互认识时，应让位尊者优先了解对方的情况，即先把被介绍人介绍给你尊敬的人。具体来说，有以下几种情况。

- 先把男士介绍给女士，再把女士介绍给男士。这种方式通常适用于同年龄、同地位的人之间。
- 先把客人介绍给主人，再把主人介绍给客人。
- 先把晚辈介绍给长辈，再把长辈介绍给晚辈。
- 先把地位低者介绍给地位高者，再把地位高者介绍给地位低者。
- 先把未婚者介绍给已婚者，再把已婚者介绍给未婚者，这种情况仅适用于在介绍人对被介绍人的情况非常了解的前提下，若把握不准，不要贸然行事。

以上这几种介绍顺序，其共同点是尊者居后，即先把身份、地位较低的一方介绍给身份、地位较高的一方，让尊者优先了解对方的情况，以表示对尊者的敬重，而在口头表达上，则是先称呼尊者，再介绍，如“王老师，这位是小李”。这些介绍的顺序已成为国际惯例，如果颠倒会令人不快。

（2）介绍的姿态。当向别人介绍他人时，千万不要用手指指向对方，而要用整个手掌，掌心向上，五指并拢，胳膊向外伸并斜向被介绍人，向谁介绍，眼睛就注视着谁。

（3）介绍的语言、内容。在一般情况下，介绍的内容宜简不宜繁，只要介绍被介绍人的姓名、单位、职务、部门就可以了。

如果时间宽裕、气氛融洽，还可以进一步介绍双方的爱好、特长、学历、荣誉等，为双方提供更多可交谈的内容。如果介绍人能找出被介绍双方的某些共同点，这会使双方的交谈更加融合。介绍人还可以说明自己与被介绍人的关系，以便新结识的人增进了解与信任。介绍的语言要规范，符合身份，较为正规的介绍，应使用敬语，如“王总，请允许我向您介绍一下，这位是小张”。较随便一些的介绍，可以这样说：“张小姐，我来介绍一下，这位是王先生。”介绍姓名时要口齿清楚，发音准确，要把易混淆的字讲清楚。

（4）其他注意事项。

- 要了解双方是否有结识的愿望。例如，一些地位高的人不愿结识一些地位低的人，一些女士不愿结识一些男士。
- 在进行介绍时，三人都应起立，除了不方便起立者，如在宴会的餐桌边的人、残疾人、年迈的老人，此外，妇女、长者、尊者等也可不起立，只要微笑点头，有所表示即可。
- 介绍人要实事求是，掌握分寸，不要夸大其词，让人难堪。
- 被介绍人对他人的介绍要做出礼貌的反应，如“你好”“认识你很高兴”“久仰久仰”等。
- 介绍他人时，不可以对一方介绍得面面俱到，而对另一方介绍得简略至极，使之产生厚此薄彼的感觉。

2. 自我介绍

在社交场合中，遇到对方不认识自己，自己又有意与其认识，而当场没有其他人可从中介绍的情况时，往往需要进行自我介绍。在这种情况下，要掌握好自我介绍的艺术。

（1）时机适宜。自我介绍要考虑场合，抓住时机。一般来说，有以下几种情况：因业务关系需要互相认识，在接洽时可以进行自我介绍；当遇到一位你知晓的或久仰的人士，他不认识你时，可以进行自我介绍；在出差、旅游、与别人办事不期而遇时，为了增加了解和信赖，可以进行自我介绍；登门造访时，应事先打电话约见，并在电话里进行自我介绍；参加聚会，主人不可能做出细致的介绍，参会者可以与同席或身边的人相互自我介绍。要注意，如果对方正忙于工作或正与他人交谈，或者大家的注意力正集中在某人或某件事上，这时进行自我介绍将会打断对方，效果肯定不太好。当对方心情不佳、疲惫不堪时，也不要上去打搅。

（2）内容得体。在社交场合中，自我介绍的内容大体上由三个要素构成，即本人姓名、工作单位、职业（或职务），一般情况下需要将这三者都介绍出来。当然，自我介绍内容的繁简，还应视实际交际需要来决定，如出差、旅游、办事，或者作为临时性的接触，这种自我介绍就很有弹性，有时只介绍自己从哪里来或职业或姓氏就可以了，只有在非常投机时才告诉姓名；参加朋友的聚会、沙龙或小组开会时的自我介绍，本人姓名要报全名，如果说“我姓张，叫我小张好了”，将明显带有不愿进一步深谈、拒绝交往的意思；在接受面试、参加某项公关比赛或初次到达新的工作单位的情况下，还可以进一步介绍自己的学历、专长、兴趣、经历等。

（3）把握分寸。在进行自我介绍时，不要过分地炫耀自己，不要过于渲染自己的身份、门第、财富、学识，但也不要自我贬低，让人觉得你不踏实、虚伪或不诚实。总之，自我介绍要表现出诚恳、友好、坦率、可以信赖的态度，必须实事求是、恰如其分地介绍自己。

（4）讲究技巧。正式场合的自我介绍，要突出自己的特点、特色，把握好自我介绍的技巧，具体如下。

- 从介绍自己名字的含义入手。例如，某工厂在欢迎一名叫苏杰的同事时，他在自我介绍中说：“我姓苏，苏东坡的‘苏’，杰出的“杰”，自古以来，‘苏’姓人才辈出，我父母也希望我成为杰出的人才。不过我刚毕业，希望在同志们的帮助下，通过自己的努力，成为有用的人。”
- 从介绍生肖入手。例如，有一位女士去参加公关小姐比赛，她这样进行自我介绍：“我的生肖排在第一位，属鼠；我在××单位工作，今天是我工作以来拥有的第一个劳动节；我是第一次参加这么大的比赛，但愿这么多的第一会给我带来好运。”
- 从职业特征入手。例如，有一位做公关工作的先生，他这样进行自我介绍：“我叫张伟，在上海某宾馆公关部工作。也许有的人心目中的公关工作都是漂亮小姐做的，认为一位男士怎么做公关工作呢？其实这是一种误解，公关是塑造形象和协调工作的科学，只要具备公关知识和素养，男士也可以从事公关工作，希望各位在今后的工作中多多关照。”
- 从对事业的态度入手。有这样一个自我介绍：“鄙人曹建华，目前担任××化妆品公司总经理。我的职业决定了我要做生意，而我也喜欢做生意。生意有成功，也有失败，我当然希望成功，但也从不害怕失败，每一次失败对我来说都是一次总结，每一个困难对我的毅力都是一个考验，我就是在失败和困难中前进的。衷心地希望大家在今后的生意中多多合作。”

（5）充满自信。自我介绍时要克服害羞心理，见面后不要羞羞答答、遮遮掩掩、不敢抬头或东张西望、心不在焉，而要先向对方点头致意，得到回应后再向对方报出自己的姓名、身份、单位及其他相关情况，语调要热情友好，语气需充满自信，眼睛要注视着对方，眼神要自然、大方。

（6）其他注意事项。

- 当你想了解对方时，可引导对方进行自我介绍，但要避免单刀直入，如“你叫什么名字”“姓什么”“今年多大了”“在哪儿工作”。这样的问话像是在审犯人，所以问话应尽量客气、礼貌，如“不知怎么称呼您”“请问您贵姓”“您是……”等。
- 不要问对方敏感的话题。
- 他人在进行自我介绍时要仔细听，记住对方的姓名、职业等，如果没有听清楚，不妨在个别问题上再问一遍。
- 当一方自我介绍后，另一方也要进行自我介绍，避免一方主动进行自我介绍，另一方不进行自我介绍的难堪局面。

3. 集体介绍

（1）在大型报告会或演讲会中，通常由主持人向参会者介绍报告人或演讲人的个人情况。

（2）由许多单位参加的会议，主持人要向参会者介绍主席台上就座的人员，以及主要的来宾、参加会议的单位。

（3）当新加入集体的成员初次与集体其他成员见面时，负责人要先将其介绍给集体，再向其介绍集体的主要领导人。

（4）在宴会或晚会上，一般由主人先介绍主要来宾，再一一介绍其他来宾，或者按座位顺序来介绍。

（5）邀请多人聚会时，邀请人可以把大家招呼到一起，说几句热情洋溢的话，然后，先让大家互相认识一下，再按身份或年龄或顺序介绍。当按顺序介绍时，不要主观地跳过某一人，最后再来介绍他。被介绍人一般要起身或欠身向大家致意。

3.1.3 名片礼仪

在人际交往中，交换名片已经成为基本的礼仪。名片除表示一个人的身份之外，还代表了个人的风格、形象。名片在我国有两千多年的历史，秦汉时期，人们将名片称为谒，其用竹片或木片制成；到了汉末，人们将名片改名为刺；六朝时期，人们将名片称为名；唐朝时，人们将名片称为名帖；清朝时，人们将名片称为名刺、名片。名片的称法一直沿用至今，它的使用已经相当普遍了。

1. 名片的设计与保管

（1）名片的设计。名片代表着个人风格，有的名片设计得颇有创意，虽然名片上未注明职业，但是也能猜测出其可能是艺术工作者或某类专业人士。不过，名片设计得一般，未必代表对方就是一个平凡的人，因为有的人个性平实不愿意名片设计得太花哨。总的来说，设计好、材质好的名片象征着一个人的品位和个性。名片设计的一般标准如下。

- 尺寸。名片的尺寸一般为长 9cm，宽 5.5cm。形状奇特的名片虽然能引人注目，但是很多钱包或名片夹都装不下，因而不易于保存。
- 印制。双面印制名片对于经常出国做生意的人是很有帮助的，一面中文，一面英文。
- 排版。名片上的字可以横排也可以竖排。
- 包含内容。名片应包含标志、商标或公司符号。例如，在小型企业就职的人可与平面艺术家合作，以设计出代表自己工作特色的图腾，如花商的花束、食品公司的果蔬菜篮、会计师的计算机图形、摄影师的照相机镜头等。名片应包含姓名、职称（若必要）；除非你有专门的头衔，如博士、上校等，否则不要把某些头衔，像先生、女士、小姐等印在名片上；名片应包含公司名称、公司地址，电话号码、传真号码、其他办事处的地址（若必要）；有些在家里办公的人，名片上也应该印上家里的电话和传真机号码。如果你同时经营几个事业，最好每一个事业印一种名片。

（2）保管。一般情况下，公关接待人员的名片夹，应放在左胸内侧的上衣口袋里，以表示对对方的礼貌和尊重。随意将名片放在裤袋里，特别是放在右侧裤袋里，是很失礼的行为。若在夏天，穿的衣服比较单薄，则应将名片夹放在手提包内，需要时再拿出来，不要把交换的名片乱放。对于自己的名片，也要注意保持干净整洁，切不可出现折皱、破烂、肮脏、污损、涂改等情况。

2. 名片的作用

（1）便于自我介绍。在会客交友时取出一张名片，可以使人对自己的基本情况一目了然，便于沟通了解。

（2）便于保持联系。名片便于保存对方的基本信息，并在需要联系时方便查找。

（3）名片可以显示个性。在名片的设计、制作、使用时突出个性特征，既可以给对方留下深刻印象，又便于沟通、寻觅知己。

（4）可用来宣传和业务往来。

3. 使用名片的礼仪规范

名片的使用分为递名片和接名片两类，接递名片礼仪如图 3.3 所示。

（1）递名片。

- 做好递名片前的准备工作。先将名片放在容易取出的地方，以便在需要时迅速拿取。男士可将名片夹放在西服左胸口袋或公文包里，女士可将名片放在手提包内。要注意名片的管理，以防将别人的名片当作自己的名片递出。
- 名片的递送应遵循一定的顺序。一般是地位低者、晚辈或男士先向地位高者、长辈或女士递名片，再由后者予以回赠。如果上级、长辈或女士先递上名片，则下级、晚辈或男士也不必谦让，礼貌地用双手接过，道声“谢谢”，再予以回赠。当对方不止一个人时，应先将名片递给职务较高或年龄较大者，如果分不清职务高

低或年龄大小时，可从自己的左边开始按顺序递送。

- 掌握递送名片的时机。名片可以在见面时相互介绍之后递送，也可以在交往中感到有必要进一步联系时递送。如果是比较熟悉的朋友，可在告辞时递送。在未确定对方的来历之前，不要轻易地递给对方名片，也不可像散发传单似的递送名片。
- 注意递送名片的姿态。递名片时，应恭敬地用手拿住名片的两边，并将名片的正面对着对方，同时面带微笑、注视对方，说些友好礼貌的话语，如“认识一下，这是我的名片”“这是我的名片，请多关照”“这是我的名片，以后多多联系”等。应避免用一只手将名片塞给对方或随意扔在对方的桌面上。

（2）接名片。接名片时要通过动作、表情、语言等来显示对对方的尊重。

- 当对方递送名片时，要立即放下手中的事情，起立，双手接过名片，并仔细地阅读一遍，尽快记住对方是何人，以示尊重。必要时可将名片上的姓名、任职，特别是较高的或较重要的职务轻声读出来，以示重视。如果遇到知名人士，还可以表示赞叹。
- 如果名片上有不认识的或读不准的字，要虚心请教，不可随便乱叫。
- 看完名片后，要郑重地将其放好，并表示感谢，切忌随意塞进口袋里或漫不经心地放置在一边。如果是暂放在桌子上，切忌在名片上放置其他物品，更不能滴上汤水、菜汁，而且离开时，不能把名片遗忘在桌子上。
- 在社交场合中，往往要一下接受好几张名片，千万不要搞混，张冠李戴，这样会令人不快。
- 为了尊重对方的意愿，尽量不要向他人索要名片。如果很想得到对方的名片，则可以大方、礼貌地向对方说：“如果方便的话，您可否给我一张名片。”

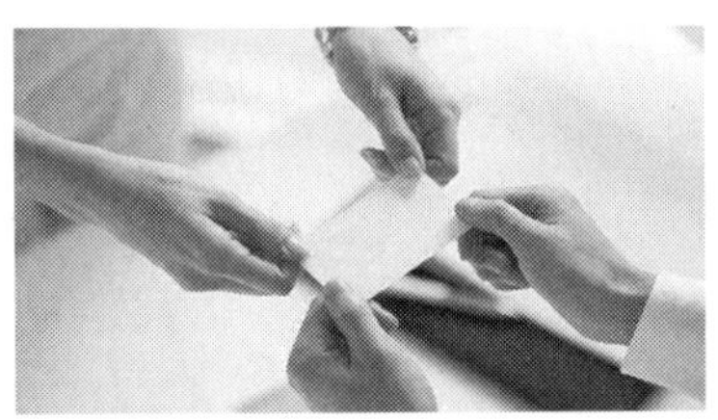

图 3.3　接递名片礼仪

3.1.4　电话交往礼仪

目前，电话在商务活动中的使用频率越来越高，而且已成为各类企业与外界进行联络、沟通的基本工具。日本著名企业家松下幸之助曾说过，“不管是在公司还是在家里，凭一个人打电话的方式，就可以基本判断出其教养水准。我每天都收到好多预约演讲的信件，接到好多邀请演讲的电话，凭着对方在电话里的讲话方式，我就能判断其教养如何；凭对方在电话接通后的第一句话，我就可以基本决定我去还是不去”。

就礼仪规范而言，商务人员打电话时需对通话的内容、态度、表现形式三要素加以注意，因为电话中涉及的所有问题，都要依靠上述三要素来体现。

在商务办公中，电话交流可分为打电话、接电话两种交流方式。在礼仪规范上，上述交流方式又有各自的规定。

1. 打电话礼仪

在日常工作中，主动拨打电话的人称为发话人。对于发话人而言，必须遵守以下基本礼仪。

（1）打电话的时间。

打电话应该是有目的和有缘故的，这不仅是因为打电话要付费，也是对他人是否尊重的问题。拿起听筒，应该明白通话时该说些什么，而且要思路清晰，要点明确，尤其是在给陌生人、尊者、上司打电话时，更应该有备而谈。

作为营销人员、文秘人员，选择在合适的时间拨打公务电话很重要。一般来说，倘若没有紧急事务，应该尽量避开以下时间拨打公务电话。

- 主动回避对方精力可能松懈的时间，如周一上午、周五下午、上班后的前半个小时、下班前的最后几分钟。
- 尽量避开影响对方生活、休息的时间，如三餐时间、午休时间、早七点之前、晚十点以后或公休假期。

（2）打电话的语言、举止、态度。

不论电话的内容如何，都要牢记打电话时的开始礼仪。

- 通电话时要先致以问候。
- 报单位、职务、姓名。
- 请人转接电话时，要向对方致谢。
- 注意打电话时的语气、语调，要长话短说。

在正式的商务交往中，打电话的标准模式是“您好！我是××公司××部经理×××，我要找××公司经理×××先生”。

请看下面的示例：

A.“您好，我是联通公司的田晨，请问邱凌在办公室吗。”

B.“您好，我是田晨，邱凌在吗。”

C.“喂，叫一下邱凌。”

D.“喂，邱凌吗？你知道我是谁吗？猜猜看！连我的声音都听不出来，把我忘了吗。”

以上语言最符合商务电话礼仪要求的是A，最令人反感的是D。在双方非常熟悉时，通话内容可省去许多起始语，直奔主题。

在这里要特别注意的是，不宜问“某某在吗”，尽管许多人常用这种简洁语，但其潜台词却有犯忌之处。对方若是健康正常、正在工作中的人，这样问未尝不可，如果对方是老年人或是病人，那就绝对不能问对方“在吗”。

作为电话的发话人，一名训练有素的公司员工理应长话短说、废话不说，尽量缩短通话时间，切忌没话找话。在公务电话中，打电话者一定要善于观察对方的反应，并适时对通话内容、通话时间予以调整。例如，电话接通后可先问一下对方“现在听电话是否方便”，如果发现听者正在接待他人，则不妨改天再打。

在打电话时，还要注意自己的行为举止，具体如下。

- 不要把话筒夹在脖子上；不要趴着、仰着或坐在桌上；不可边走路边打电话。
- 不要以笔代手去拨号。
- 通话时不要嗓门过高。
- 话筒与嘴保持 3cm 左右的距离，不可“吻话筒”。
- 挂电话时要轻放话筒，不要用力摔扣。

打电话时，除语言、举止方面要文明之外，态度方面也要文明。

- 电话需要通过总机转接时，要向总机话务员问一声好，还要说一声“谢谢”。另外，“请”“麻烦”“劳驾”之类的谦辞，该用也一定要用。
- 当碰上要找的人不在，需要接听电话的人代找或代为转告、留言时，态度同样要文明有礼。
- 在通话时，电话突然中断，依礼应立即回拨，并说明通话中断系线路故障所致，不可不了了之或等对方打来电话。
- 若拨错了电话号码，应对接听者表示歉意，不可一言不发，挂断了事。

（3）通话的时间。

通话时间一般应遵守“三分钟原则”，即通话时间最好自觉地、有意识地控制在三分钟以内。通话时忌讳说话吞吞吐吐，含糊不清，东拉西扯。

2. 接电话礼仪

接电话礼仪体现着个人的教养。接电话时要注意做好以下几点。

（1）及时接听电话。

在工作岗位上，不论工作多忙都不应该拒绝接听电话。当有他人在场时，更应注意这一点，不然可能会让在场者产生不好的联想。即使当时不宜通话也应先接通电话，并随之说明原因，然后和对方再约定时间，到时候主动把电话打过去。

一般要求在铃响三声内接起，最好响第二声后提起话筒。如果在第一次响铃时就拿起话筒，会令对方觉得突然，影响通话质量；如果电话铃响了许久才接听，则要在通话之初向对方说明原因并致歉。

（2）代人接听电话。

在接听公务电话时，拿起听筒，首先向对方问好，并以礼貌用语通报自己的单位名称。在商务交往中，最为正式的接听问候语是“您好，××公司销售部×××，请讲”。

如果对方找小张，接听者应礼貌地请对方稍等，如“好的，请您稍等”，然后用手捂住听筒去请小张，也可直接把电话递给小张；如果小张需要等一会才能接听电话，则应及时告知对方，以免对方因久不闻回音而焦急、误会。

如果小张不在，应告知此人的去处，并委婉地说“需要转告吗”或“可以留下您的电话号码吗”。同时，接听者还应向对方说明本人的身份及本人与对方所找人的关系，以便对方斟酌是否可请接听者代劳或由接听者代为转达，切记不能回一声“不在”“没看见”就挂断电话。

接听电话时要聚精会神，语气要谦恭友好，音量要以对方听清为准，不要心不在焉或拿腔拿调，也不要在接听电话的同时和别人交谈，或者从事别的活动，如看报、喝水等，否则，难以保证自己听得清、记得准。

当电话交谈结束时，可询问对方“还有其他什么事吗”，这既是提醒对方也是对对方的尊重。

放下听筒的动作不可草率。按照规范，当通话双方地位相仿时，一般是在对方放下话筒后接听者再放下自己的话筒；当通话双方地位存在较大差异时，则应由其中地位较高的一方先挂断电话。例如，与上司通话时，应由上司先挂断电话；与客户通话时，应由客户先挂断电话。

（3）兼顾有序、认真记录、尊重隐私。

当别人打来电话时，接听者有时可能还在伏案工作、接待客户或正在接听另外一个电话，此刻，能否进行兼顾，是一个人工作能力的体现。当忙于工作时，通常不能对外面打进来的电话予以拒绝；当正在接待客户或正在接听另外一个电话时，也应立刻接听打进来的电话，但此刻不能厚此薄彼，而应尽快告诉对方自己正在忙于何事，在寒暄之后约定自己过后打电话的时间，然后挂断电话，再继续处理刚才的事情。

在接听公务电话时，要切记及时地对电话里的关键内容予以重复、核实，并进行记录。例如，参加会议的时间、地点、参会成员，商品的规格、具体数量、销售价格等重要内容都要予以重复、核实、记录。一定要养成在重要的商务场合重复重点通话内容的习惯。

此外，在办公室接听电话时不允许使用免提功能，因为这样做就等于将发话人传递的信息公布于众，这种行为对对方极为不尊重。接听电话时也不要吃、嚼东西，因为通过听筒声音会被放大，会使对方感觉不舒服，也使自己的诚意大打折扣。

当进入他人办公室后发现对方正在接听电话时，应退出在外等候，除非对方招呼你进去，否则不要擅自闯入。如果有急事洽谈，应该告诉对方“我有事找您，能否耽误您一点时间”。

3.1.5 手机礼仪

现在手机不仅已成为每个人必不可少的随身工具，而且随着科技的发展，手机已不再只是打电话的通信工具，而是具有众多实用功能的工具。在享受手机便利的工作生活的同时，我们也应了解和遵循手机的礼仪。在众多商务场合中，正确地使用手机对于体现个人及企业形象有着重要的意义。

手机礼仪既有电话礼仪的共同要求，也因其移动的特点而具有一些特殊的使用规范。

1. 保持畅通、保持安静

携带手机主要是为了联系方便，手机的开机状态可能会让它随时随地响铃，因此，在某些场合要把手机调成振动模式，而在一些特殊场合，手机则必须关闭。简单地说，就是手机不该响时决不让它响。

需要关闭手机或把手机调到振动模式的场合如下。

- 在会场、课堂、影剧院、图书馆等场所时，应该把手机调成振动模式，不要让它

发出响声。

- 驾车、坐客机或在加油站、医院停留期间，手机应该处在关闭状态，因为若在乘坐飞机时接听手机，手机发出的电子信号会干扰飞机的导航系统；在加油站内接听手机有可能引起火灾；在医院内使用手机会影响医生的正常工作，也可能影响医疗设备的正常使用。此外，在一切标有禁用手机文字或图示的地方，都要关闭手机。

2. 指定位置、不可炫耀

在正式场合中，手机不能乱放。无论你的手机有多么高档，也要注意不要炫耀。按照惯例，外出时手机应该放在公文包内或放在上衣口袋里。把手机挂在胸前、腰间或直接拿在手里都是不雅观的。

在商务交往中，使用短信与他人联络沟通既方便又实惠，但在使用短信时有以下五条禁忌：一忌滥，即不能拿短信骚扰他人；二忌骗，即不能拿短信四处诈骗；三忌假，即不能制造弄虚作假的短信；四忌黄，即不能用短信宣扬低级趣味；五忌黑，即不能利用短信传播反动、封建、犯罪的内容。

3. 遵纪守法、安全第一

随着科技的发展，手机的功能也越来越多。工作时间应该注意，未经允许不能在公司内录音、拍照、上网，或者利用手机向外界传递公司内部信息，因为利用手机窃取情报属违法行为。

从安全和保密的角度出发，在军事要地、博物馆，以及重要会议、新技术研讨会等场所，手机通常也是被禁用的。

4. 打电话前考虑对方

如今，手机作为重要的沟通工具，自然是联系客户的重要手段之一，但在给自己的重要客户打电话前，首先应该想到他是否方便接听你的电话。如果他正处在一个不方便和你说话的环境，那么你们的沟通效果肯定会大打折扣，因此“打电话前考虑对方”是职场人员必须要学会的。最简单的一点，就是在接通电话后，先问问对方是否方便讲话，但仅是这样还远远不够。在一般情况下，应在平时主动了解客户的作息时间，有些客户会在固定的时间段召开会议，所以在这个时间段不要去打扰对方。电话接通后，要仔细倾听并判断对方所处的环境，如果环境很嘈杂，说明他可能正在外面而不在办公室，这个时候要考虑对方是否能够耐心听你讲话；如果他小声讲话，则说明他可能正在会场里，这时应该主动挂断电话，之后择机再打过去。

5. 接电话时勿扰他人

除了要注意手机摆放的位置，在商务场合中也要懂得接听手机的礼仪。手机最大的优势就是随时随地可以通话，这在带给大家便利的同时自然也会带来一些负面效果。对于很多正式的商务场合，给他人留下的第一印象往往在很大程度上决定了日后合作的可能性，如果在这种场合大声接听电话、不考虑他人的感受，会造成十分严重的后果。所以，在公共场合接听手机时一定要注意不要影响他人。有时办公室因为人多，原本就很杂乱，如果再大声接听电话，往往就会让环境变得很糟糕。在没有熟悉环境之前，可以先去办公室外接电话，以免影响他人，特别是一些私人的通话更应注意。

如今手机已是再平常不过的东西，但在商务交往中，一部手机却可以折射出你的商务活动能力。因此一定要掌握手机礼仪，让手机成为自己的工作帮手，而不是减分利器。

3.1.6 致意礼仪

1. 致意的方式

致意是人们在社交场合常用的见面礼，通常有以下几种方式。

（1）微笑致意：在社交场合与人见面时，莞尔一笑是很好的一种表达方式，其适用范围非常广。

（2）举手致意：一般不必出声，只需将右臂伸直，掌心朝向对方，不要反复摇动，轻轻摆一下手即可。举手致意适用于向距离较远的熟人打招呼。

（3）点头致意：头微微向下一动，幅度不必太大，其适于不宜交谈的场合，如会议进行中；与相识者在同一地点多次见面或与仅有一面之交者在社交场合相逢。

（4）欠身致意：全身或身体的上部微微向前一躬。这种致意方式，表达的是对他人的恭敬，适用于对长辈、领导，或者是面试、演讲等人较多的场合。

（5）脱帽致意：微微欠身，用距对方稍远的一只手脱下帽子，并将其置于大约与肩平齐的位置，同时与对方交换目光。若自己一只手拿着东西，则应以另一只空着的手去脱帽。朋友、熟人见面时若戴着有檐的帽子，则以脱帽致意最为适宜；若戴的是无檐帽，则不必脱帽，只需欠身或点头微笑即可。若是熟人、朋友迎面而过，可以只轻掀一下帽子致意同时问一声好即可。

2. 致意的礼仪规范

（1）致意的顺序。在各种场合中，男士应先向女士致意；年轻者应先向年长者致意；下级应先向上级致意。女士不论在何种场合，不论年龄大小，不论是否戴帽，只需点头致意或微笑致意即可。

（2）致意的方法。通常同时使用两种以上致意方法，如点头与微笑并用，欠身与脱帽并用等。

（3）致意时要注意文雅，不要在致意的同时向对方大声喊叫，以免妨碍他人。

（4）致意的动作不可以马虎或满不在乎，必须认认真真，以充分显示对对方的尊重。

（5）当遇到对方向自己致意时，应以同样的方式向对方致意，毫无反应是失礼的表现。

（6）当遇到身份较高者时，不应立即起身去向对方致意，而应在对方的应酬告一段落后，再上前问候致意。

3.1.7　告辞礼仪

向他人提出告辞后，应立即从座位上站起来，不能嘴上说走，身体却没有站起来的意思。同时，主人应诚心挽留，客人应表示让主人留步。当客人走出门时，主人应说些“慢走”“欢迎下次再来”之类的告辞语，切不可客人刚一出门，就“砰”的一声把门关上。

3.1.8　其他礼仪

1. 鞠躬礼

鞠躬礼一般是下级对上级、服务人员对宾客、初次见面的朋友之间及欢送宾客时所施的礼节。行鞠躬礼时，取立正姿势（避免两腿叉开或向前弯曲），双目注视受礼者微笑，然后使身体上部向前倾斜 15° 左右，视线随鞠躬自然下移。男士在鞠躬时，双手应放在裤线稍前的位置，女士则应将双手放在身前下端轻轻搭在一起。鞠躬的动作不要太快，幅度要主随客便。日本人特别是日本妇女鞠躬时，还会微笑致以相应的问候语或告别语，如“见到您很高兴”“欢迎下次光临”等。

戴帽者行鞠躬礼时，必须先脱帽，然后用右手握住帽檐中央，将帽子取下，再左手下垂行礼。受礼者若是长者、女士，还礼可不鞠躬，而用欠身、点头、微笑致意，其他情况均应以鞠躬礼相还。

有人诙谐地说：“到日本，别的地方可以不注意，但一定要记住擦皮鞋，因为人们时时弯腰会盯住你的皮鞋看。”可见鞠躬礼在日本的使用之频繁。鞠躬礼在中国也是古已有之，是中国传统的礼仪之一。

2. 拱手礼

拱手礼指两手合抱致敬，不分尊卑，拱手齐眉，自上而下。拱手礼在中国已有两千年的历史，目前使用的场合主要有团拜、开会、祝贺等，其他国家学功夫（武术）的人非常喜爱这一礼节。

3. 合十礼

合十礼又称合掌礼，即把两个手掌在胸前对合，掌尖和鼻尖齐高，手掌向外倾斜，头略低，兼含敬意和谢意双重意义。合十礼通行于南亚与东南亚信奉佛教的国家。在国际交往中，当对方用合十礼致礼时，我们也应以合十礼还礼。

4. 拥抱礼

拥抱礼是欧美地区各国熟人、朋友之间表示亲密感情的一种礼节，其通常与接吻礼同时进行。在迎宾、祝贺、感谢等隆重场合，无论是官方还是民间，都经常采用拥抱礼，有时是热情的拥抱，有时是礼节性的拥抱。拥抱礼是两人相对而立，右臂偏上，左臂偏下，右手扶在对方左后肩，左手扶在对方右手腰，按各自的方位，两人头部及上身向左相互拥抱，然后头部及上身向右拥抱，再次向左拥抱后，礼毕。

5. 接吻礼

接吻礼多见于西方、东欧和阿拉伯国家，是各国上级对下级、长辈对晚辈，以及朋友、夫妻之间表示亲昵、爱抚的一种礼节。接吻礼通常是在受礼者脸上或额上印个吻。在遇到高兴的或悲伤的事情时，一般也行接吻礼，以表示真诚的慰问。接吻礼的方式是父母、子女之间亲脸、亲额头；兄弟、姐妹等平辈的亲友之间贴面颊；亲人、熟人之间拥抱、亲脸、贴面颊。在公共场合中，关系亲近的妇女之间行接吻礼是亲脸；男女之间行接吻礼是贴面颊；长辈对晚辈行接吻礼一般是亲额头。

6. 吻手礼

吻手礼是流行于欧美国家的一种礼节，其起源于中世纪的欧洲。在社交场合中，同贵族妇女见面时，如果女方先伸出手作下垂式，则男方可将其指尖轻轻提起并吻之；若女方不伸手表示，则男方不可行吻手礼。行吻手礼时，如果女方身份地位较高，则男方以一膝作半跪姿势后，再提手吻之。吻手礼在英、法两国比较受重视。

7. 举手礼

举手礼是世界各国军人见面时的专用礼节，其起源于中世纪的欧洲。当时的骑士常常在公主和贵族面前比武，在经过公主的座席时，要口唱赞歌，歌词往往把公主比作光芒四射的美丽的太阳，因而武士们看见公主时总要把手举到额前做遮阳状。行举手礼时，要举右手，手指伸直并齐，指尖接触帽檐右侧，手掌微向外，右上臂与肩齐高，双目注视对方，待受礼者答礼后方可将手放下。

8. 点头礼

点头礼是同级或平辈间的礼节。如果在路上行走时相遇，则可以在行进中点头示意。若在路上遇见上级或长者，则必须立正行鞠躬礼，但上级对部下或长辈对晚辈的答礼，可以在行进中进行，或伸右手示意。

3.2 拜访礼仪及其注意事项

拜访是指亲自到某处拜见某人。如果不懂拜访的基本礼节，则可能会破坏朋友之间的感情，损害自身的形象，甚至堵塞成功的道路。

要想使拜访达到预期的效果，就一定要遵守一定的礼仪规范与要求。

3.2.1 拜访的礼仪

1. 先预约后拜访

当需要到住宅拜访时，由于住宅是私人的生活领域，多有不便，因此要事先约好时间，以便主人有所准备。约见的时间不宜太早或太晚，最好在下午或晚饭后，尽量避开吃饭、午休、晚上睡觉的时间和早晨忙乱的时间。约定时间后要准时或略提前几分钟到达，如果有特殊情况不能赴约或不能按时赴约，则应提前通知主人，并表示歉意，重新约见。

2. 准备适当的礼品

初次到别人家拜访，最好适当带些礼品。如果主人家有老人或小孩，则带的礼品应尽量适合他们的需要。熟人一般不必带礼品，但遇到重要节日或特殊约见时，不妨带些大家都喜欢的礼品。

3. 仪容、仪表大方得体

到住宅拜访时，穿戴应整洁大方，可适当做些修饰，一是注重自身的形象，二是显示对主人的尊重。

4. 先敲门后进入

到别人家拜访时，要先敲门或按门铃，待有回音或主人前来开门时，方可入内。敲门动作要轻，要有节奏，一般用中指敲门，第一遍先敲两三声；若按门铃应按一下稍候片刻，再按第二遍，如果里面有人应和就不要再敲/按了。如果主人家大门半开或全开，也要先以平和的语气询问是否可以进入，得到允许后方可进去。如果不认识出来开门的人，则应询问“这是×××的家吗”“×××在家吗”待对方给予肯定回答并请你进去时，才能进门。

3.2.2 拜访礼仪的注意事项

1. 注意言行举止

进门之后，如果看见主人穿着拖鞋，这时你应在门口换上主人准备好的拖鞋，并将外衣、帽子、手套、雨具及携带的提包等物，一同放在主人指定的地方，千万不要乱扔，以免引起主人反感，然后向主人行见面礼，一般是握手、问安之类的。另外，对主人家的其他成员，应按长幼有序的原则，亲切称呼问好。如果有携带礼品来，则要将礼品恭敬地交给主人。

在主人未让座前，不能自己随意坐下，如果关系密切，则可以稍随意些。落座要轻、要稳，要讲究坐姿。当主人上茶时，应欠身双手相接，并致谢；当主人递烟时，如果不会抽，应说，“谢谢，我不会抽”。

如果有其他客人在，应先向他们打招呼，然后坐在一旁静听，偶尔可插一两句话，但不可主动询问他们与主人的关系及来访的原因，等其他客人走后，再与主人交谈。在与主人交谈时，要注意礼貌，认真倾听主人的谈论，不可随意插话、抢话，更不要自以为是。

在拜访过程中，应坚持客随主便的原则，听从主人安排，充分谅解主人。主人没有邀请你参观他们的其他房间或设施时，不应主动提出参观，更不能未经主人许可到处乱转、乱翻、乱动，这是对主人的不尊重。如果是第一次拜访或主人的居室刚经过装修，应适当地表示夸赞。未经主人同意，不能拿走主人的任何东西，更不能乱扔果皮、烟蒂。如果主人家招待的是饮料、水果、点心，则饮料可以全喝完，但水果、点心只能稍加品尝，不能全吃光。应主人之请在主人家吃便饭时，应先请主人及其家人一同进餐，待主人入座开始进餐时自己才能吃。进餐时要注意文明，饭后应对主人的饭菜恰当地表示赞美和感谢。

2. 注意拜访的时间

拜访的时间不宜过长，第一次拜访应以20分钟为好。当双方都已谈完该谈的事情时，应及时起身告辞，如果发现主人有急事或有其他事情要办，或者有新的客人来访或遇到以下几种情况时，也应及时告辞：一是双方话不投机或当你谈话时，主人反应冷淡，甚至不愿搭理；二是主人虽然表现得“认真”，但谈话过程中反复看他自己的手表或墙上的挂钟；三是主人将双肘抬起，双手支于椅子扶手。遇到这些情况，即使当你提出告辞时，主人说了几句“再坐坐”之类的话，那往往也只是纯粹的礼貌性客套，如果没有非谈不可的话就应毫不犹豫地起身告辞。俗话说“客走主安”，客人不及时告辞，主人是不能安宁的，所以更不能无休止地挨到人家吃饭、睡觉的时候，妨碍主人休息。

在告辞之前，不可让主人看出你急于想走的样子，不要打哈欠、伸懒腰，不要在主人刚刚说完一段话或一件事时，立即提出告辞，这样会使主人觉得你对他说的话或说的事不耐烦。告辞时，别忘了与主人的其他家人，特别是长辈打招呼，并诚意邀请他们到自己家做客。另外，应对主人的友好、热情接待给予适当的肯定，并说一些“打扰了”“给您添麻烦了”“谢谢了”之类的客套话。如果主人还有其他客人，即使不熟悉，也要遵守“前客让后客”的原则，礼貌地向他们告辞。主人送客人出门时，客人应劝主人留步，并主动伸手握别，当走到门外第一个拐弯处时，一定要再回头看看主人是不是还在目送，如果主人还未离开，应向主人挥手，以示最后的谢意，并请主人尽快回去。如果主人站在门口目送，却发现你“一去不回头”，这是十分失礼的。

3.3 接待的礼仪

不仅拜访要讲究礼仪、礼貌，接待客人同样也要讲究礼仪、礼貌。只有热情、周到、礼貌待客，才能赢得朋友，获得尊重，反之，则可能得罪客人，失去朋友。根据接待地点的不同，可分为家庭接待、办公室接待等。

3.3.1 家庭接待

与其他正式场合上的人际交往相比，家庭给人的感觉更直接、轻松、随意，但家庭待客也要注意应有的礼仪规范，具体如下。

1. 准备迎客

为了给客人留下一个良好的第一印象，平时就应将家里收拾干净、整洁，以免突然有客人到访时手忙脚乱，非常尴尬。

当有客人预约来访时，应根据来访者的身份、性别、年龄、爱好等做一些适当的物质准备和精神准备。

从物质方面来说，第一，应提前“洒扫门庭，以迎嘉宾”，整理好房间或会客室，准备好座位，茶杯烟具要洗刷干净，并根据来客的特点准备一些糖果烟茶，以及一些娱乐用品等。第二，要搞好个人仪容仪表。一般来说，在家里接待客人比在办公室、宾馆等正规场合接待客人要随意些、朴实些，男女主人虽然不用刻意梳妆打扮，但也要仪容整洁、自然大方。蓬头垢面或穿着睡衣短裤会客是非常不礼貌的。第三，按约定准备好自己能为客人提供的相关资料。第四，如果邀请客人吃饭，要事先了解客人的民族习俗、爱好及嗜好、忌讳，以便备好饭菜原料。第五，如果事先获悉客人要留宿，要准备好住处，最好让客人单住，并把客人住的房间收拾干净，床铺等用品安排齐备。要注意：睡前为客人准备好洗澡水，并让客人熟悉卫生间的使用情况和灯的开关位置等。

从精神方面来说，首先要调整好自己的心境，做好情绪准备，哪怕是家里刚刚发生了不愉快的事，也要以满腔的热情来接待客人，不应怠慢客人；其次，要将有客人来访一事告诉家人，使家人也有足够的心理准备；再次，要根据来访者的目的，考虑如何交谈、接待，做到心中有数；最后，对来访者应一视同仁。如果是初次来访的贵客、长者、师长等，应事先将他们到访的时间了解清楚，以便届时出门远迎；如果是远道来客，特别是初次来访的客人，且需乘汽车、火车、轮船或飞机方能抵达的，必须事先准确掌握来客乘坐的交通工具及抵达时间，并在抵达之前到车站、机场或码头等候迎接。

2. 接待客人

（1）迎接问候。如果是长者、贵客来访，应让全家人都到门口微笑迎接，在见到客人时，应热情招呼，寒暄问候，以示欢迎。如果与来访者是第一次见面，见面后双方都应进行自我介绍，表明身份后，将客人引入家中，并一一介绍给家人，同时要将家人介绍给客人。

在迎接客人时应说一些“欢迎欢迎”“一路辛苦啦”“稀客稀客”“请进”“大老远的，真难为您了”等欢迎语或问候语，使客人有受到礼遇，获得尊重的感觉。如果客人有随身携带的物品，应帮助其接下，并放到适当的地方。

（2）感谢礼物。如果客人有带礼物来，主人应双手相接，并说一些“不好意思，让您破费了”“您的这件礼物正是我（或家里其他人）喜欢的”之类的客套话，甚至还可以适当的赞赏、夸奖客人的欣赏水平和审美能力，使客人感到高兴；千万不能说“我们这种东西已经很多了，用不着了”之类的话，这是绝对失礼的。对别人送的礼物，千万不要问对方多少钱买的，假如对方主动告诉你，你也绝对不能说“哦，这么便宜”之类的话，而应以“让您破费了”等话语作答。

（3）热情招待。当许多客人同时来访时，不论男女老幼、关系亲疏，都应一视同仁、热情招待。

第一，客人进屋后，如果是冬天，应接过客人的衣帽并帮助其存放好；如果是夏天，应递毛巾给客人擦脸、擦手。

第二，请客人入座后，应给客人敬茶、递烟、上水果或其他茶点。招待客人茶点时，最好把茶点装在托盘里，再送到客人面前或旁边的茶几上，茶水饮料最好放在客人的右前方，糖果、点心最好放在客人的左前方。上茶时，应当着客人的面沏茶，放入适量茶叶，用热开水冲泡，每次倒茶要倒八分满，茶具要完整干净，不能有残缺或茶垢。敬茶时，应面带微笑双手奉上，递到客人手中或轻轻放在客人右前方的桌面上，并说：“请喝茶。”如果客人不止一个人时，第一杯茶应给客人中德高望重的长者或身份最高者。如果是冬天，则可以用热咖啡代茶；如果是夏天，也可以用冷饮代茶，具体情况可根据客人的实际需要而定。敬烟也是中国人待客的一种传统习俗。递烟时，应将烟盒的上部朝着客人，用手轻轻弹出几支让客人自己取，不能用手指直接抓烟的吸嘴。为客人点烟时，最好是一次火点一支烟，切勿一次火点好几支烟，这是失礼的。敬烟、点烟也要讲究礼仪次序，应以身份高者、年长者、女士在先。如果客人不吸烟，不能勉强，可招呼客人吃糖、点心、水果等。注意，将水果刀递给客人时，刀尖要对着自己，不能对着客人；代客人削果皮时，应以手指不碰到果肉为好。如果客人带有孩子，可找些玩具、书画、儿童食品招待小客人，不能忽略了小客人。

第三，陪客人交谈。如果客人带有孩子，可让自己的孩子或家人陪客人的孩子玩耍，或者找些玩具、画册让孩子看，以免孩子哭闹，影响与客人的交谈；如果来访者是老人，则谈话态度更要诚恳、谦逊，多让老人谈，且多谈些老年人关心的话题；如果来访者是熟悉的老朋友，那么谈话可以随意一些，但也不宜当着客人的面公开家庭内部矛盾，更不应该在客人面前发生口角让客人感到尴尬；如果客人有事要谈，又不好意思启齿，或者想单独两个人谈，则家中其他人应自觉回避，不要围着坐等听，使人难堪，或者有条件的，可另换个房间进行单独交谈。与客人交谈时要态度亲切，面带微笑，心平气和，不能边谈边干别的事，或频频看表，或连打呵欠，以免客人误会你在下逐客令。

第四，挽留用餐。久别的亲朋来访，应挽留吃顿便饭。一般客人来访，到了用餐时间也应邀请他们一起用餐。菜肴准备应视情况而定，一般应比平时略丰盛些。在进餐时可根据实际情况与客人交谈娱乐，以创造热烈、欢乐、轻松的气氛。

第五，如果客人无意中弄脏或弄坏了家里的东西，主人不要表露出厌烦的神情，应对感到内疚的客人加以安慰，说些“没关系”“不要紧”等话语，以免让客人难堪。

此外，在以下情况下也应注意礼仪、礼貌。如果来客不是自己的客人，而是家人的客人，也应主动招呼、接待，这既是对客人表示全家的欢迎，也显示了家庭的团结、和睦；如果客人来访时，家人恰好不在，应主动向客人说明情况，并询问有什么事需要转告或代办；如果临时来了客人，即使你毫无准备，也应赶紧将房间收拾一下，请客人进来、让座，不可将其拒之门外或面带悻悻之色，使客人陷入进退两难的尴尬境地；若有人在你确实感

到不便时来访，如客人来时你恰好有事要外出，这时你最好礼貌地向客人说明情况，并致以歉意，对他说“我刚好有事要出去，真对不起”，并另约时间。

3. 礼送客人

客人告辞时，应婉言相留。如果客人执意要走，应等客人起身后，主人再起身相送，家里在场的人，都应与客人亲切道别。若客人带来了礼品，主人应表示谢意，并在送客时适当还礼或先暂表谢意，待以后回访时，再报以相应礼品亦可。“来而不往非礼也”，千万不能对客人送的礼品无动于衷。

当客人告别离开时，主人应走在客人的后面相送。如果是常客、老熟人或一般来访者，可随意一些，送到门口或楼梯口，致意告别即可，但将客人送至门口时，应在客人身影完全消失后才可返回，绝对不能在客人刚出门就“砰”的一声重重把门关上，这是极为失礼的；如果客人是年老的长辈或幼儿或贵客，应扶送一程，必要时为客人招呼出租车；如果客人乘车离开，在车子要开动时，应微笑着向客人挥手致意，待车子走远后再返回；如果是为远道而来的客人送行，则应更加主动、热心、细心、周到，送行时应陪送至车站或码头或机场，并为客人备好水果、点心、饮料之类的物品。如果是送客至车站或码头，最好是等车或船开动并消失后再返回；送客至机场，应待客人通过安全通道走远后再返回，过早地撇下客人离开的行为是不礼貌的，也不要表现得心神不宁或频频看表，以免客人误解成你催他快快离开。如果你有特殊原因不得不提前返回，则应详细地向客人说明情况，并致以歉意，否则提早离开是失礼的。

3.3.2 办公室接待

办公室接待一般是由于双方工作、业务往来的需要，因此应注意应有的礼仪规范，以免有损单位的形象，以及带来负面的影响。

1. 准备

（1）办公场所要文明、整洁。办公场所既是工作的地方，又是社交的场所，应当保持文明、整洁，不能乱吐痰、乱丢烟蒂、乱扔纸屑。办公场所要保持干净，过道要经常打扫，玻璃、门窗、办公桌、沙发、茶具要擦洗得干净明亮。办公桌面只放些必要的办公用品，且要摆放整齐，不要将杂志、报纸、餐具、小包等物放在桌面上，废纸应扔入纸篓里。办公文件应及时分类按月归档，装订整理好放入文件柜。桌椅、电话机、茶具、文件柜等物的摆设应以方便、高效、安全为原则。此外，办公场所的布置还应给人以高雅、宁静的感觉。办公室还应注意采光要合理，色彩选择要恰当，保持空气清新。

（2）办公人员的形象代表着单位的形象，因此要注意自身的形象。首先，要注意仪表端庄，仪容整洁，以加深客人对单位的第一印象。虽然有些单位没有统一着装，但是其对员工上班时的着装有明确的要求。女士最好化淡妆上班，男士上班时也应进行适当的面容修饰。其次，要注意语言礼貌，举止优雅，这不仅显示出一个人良好的文化素养、较强的业务能力和工作责任心，也体现了企业的管理水平，具体表现：一是真诚微笑，待人接物，向人道歉、致谢都应有真诚的微笑，不要把喜怒哀乐都写在脸上，让人感到你不够成熟，自控力不强；二是语言谦和，不能在办公场所大声呼喊，讲话声音要轻，无论是对上级、同事还是来访者，都应使用敬语；三是举止优雅，办公人员的行为举止应庄重、自然、大方、有风度，给人留下正直、积极、自信的好印象，不能慌慌张张，让人感到你缺乏工作能力，或者弯腰驼背，萎靡不振。办公人员还应具有敬业乐业的精神、饱满的工作热情、较强的工作责任心，以体现集体的活力。

（3）准备材料。按约定准备好客人需要的书籍、报表、账目等材料，以及谈判、会谈需要的相关材料。事先要充分准备可能要讨论的问题，做到心中有数，即便是接待事先无约的来访者，也要灵活应对，不影响与客人的交谈。

2. 接待客人

任何客人来访时都应热情欢迎。如果是上级、贵宾、外单位团队来访，则应当组织适当规模的欢迎仪式。接待客人的具体流程如下。

（1）迎接、问候。如果是事先有约的远方客人，则应主动到车站、码头或机场迎接，并准备好写有“欢迎×××先生（女士）”字样的牌子，这样既方便接到客人，又显得礼貌。接到客人后，应致以问候、欢迎，若是初次见面，应进行自我介绍。问候语要恰当得体，对中国人可以说“一路辛苦了”“路上顺利吗”等；对外国人可以说“见到您真高兴”“欢迎您到某市来”等。问候寒暄之后，应主动帮客人提取行李，但最好不要主动去拿客人的公文包或手提包，因为公文包或手提包里往往放置有贵重物品或随身携带的物品。回程途中，应主动向客人介绍当地的风俗、民情、气候、物产等方面的情况，还可询问客人在此逗留期间有无私人事情需要代办。将客人送往住处后，不宜久留，以便让客人尽快洗漱休息，如果正值吃饭时间，应安排客人共同进餐。临走时应告诉客人与你联系的方式及下次见面的时间和安排。

（2）介绍。如果客人不认识前来欢迎的人，则应向客人一一进行介绍。被介绍的人应满面微笑地与客人伸手相握，并说些“您好”“欢迎您”“见到您真高兴”等表示欢迎的话。客人进屋入座后，其他欢迎者若要离开，应礼貌地对客人说“你们谈吧，我有点事，失陪了”“您先歇着，我等会儿再来看望您”之类的客套话再离开。

向领导引见客人时，应礼貌地为双方相互介绍。介绍时，语言应简洁明了，如“王总，这位是××部门的刘科长”“刘科长，这位是我们公司的王总经理”。双方握手问候后，主人应让座。

（3）上茶水。主客双方坐下后，接待员应按礼仪次序的要求为客人上茶水，安排妥善后，如果自己没必要参加会谈，可避开或经领导同意后离开，回到自己的工作岗位。离开时，应向客人礼貌致意，退出门外后轻轻把门关上。

（4）交谈。在办公室与客人交谈，一般应是工作上的事，谈话要尽量简短，几句寒暄后要马上进入正题，不能漫无边际地聊天。交谈时要控制音量，专心致志；对交谈的内容、来访者的意图等可做适当记录，以便向相关部门及相关领导汇报、落实和交代。对客人提出的要求要认真考虑，对于不能立即答复的要求，应诚恳地向客人说明缘由或向相关部门及相关领导汇报后再答复；如果不能满足对方的意见和要求，则应委婉拒绝。总之，无论结果如何，都不能失礼和失态，要注意维护企业、单位的利益和形象。

当领导与客人交谈时，其他人不要打扰。如果有事要请示，敲门进去后，应礼貌地说："对不起，打扰一下。"请示完以后应向客人表示歉意并马上退出，退出门外后应把门轻轻关上。

本章小结

本章系统地介绍了日常商务交往礼仪，以及拜访和接待的礼仪规范。

思考与练习

一、选择题

1. 致意是人们在社交场合中常用的见面礼，通常有（　　）。
   A. 微笑致意　　B. 举手致意　　C. 点头致意　　D. 脱帽致意
2. 在日常交往中，名片的作用有（　　）。
   A. 自我介绍　　B. 保持联系　　C. 显示个性　　D. 业务往来

二、填空题

1. 握手的时间应长短适宜，一般以（　　）秒为好，如果是初次见面，握手时间不宜过长。

2. 在公共场合中行接吻礼，一般是关系亲近的妇女之间亲（　　）；男女之间（　　）；长辈对晚辈一般亲（　　）。

三、问答题

1. 日常礼仪有哪些？
2. 拜访时应注意哪些问题？
3. 如何进行办公室接待？
4. 打电话时应注意哪些事项？

四、判断题

1. 上下级握手时，下级要先伸手，以示尊敬。（　　）
2. 到主人家拜访时，未经主人允许，不得随便坐下。（　　）
3. 打电话时为了听得清楚可以打开免提。（　　）

五、实训题

1. 设计一个场景，进行办公室接待礼仪的训练。
2. 设计一个场景，进行办公室电话礼仪的训练。

第4章 商务宴请礼仪

学习目标

- 掌握宴请的过程及在宴请过程中的礼仪
- 掌握中餐、西餐礼仪文化知识
- 掌握中外饮食礼仪知识

宴请是指盛情约请宾客宴饮的聚会，是以此款待宾客，进行友好交往、团聚、联络感情、畅叙友情的一种社交活动。无论是日常生活中的欢庆佳节、庆贺婚嫁、乔迁开业、亲朋来访、邀友相聚，还是商务活动中的签订合同、择吉开张等，都离不开宴请。宴请并不是随随便便的请客吃饭，而是有一整套特有礼仪的。只有熟练掌握宴请的礼仪规范，才能使宴请的功能得到有效的发挥。

4.1 宴请礼仪

宴请礼仪一般包括宴请的形式、宴请的准备、宴请过程中的礼节三个部分。

4.1.1 宴请的形式

根据不同的宴请目的、对象、人数，可选择不同的宴请形式。常见的宴请形式有以下几种。

1. 宴会

宴会是指比较正式、隆重的设宴招待，也是与宾主一起饮酒、吃饭的聚会，按其规格和要求，有国宴、正式宴会、便宴、家宴等。

（1）国宴。国宴是国家元首或政府首脑举办的国家级宴请活动。宴会由主办者主持，宴会厅悬挂国旗，宾主入席后乐队奏国歌，主人和来宾先后发表讲话或祝酒词后，奏席间音乐。国宴讲究排场，对宴会厅的陈设、菜肴的数量，以及服务员的个人礼仪都有严格的要求。

（2）正式宴会。正式宴会除不挂国旗、不奏国歌及出席规格有差别以外，大体安排与国宴相同，宾主均按身份排位就座，有时也安排乐队演奏席间音乐。许多国家对正式宴会十分讲究排场，对餐具、酒水、菜肴的数量及上菜程序均有严格的规定。

（3）便宴。便宴就是非正式宴会，常见的有午宴、晚宴，也有个别情况下的早宴。便宴的形式简单，不明确安排席位，不做正式讲话，菜肴数量也可酌情增减。便宴的气氛随和亲切，安排起来灵活简便，甚至有时还可采取自助餐的形式，更显随和亲切。

（4）家宴。家宴是指在家中设宴，并由主人亲自下厨烹调，和家人共同招待来宾的宴会形式。家宴不仅广泛应用于民间交往，官方业务往来也有采用这种形式的。由于家宴容易营造亲切、友好的气氛，因此运用得也比较多。家宴在西方比较流行。

2. 招待会

招待会上只备一些食品和饮料，不备正餐，不安排座次，具有灵活、简便的特点。招待会又分为冷餐会、酒会、茶会等。

（1）冷餐会，又称自助餐。冷餐会的菜肴以冷食为主，也可冷、热食兼备，菜肴与餐具一同陈设在餐桌上，供客人自取。客人可以多次取食，在自由选取食物时，应按顺序取食，不可争抢。取食要适量，够吃就好，尤其是第一次取食不可过多。取食后找适当位置坐下进食，也可站立进食，自由活动，彼此交谈。冷餐会可在室内或室外进行，由于这种方式既简便、节省费用，又随和亲切，因此得到了广泛运用。

（2）酒会，又称鸡尾酒会。鸡尾酒是用多种酒按一定比例放入容器，并放入适量果汁调配而成的酒。鸡尾酒是酒会上常用的酒，其中最上等的是香槟鸡尾酒。酒会招待时以酒水为主（少用或不用烈酒），略备小吃，不设座椅，仅置小桌或茶几，以便客人随意走动，接触交谈。酒会的时间较为灵活，中午、下午、晚上均可，请柬上一般均注明酒会起讫时间，客人可在此时间内入席、退席，来去自由。参加酒会者在衣着方面不用过于讲究，只需整洁即可。由于酒会这种方式更显活泼、自由、轻松方便，因此在国内外都得到了广泛运用。

（3）茶会。茶会是一种更为简便的招待方式，一般在上午 10 点、下午 4 点左右的用茶时间举行，并以请客人品茶为主。茶会通常在客厅、会议室等场所举行，厅内设茶几、座椅，不排座次。如果是为某贵宾举行的活动，入座时该贵宾被安排与主人坐在一起，其他人可随意就座。茶会对茶叶、茶具比较讲究，一般只用陶、瓷茶具，亦可略备点心、小吃，也有不用茶而用咖啡的，其组织安排并没有什么不同。

3. 工作餐

工作餐在早上、中午、晚上举行均可，以快餐分食的形式，每人一份，既简便快速，又干净卫生，是一种常用的非正式宴请方式。参加者利用共同进餐的时间，边吃边谈问题。双边工作进餐往往以长桌安排座次，其座位与会谈桌座位排列相仿，便于主宾双方交流、磋商。

4.1.2 宴请前的准备工作

宴请前的准备工作是十分重要的，从宴会设计到宴会的组织实施，只有每个环节、步骤都要考虑周到，准备充分，才能确保宴会的顺利举行。

1. 确定宴请的目的、名义、范围和形式

宴请的目的可以是为某人或某事而举行的，如节庆日聚会、贵宾来访、会议闭幕等；宴请的名义是指以谁的名义出面邀请，它既可以以个人的名义出面邀请，也可以以单位的名义出面邀请，具体可依据主宾双方的身份来确定；宴请的范围是指请哪些方面的人士出席，请到哪一层次，请多少人，包括主人一方请什么人来作陪等。如果是多边活动，还要考虑相互之间的关系，避免造成尴尬局面，影响宴会气氛和效果；在明确了宴请的目的、名义、范围后，结合当地的习惯做法，进而选择宴请的具体形式。

2. 确定宴请的时间和地点

宴请的时间原则上应以主宾双方都合适为宜，注意避开重大节假日、重要活动或禁忌的日子。此外，还有一些特殊情况，如特定节日、纪念日的宴请，只能在节日、纪念日之前或当日举行，不能推迟举行；企业开张、婚嫁迎娶等，只能按照主人的主观安排；接风送行等，只能由行期所定。

宴请地点的选择体现了主人对宴请的重视程度，通常应选择那些交通方便、环境幽雅、菜肴精美卫生、服务优良、管理规范的饭店或宾馆作为宴请的场所。官方隆重的活动，一般安排在政府会议大厦或宾馆举行，其他则按活动性质及宴请的目的、名义、范围、形式，以及客人特点、主人意愿和实际情况而定。

3. 发出邀请

各种宴请活动，一般都要发请柬，这既是礼节，又是对客人的提醒。如果是便宴、工作餐，也可通过口头或电话的方式邀请，可发亦可不发请柬。如果是邀请领导作为主宾参加活动，则还需单独发邀请信，其他宾客发请柬。

请柬内容应包括宴请的主题、形式、时间、地点及主人姓名（或主办单位）等。

国际上习惯给夫妇两人发一张请柬，国内遇到需凭请柬入场的场合，则每人发一张。若是正式宴会，最好能在发出请柬之前就安排好席位，并在请柬的信封下角注明席位号。请柬一般提前一周至两周发出，以便被邀请人及早安排。请柬发出后，应及时落实出席情况，以便安排、调整和布置席位。

4. 定菜单

无论是哪一种宴请，事先都应开列菜单，如果是单位宴请，还应征求主管负责人的同意。宴请的酒菜应根据活动的形式和规格，在规定的预算标准内安排。选菜时，不应以主人的喜好为标准，而要考虑到宾客，特别是主宾的饮食习惯、口味与禁忌。拟订菜单时，既要注意通行的常规，又要照顾到地方特色。整桌宴席的菜单应搭配合理，包括冷热搭配、荤素搭配、营养搭配、时令菜与传统菜搭配及甜点与酒水、饮料的搭配等，做到有冷有热、有荤有素、有主有次。主菜显示宴请的档次、规格，还要有一般菜以调剂客人的口味，如果地方菜比较有特色，还可以用有地方特色的食品、本地产的名酒，甚至野菜等来招待，因为有地方特色和民族风俗的饮食往往别具一格，备受欢迎。菜单定好后，如果是大型、正式的宴会，可印制一些精美的菜单，一般每桌放置两三份，也可每人一份。

5. 现场布置

（1）布置、美化环境。宴会厅和休息厅的布置、美化取决于活动的目的和性质。例如，官方正式活动场所的布置应该严肃、庄重、大方，而庆贺、接风、欢送、乔迁开张等则应突出喜庆、活泼、欢乐的氛围。主办方可以根据活动的需要，在宴会厅的正面上方拉一红色横幅，在宴会厅一侧，摆放一些花草盆景，并装上麦克风设置临时致辞台。有时为了突出宴会的气氛和效果，可以摆放用花草、花篮和灯光装饰成的大型立式花篮，还可以在宴会厅四周，适当摆放一些鲜花插花或绿树花卉。餐台上可以用雕刻食品摆放成各种不同的造型，也可以摆放花篮或插好鲜花的花瓶。总之，要使环境、气氛突出宴请活动的目的和性质，以表达主办方的意愿。

（2）桌次安排。宴会的桌次安排要遵循严格的礼仪规范。中餐宴会一般采用圆桌，西餐宴会一般采用长桌。按国际惯例，桌次的高低以离主桌的远近而定，离主桌越近的桌次越高，平行桌则右高左低。桌数较多时，应摆放桌次牌，以便辨认。

宴会桌次的安排如图 4.1 所示。

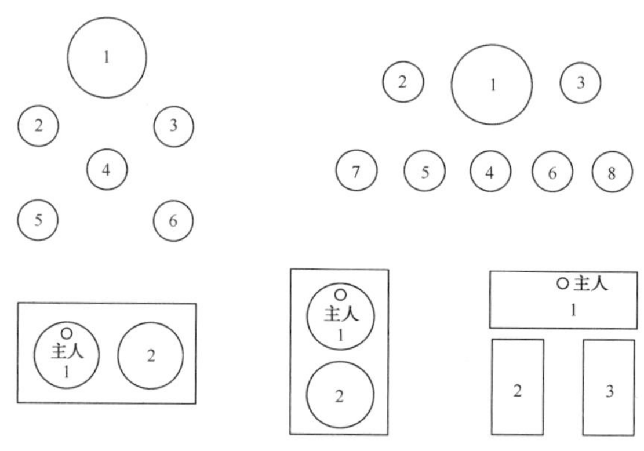

图 4.1　宴会桌次的安排

（3）席位的安排。席位的高低与桌次的高低原理基本相同，即同一桌上席位的高低以离主人座位的远近而定，右高左低。国外习惯男女掺插安排，以女主人为准，主宾在女主人右上方，主宾夫人在男主人右上方。中国习惯按个人职务排列以便于谈话，若夫人出席，通常把女方排在一起，即主宾坐男主人右上方，主宾夫人坐女主人右上方。两桌以上的宴会，其他各桌第一主人的位置可以与主桌主人的位置同向，也可以以面向主桌的位置为主位。如果遇到特殊情况，可灵活处理。例如，当主宾身份高于主人时，为表示对他的尊重，也可以把主宾摆在主人的位置上，而主人坐在主宾位置，第二主人坐在主宾左侧；如果主宾有夫人，而主人的夫人又不能出席，则可以请其他身份相当的女士作为第二主人；如果无身份相当的女士出席，也可以把主宾夫妇安排在主人的左右两侧。总之，要根据实际情况，灵活处理礼宾次序。席位排妥后要写座位卡，并在请柬上注明客人的席位号或在客人入席前通知到，以使大家心中有数，与此同时，现场还要有人引导。大型的宴会，最好是排席位、放座位卡，以免混乱。便宴、家宴可以不放座位卡，但主人对客人的座次也要有大致安排。宴会的座次安排示意图如图 4.2 所示。

（4）餐具的准备。根据宴请人数和酒菜的数量准备足够的餐具。餐桌上的一切用品都要十分清洁卫生，桌布、餐巾都应清洗洁白、熨平，玻璃杯、酒杯、筷子、刀叉、碗碟等餐具，在宴请之前都应洗净擦亮。

由于中餐与西餐在菜肴的制作、吃法上存在很大的差异，因此准备的餐具的种类及其摆放原则也各不相同。

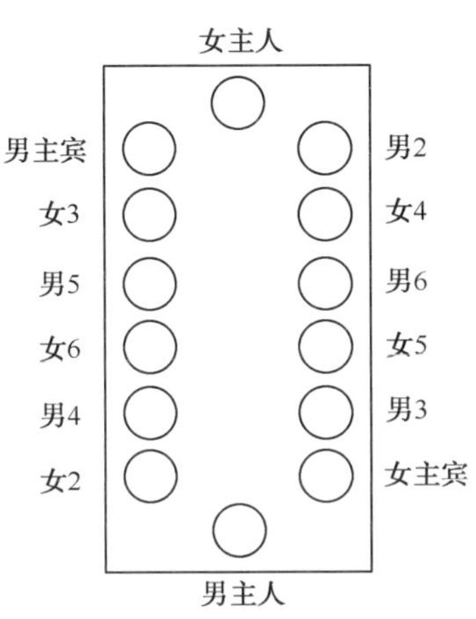

a. 长桌，邀请夫妇出席的宴会，主人坐两头

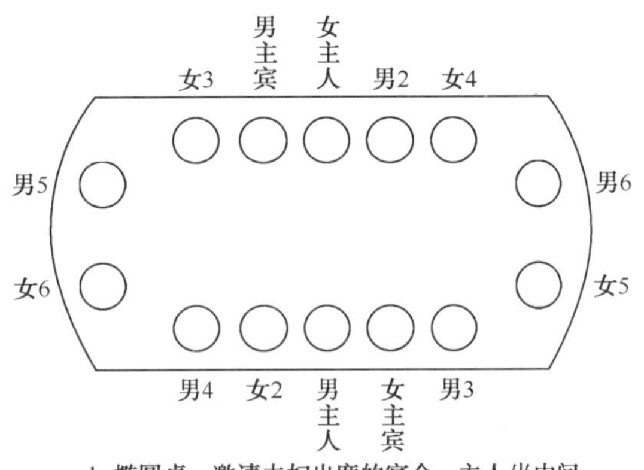

b. 椭圆桌，邀请夫妇出席的宴会，主人坐中间

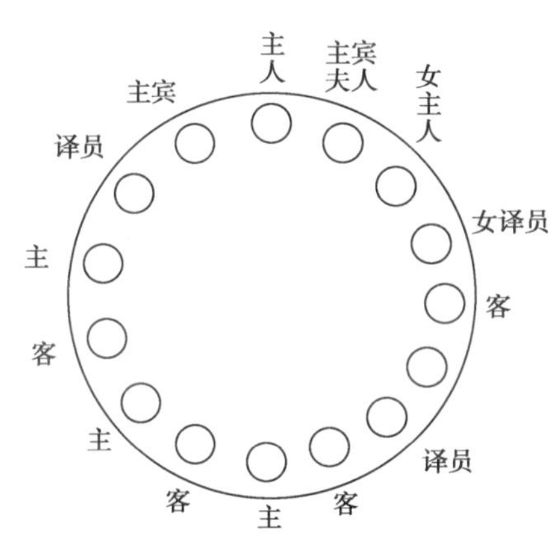

c. 圆桌，主宾带夫人，有译员，中国多采取此种桌次

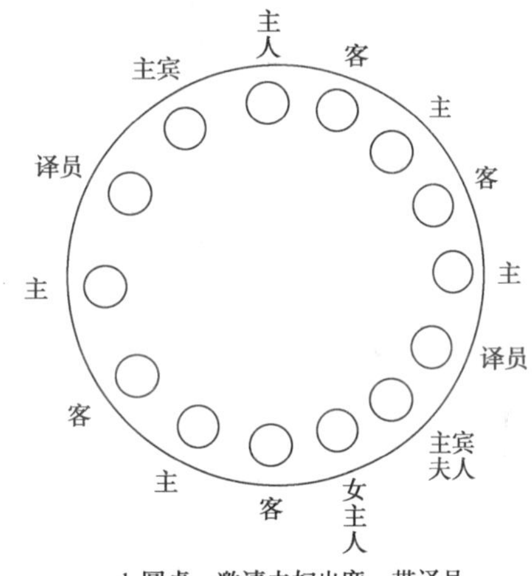

d. 圆桌，邀请夫妇出席，带译员

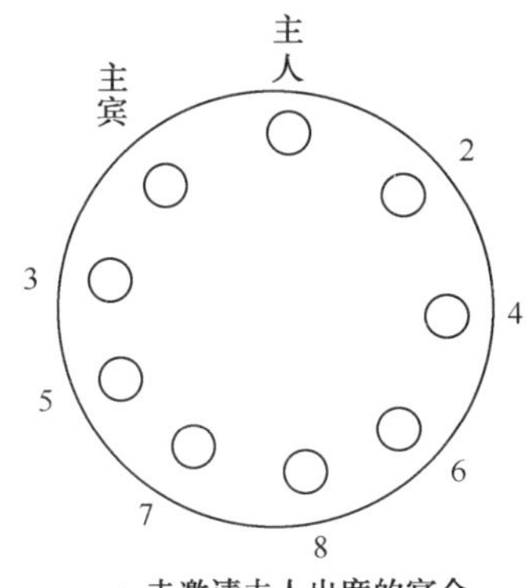

e. 未邀请夫人出席的宴会

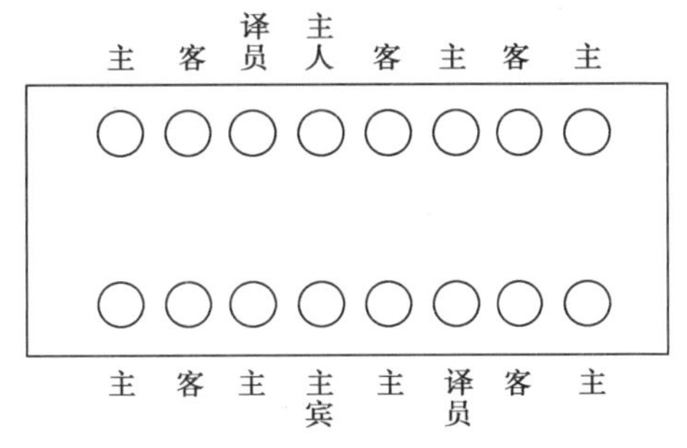

f. 未邀请夫人出席的宴会，主宾坐在主人对面

图 4.2　宴会的座次安排示意图

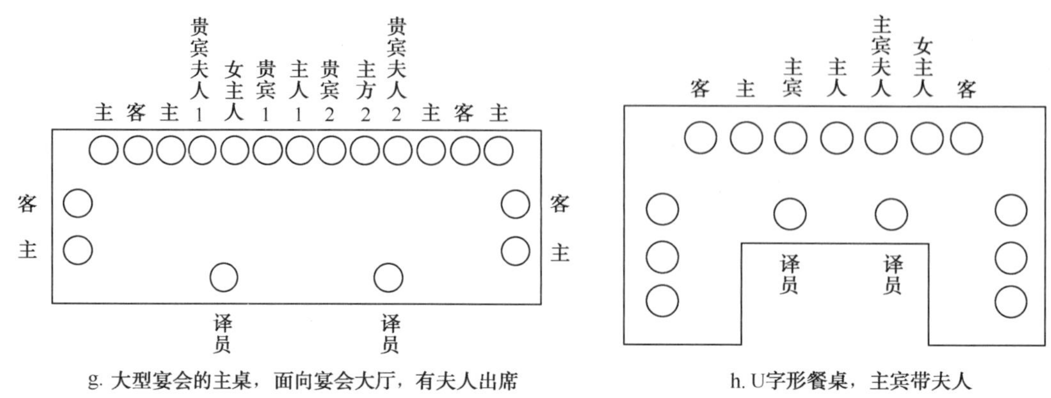

g. 大型宴会的主桌，面向宴会大厅，有夫人出席

h. U字形餐桌，主宾带夫人

图4.2　宴会的座次安排示意图（续）

中式餐具的种类和摆放：中式餐具主要有各种规格和各种形状的盘、碗、碟、杯及筷、匙等，一般除筷子外，其他餐具的质地多为瓷器，高档宴会有时用铜器或银器餐具；酒杯数目和种类应与上酒的种数相同，餐巾叠成花插在水杯中或平放在菜盘上；宴请外宾时，除摆放筷子外，还应摆上刀叉；公筷、公勺应备有筷座和勺座，其中一套摆在主人面前。餐桌上还应备有烟灰缸、牙签。

西式餐具的种类和摆放：西式餐具主要有刀、叉、匙、杯等。刀分为食用刀、鱼刀、肉刀、奶油刀、水果刀等；叉分为食用叉、鱼叉、龙虾叉等；匙有汤匙、菜匙、甜品匙等；杯的种类更多，茶杯、咖啡杯均为瓷器，并配有小碟，水杯、酒杯多为玻璃制品，不同的酒使用酒杯的规格不同，宴会有几道酒，就配几种酒杯。吃正餐时，刀、叉的数目应与菜的道数相同，按上菜顺序由外向里排列，使用也是由外向里依次使用，撤盘时，一并撤去用过的刀叉。西式餐具摆台的原则是食盘居中，右刀左叉，刀尖向上，刀口向左，叉背向下，叉齿向上。

4.1.3　宴请的程序及礼仪

正式宴会的接待都有其特定的程序及相应的礼仪，主办者应掌握并认真实施，以确保宴会的成功。

1. 迎宾和引宾入座

当宴请时间将至时，主人应到门口迎接客人，必要时还可安排几个主要人员陪同迎接。如果是正式宴会，当宾主握手寒暄后，可交由工作人员陪同至休息厅休息。休息厅内应有相应身份的人员陪同，并安排服务人员上茶水饮料。如果没有休息厅，则可将客人直接引入宴会厅，但暂不入座，应等待主人及其他宾客。当主宾到达后，由主人陪同进入休息厅与其他客人见面，然后进入宴会厅入座，接待人员随即引导其他宾客相继入厅就座，宴会即可开始。

如果休息厅较小或宴会规模太大，也可以请主桌以外的客人先入座，贵宾席最后入座。

2. 致辞、祝酒

在正式宴会上，一般均有致辞，但安排的时间不尽相同，有的一入席双方即致辞，也可在热菜之后甜食之前，先由主人致辞，接着由客人致辞。冷餐会和酒会的致辞时间更显灵活。致辞时，服务人员要停止一切活动，参加宴会的人员均暂停进食，专心聆听，以示尊重。致辞完毕即进行祝酒，因此在致辞即将结束时，服务人员要迅速把酒斟足，以供主人和主宾等祝酒时使用。

3. 上菜、介绍菜肴

上菜时，应按一定的顺序来上菜，中餐一般是先上冷菜，后上热菜，再上汤菜，最后上甜食、水果。西餐的上菜顺序一般为面包、汤、菜肴、布丁、咖啡或红茶等。

当第一道热菜（主菜）上桌时，一般由服务人员报出菜名，并介绍这道菜在色、香、味等方面的特色，之后主人应举筷请众宾客品尝，当客人互相谦让时，主人（也可由服务人员）可站起来用公筷、公勺为客人布菜。布菜时要注意先将菜分给主宾，并注意分得均匀，以免造成厚此薄彼的感觉。如果是家宴，可精心制作几道拿手菜，当这些菜上桌时，不仅要报出菜名，而且要简单介绍这道菜的制作要领，在请大家品尝后，还要认真征求宾客的意见。

席间，如果出现客人碰落餐具等情况，不可慌乱，应一边安慰客人，一边迅速为客人更换干净的餐具。

4. 侍应顺序和斟酒顺序

按国际惯例，侍应顺序应先从男主人右侧的女主宾或男主宾开始，接着是男主人，由此自右向左按顺时针方向进行。如果宴会规格较高，则需由两人担任侍应时，其中一个按上述顺序开始，至女主人（第二主人）右侧的宾客为止；另一个从女主人（第二主人）开始，依次向左按顺时针方向进行。圆桌、长桌均按此顺序做侍应和服务。

上菜、派菜、分汤、斟酒，均按上述顺序进行。上菜在左，食品应从每个客人左侧端上，空盘等通常从右侧撤下。新上的菜，要放在主宾面前，余菜则进行相应的移动。如果上“孔雀”“凤凰”等花色冷盘或全鱼、全鸡等大菜时，一般需将头部对准主宾和主人，以示尊重，但也有些地方风俗认为此举有“斗嘴”之意，所以对此应灵活处理。

斟酒与上菜不同，斟酒在右，其主要是为宾客方便起见。向客人斟酒时，应走到客人右侧，除啤酒以外，酒瓶瓶口不应接触杯沿，酒杯也不应提起。斟入的酒的多少应根据酒的种类酌情而定，一般斟入 2/3 即可。中式宴会，从开始上冷盘即开始斟酒，而西式宴会是宴会一开始就斟酒，还是在上主菜时再斟酒，具体做法应按照主人（征求主宾意见后）的安排而定。在逐一斟酒时，服务人员应先征求客人意见，再将托盘内的酒水、饮料按需斟之。

5. 热情交谈

宴请的目的不在餐饮，而在借此相互认识、了解、交流、增进友情、加强协作，因此，席间一味地埋头吃是不礼貌的。主宾双方应就彼此都感兴趣的话题，亲切交谈，交谈的范围可以广一些，可选择一些大众性、趣味性、愉悦性的话题。宴会中不宜深入交谈具体的、实质性的问题，要多叙友情，少谈工作，切不可把餐桌变成谈判桌，以免陷入僵局，使双方不快。同时应注意不要光谈自己，忽略他人，还要避免谈及忌讳的、敏感的、容易引起争执的话题。总之，一切谈话要从增进友谊、活跃宴会气氛的角度出发。

6. 敬酒献乐

在宴请过程中，主人一般要依次向所有宾客敬酒或按桌敬酒。敬酒时，上身要挺直，双腿站稳，以双手举起酒杯，并向对方微微点头示意，等对方饮酒时再跟着饮。敬酒的态度要稳重、热情、大方。需要一一敬酒时，主人应按礼宾次序先向主宾敬酒，再依次向其他宾客敬酒。在宾客较多的场合，主人可依次到各桌敬酒，并提议大家一起干杯，这时主人只要举杯示意即可，不必一一碰杯。在让酒、劝酒当中，主人要尊重宾客的意愿，不要把让酒、劝酒的礼节变成一种强迫，以免破坏宴会的友好气氛。

当前，不少餐厅有视听设备，如果是大型、隆重的宴会，还备有乐队时，主人可安排乐队演奏席间音乐，安排专人献歌，或主人先唱，并热情邀请客人一起唱，宾主同乐。歌曲的内容应与宴会的主题相吻合，以渲染宴会的热烈气氛。

7. 适时结束、送客

一般宴会应掌握在 90 分钟左右，最多以不超过 2 小时为宜。过早结束，会使客人感到不尽兴，甚至对主人的诚意表示怀疑；时间过长，则宾主双方都感到疲劳，反而冲淡宴会的热烈气氛。因此，当宴请程序基本完成时，主人要掌握时机，适时结束宴会，一般以服务人员端上水果并吃完后，宴会即可结束。宴会结束时，一般先由主人向主宾示意，请其做好离席的准备，然后主人与主宾起立，主人宣布宴会到此结束，并对各位宾客莅临宴会表示衷心的感谢。有时主人会为参加宴会的宾客准备小纪念品，因此宴会结束时，主人要招呼宾客带上纪念品。主人及相关陪客应先将主宾送至门口，热情握手告别，待主宾离去后，原迎宾人员应按顺序排列，再与其他宾客礼貌握手告别。

如果安排有余兴活动，如唱歌、舞会或喝茶、打牌等，可挽留有兴趣的宾客自由参加，主随客便。

当国外的日常宴请由女主人作为第一主人时，往往以她的行动为准。入席时女主人先坐下，并由女主人招呼客人开始就餐。餐毕，女主人起立，邀请女宾与其共同退出宴会厅，男宾或留下抽烟或起立，紧接着一起进入休息厅。当男女宾客在休息厅会齐时，即可上茶或上咖啡。主宾告辞时，主人应把主宾送至门口；主宾离去后，原迎宾人员按顺序排列，再与其他宾客握手告别。

4.2 赴宴礼仪

宴请作为重要的社交活动，涉及主、客双方，因此不仅主人要注意宴请活动中的礼仪规范，而且客人也应注意赴宴的礼仪，以向主人和其他来宾展示自己良好的礼仪修养，并塑造自己良好的形象。

4.2.1 赴宴前的准备

1. 应邀

接到宴会邀请后，应尽早答复对方能否出席，以便主人做出安排。确认接受邀请后不要随意改动，如果遇到特殊情况不能出席，尤其作为主宾，则应尽早向主人郑重解释并道歉，也可以亲自登门致歉。应邀参加一项活动之前，要知晓宴请的主人，活动举办的时间、地点，是否邀请配偶及主人对服饰等方面的要求。

2. 注意仪容、仪表

在出席宴会前，一般应梳洗打扮，衣着要求整洁、大方、美观，仪容、仪表要符合宴请场合的要求。女士要适当化妆，男士要梳理头发并剃须。国外宴请非常讲究服饰，根据宴会的正式程度，在请柬上往往注明着装要求。在我国虽然没有具体要求，但是作为应邀者也应该穿一套合体的整洁服装，容光焕发、精神饱满地赴宴，这将给宴会增添隆重、热烈的气氛。如果夫妇同去赴宴，还应注意服装的式样、颜色等的和谐统一。

3. 备礼

可按宴请的性质和当地的风俗习惯及主客双方的关系，准备赠送的花篮或花束。参加家庭宴会，可给女主人准备一束鲜花，赠花时要注意对方的禁忌。有时需要准备一定的礼品，礼品价格不一定很高，但要有意义，在宴会开始前送给主人。

4.2.2 赴宴过程的礼仪

1. 按时抵达

出席宴请活动的时候，抵达时间的早晚、逗留时间的长短，在一定程度上反映出客人对主人是否尊重。过早、过迟或逗留时间过短，不仅是对主人的失礼，而且也有损自己的形象。按时出席宴请是最基本的礼貌，出席宴会要根据各地的风俗习惯，一般来说，正点或提前或晚于规定时间两三分钟抵达都是可以的。身份高者可略晚些到达，一般客人宜略早些到达。如果遇到特殊情况不能及时到达，应及时通知主人并致歉。

2. 问候、赠礼

抵达宴会活动地点后，如果主人已经在那里恭迎，则应趋前与主人握手、问好、致意，然后随主人或迎宾人员引导，步入休息厅或宴会厅。如果单独到达，则应先到衣帽间脱挂大衣和帽子等物，然后前往迎宾处，主动向主人问候，并对在场的其他人点头微笑致意。如果是庆祝活动，则还应表示祝贺，同时，将事先备好的礼品双手赠予主人。

3. 礼貌入座

入座时应听从主人的安排，不可随意乱坐。若是正式宴会，进入宴会厅之前，应先掌握自己的桌次和座位，入座时注意桌上的座位卡是否写有自己的名字，不可坐错座位。如果邻座是年长者或女士，则应主动协助他们先坐下。入座后坐姿要端正、自然，不要紧靠在椅背上，更不能把椅子往前倾或往后翘；上身应与座椅位置适中，双脚踏在本人座位下，不可随意伸出，影响他人；不可用手托腮或将双臂肘平放在桌上；不可玩弄桌上的酒杯、盘碗、刀叉、筷子等餐具；不要用餐巾或纸巾擦拭餐具，以免使主人因餐具不洁之嫌而尴尬。入座后，可与同席的人随意交谈，等待用餐。

4. 文明进餐

致祝酒词完毕经主人招呼后，即可开始进餐。

用餐时应有愉快的表情。心事重重的神态、漫不经心的样子，是对主人和其他宾客不礼貌的行为。即使菜不对口味，也应吃上一些，而不能皱眉拒绝，这是对主人的不尊重。

用餐时要讲文明，席间不要吸烟，除非男主人吸烟或向客人递了烟。一般在宴会未基本结束前吸烟是失礼的，尤其是在有女士在的场合。喝酒要有节制，不要失态。

席间，不可随便宽衣，当众解开纽扣、脱下衣服是不礼貌的。小型便宴时，若主人请宾客宽衣，男宾可脱下外衣搭在椅背上。用餐过程中，一般不可随便离席，若需上卫生间，不可直接说“去上卫生间或厕所”之类的话，可以说“对不起，我出去一下”之类的话。即使大家关系很好、很熟悉，最好也用含蓄一点的说法，以示文雅、礼貌。如果要咳嗽、吐痰，或有刺卡住，或需将口中食物吐出来等，这时也应暂时离席，否则是不礼貌的。离席时动作要轻，不要惊扰他人，更不要把座椅、餐具等物碰倒。此外，还要讲究具体用餐举止的文雅、礼貌。

5. 交谈、敬酒

席间，无论作为陪客还是宾客，都应与同桌的人亲切交谈，特别是左右邻座，不可静坐不语或只与几位熟人或一两个人交谈，若彼此不认识，可相互自我介绍。席间交谈应注意礼仪、礼貌：与人交谈时，不要先用手碰人家；最好不要隔着第三者交谈；同身旁人说话时，不要背向着另一个人；吃东西时不要交谈，如果有人跟你说话，应等嘴里的食物咽下后再开口；不要过分地向旁边的女士劝菜而讲个不停；不要对菜肴评论挑剔，也不要抱怨服务人员的工作。若是家宴，可适当赞美主人的烹调艺术；因健康或习俗等原因不能吃某道菜时，不要做太多解释，更不要谈及自己的疾病；不要打断别人谈话，也不要打听餐桌上别人的谈话内容；与人交谈时声音不要太高，也不要谈些怪诞离奇、忌讳的话题而引人不悦。总之，谈话要掌握时机，要视交谈对象而定，要顾及交谈的内容，讲究交谈的艺术，以增进友情、活跃气氛。

当主人依次向所有宾客敬酒或按桌敬酒时，客人也应向主人回敬或每桌派一位代表到主人餐桌回敬。宾客之间往往也互相敬酒，敬酒时要注意礼节礼貌，不可交叉碰杯。不能喝酒时可礼貌地声明，并应轻轻按着杯缘，不可把杯子倒置。宴会上相互敬酒，互致友谊

表示热烈的气氛，但宾主都应量力而行、适可而止，切忌硬性劝酒、逼酒甚至酗酒，以至饮酒过量而失言失态。

6. 告辞、致谢

参加宴请活动，告辞不宜过早也不宜过迟。如果是主宾，应当先于其他宾客向主人告辞，否则会给其他宾客带来不便，但也不能太早，否则是对主人的不礼貌。如果是一般宾客，则应在宴会结束主宾告辞后，及时向主人告辞，不可因贪杯或余兴未尽而迟迟不起，拖延不散，但也不能先于主宾告辞，否则对主人和主宾都很不礼貌。无论是主宾还是普通宾客，一般不要中途退席，如果确实有急事，应向主人说明，表示歉意，并向其他宾客打招呼后再离去，或者向主人说明、致歉后轻轻离去，也可事前打招呼，到时悄悄离去。总之，中途退席要有礼貌，理由应尽量不使主人难堪和心中不悦。

告辞时，应礼貌地与主人握手告别，通常是男主宾先向男主人告别，女主宾先向女主人告别，然后交叉，再与其他人告别。主宾告辞后，其他宾客再用同样的方法向主人和其他人握手告别。如果主人备有小纪念品相赠，应欣然收下，并说些赞扬小礼品的话，但不必郑重地表示谢意。有时外国宾客会把宴会菜单作为纪念品带走，还会请同席者在菜单上签名留念。除主人特别示意作为纪念品的东西外，各种招待品包括点心、糖果、香烟、酒水、饮料等都不能带走。

为了使礼节更周到，可在宴会后一两天内给主人打个致谢电话，或者送一封印有“致谢”或“P.R.”字样的便函或名片，除表达再次感谢主人的盛情款待外，还可重申友谊、加深印象。

4.3 就餐礼仪

4.3.1 就餐的一般要求

就餐的一般要求如下。

（1）入座后应姿势端正，不可眼睛直盯着盘中菜肴，显出迫不及待的样子，或者用手玩弄餐具等。一般是在主人示意开始后，客人才可以开始用餐，不能别人还未动手，自己已经吃上了。

（2）就餐前应先将餐巾打开铺在膝上，如果餐巾很大，可以将餐巾放在椅子上，但不可放在桌上，也不可将餐巾别在领口上、挂在胸前，也不要在手中乱揉。席间如有事需临时离席，应将餐巾叠好放在盘子右侧，不可放在椅子上，亦不可叠得方方正正而被误以为未使用过。餐巾只能用来擦嘴上或手指上的油渍或剩菜，不能用于擦面、擦汗。服务人员送的香巾是用来擦面的，擦完后放回原盛器内。

（3）取菜时，应取靠近自己一方的盘中的菜，一次取菜不应太多，不能在盘中挑来拣去，也不可只夹取自己喜欢食用的菜肴。取菜时动作要轻，肢体不要碰到邻座，也不要将菜拨弄到桌上或把汤碰洒。如果不小心把菜掉在桌上，不可再将其放回盘内。若需要取餐桌上放在离自己较远处的调味品或菜肴时，要请别人帮你传递，不能越过别人，甚至站起来伸手去取。若遇到本人不能吃或不喜欢吃的菜点，不可显出不悦的表情，当服务人员派菜或主人夹菜时，更不可当场拒绝，应取少量放入盘内，并有礼貌地说："谢谢，够了。"

（4）吃相要文雅、从容。

吃东西时，应细嚼慢咽，绝不可低着头狼吞虎咽。当然，也不能过慢，以免妨碍整个宴会的进程。吃菜、喝汤尽量不要发出声响或因进食过快而打嗝。喝汤时要用汤匙一勺一勺地喝，不能用嘴唇去啜汤。当汤菜太热时，要待其稍冷却后再食用，不要用嘴去吹散热气。如果吃进口里的菜太烫难以下咽，只能赶紧喝一口凉水或饮料，不应把食物往外吐。吃食物时要用食物就口，不可用口去就食物。

嘴里的鱼刺、肉骨等不要直接往外吐，可用餐巾或左手掩嘴，用牙签或筷子取出或轻吐在叉、匙上，再放到自己的餐盘或备用盘里。吃剩的菜和用过的餐具、牙签，以及骨刺等都应放在盘内，切勿置于桌上。

用餐时不要让刀、叉、筷等同碗、盘或使其他器皿碰撞，发出声音。

如果不懂某道菜的吃法，可以观察或借鉴别人的方法，或者坦率、大方地向别人请教，不要不懂装懂，闹出笑话。

嘴里有食物时切勿说话，若就餐中遇到别人问话，可等食物咽下后再回话。就餐时同别人讲话，最好放下刀、叉、勺子或筷子，如果不放下，也不要用手中的餐具挥舞或指画。

席间不得不打喷嚏、咳嗽时，应转身用手捂住口鼻，并向邻座表示歉意。剔牙时，要用手或餐巾遮口，不可边说话边剔牙或边走路边剔牙。

当服务人员给你斟酒时，不要把酒杯拿起来，应让它放在餐桌上，每次喝完酒，要把酒杯放回原处，不要乱放。喝酒或饮料时，最好先用餐巾擦一下嘴唇再喝，以避免菜渣丢进杯里或沾在杯口上。不能在嘴里塞满食物时喝酒，应当先咽下食物后再拿起酒杯来喝。当别人敬酒时，必须放下手中的餐具，停止进食。不能喝酒时应礼貌声明，并轻轻按着杯缘，不可将杯子倒置。

如果不慎将餐具掉落在地上，不要马上俯身去捡，应表示歉意，就让它留在那里，之后叫服务人员拿干净的餐具来。

此外，在自助餐会上，用餐者需自觉维护公共秩序，讲究先来后到，排队选取食物。取菜前先准备好一只食盘，轮到自己取菜时，应使用公用的餐具将选定的食物放入自己的食盘之内，接着迅速离去，不要在繁多的食物前犹豫不决，让身后的人久等，更不要挑挑拣拣，甚至直接用手取餐。在享用自助餐时，浪费食物是绝对不允许的，因此，要遵守"少量多次"原则。

就餐时，除上述这些基本要求以外，由于中餐与西餐具有不同的特点，中餐餐具与西餐餐具有很大的差别，因此就餐的礼仪要求也不一样。

4.3.2 中餐就餐礼仪

中餐可以说是非常轻松愉快的一种用餐方式，一般情况下，多人围成一桌，宾客不是左右相邻，就是对面而坐，这样的座次容易造就欢乐融洽的气氛。中餐虽然没有西餐那么多的餐具和规矩，但基本的就餐礼仪还是不能忽视的。

1. 中餐的上菜顺序

中餐的上菜顺序大致是开胃菜、主菜、甜品、水果。开胃菜多为冷盘组成的大拼盘，一般为凉拌食物或干果等，品种可多达十几种。主菜是为宾客们的各种不同口味而烹调的，一般比较丰盛，数量在六道至十二道之间。主菜之后是甜品等点心，最后是水果。中餐的主要餐具比较简单，通常为一个小碗，一个中碟（六寸左右），一个小碟，一把汤匙，一双筷子，一副筷架。小碗是喝汤或吃甜食时用的，中碟用来盛菜或兼放残渣，小碟可以盛佐料。中餐中几乎所有的菜都是用筷子送进嘴里的，只有筷子无法夹起来的菜才用汤匙取食。用筷子时，绝不可以把筷子搁在盘沿或碗沿，这是十分不礼貌的，有筷架时，应直接摆在筷架上。无论是筷子还是汤匙，都是用右手拿，左右手一般不同时拿筷子和汤匙，左手的作用主要是用来端碗和扶碗的。

2. 中餐的取菜礼仪

中餐多是围餐，采用共食制，大家围着几盘菜，依序用筷子取食，有时会有服务人员帮忙分菜，或者男士帮助女士取菜，但大多数情况下都是由自己取食的。

中国传统的就餐方式的确体现了“和为贵”的文化特色，餐桌氛围其乐融融。但随着人际交往范围的扩大，中餐也有令人尴尬的地方，那就是怎样才能确保用餐卫生呢？所以，每一位用餐者应注意用餐中的礼仪。

菜肴上席，如果有公筷，则应该以公筷取食，而且应由主人或主宾先取用，再按顺时针方向依次取食。放在菜盘上的菜肴，应尽量吃完。

在各种宴会中，应特别注意以下几点。

（1）不能抢先于主宾动筷。

（2）只取自己的一份，特别是高档的菜，若一轮下来还有剩余，则可以再取。

（3）取菜时，筷子不要在盘中翻动。

（4）尽量只取自己面前的菜，不要站起来取食，也不要把手伸到别人面前去取。

3. 斟酒和敬酒的礼仪

（1）斟酒。斟酒是大多数中餐宴会中不可缺少的内容。在宴会中，人们一般会通过为他人斟酒或敬酒来向他人表示敬意。斟酒通常是由主人向客人斟，但有时身份较低的人也主动为身份较高的人斟酒，以表示自己的敬意。一般的斟酒顺序是从主宾开始的，然后按顺时针方向依次为每位客人斟上，自己的酒最后斟，也可以不斟。

当有人为你斟酒时，应表示感谢，可以用语言表达，也可以用中国人常用的叩指礼，即把食指、中指和拇指捏在一起，轻轻叩几下桌面。如果你不想喝酒，可以婉言谢绝，斟酒者可以适当劝酒，但不能勉强别人。

（2）敬酒。敬酒是指用自己喝酒的方式来表示敬意。在宴会开始后，通常由主人向大家敬酒，并说上几句祝福的话，这时候，大家应该站起来，互相之间碰一碰杯，人多时可以举杯示意，不必碰杯，然后象征性地喝上一口，不一定要喝完，除非主人提议干杯。主人敬酒后，客人们可以互相敬酒，也可以回敬主人，一般来说，敬酒者应该把自己的酒喝完，这样才能表达自己的诚意。如果知道对方酒量不错，可以提议干杯，但若对方酒量尚浅或不能饮酒，就不必勉强对方一定喝完，可以说“我干了，你随意”。在主人和主宾祝酒时，其他人应停止进餐，停止交谈，注意倾听，并且不要借此机会抽烟。

如果你不善于饮酒，当主人或其他宾客向你敬酒时，可以婉言谢绝。如果主人请你喝一些酒，则不应一味推辞，可以选少一点的酒或饮料，喝一点作为象征，以免扫兴。

4. 用筷子的禁忌

（1）忌敲筷，即用筷子敲打碗盘。

（2）忌插筷，即将筷子插在碗里。

（3）忌分筷，即筷子一长一短或在碗两边各放一根，不成双。

（4）忌舔筷，即不要将筷子含在口中，用嘴吸吮筷子上的汤汁，更不能吮出声音。

（5）忌掏筷，即不要在菜盘里胡乱翻动选菜。

（6）忌迷筷，即不能用筷子在许多菜盘里不断寻觅自己喜欢吃的食物，还一盘一盘地找过去。

（7）忌粘筷，即不能用粘着饭菜的筷子去夹取食物。

（8）忌舞筷，即不能举着筷子指指点点，手舞足蹈。

（9）忌串筷，即不能用筷子穿刺菜肴。

（10）忌剔筷，即不能把筷子当牙签使用。

（11）忌移筷，即不能连续取食两道菜。

（12）用筷子夹上食物后应立即放入口中，不能停留时间过长；每次夹菜不要夹太多，更不要在夹菜途中滴汤掉菜。

使用汤匙时要用右手，筷子应整齐轻放在筷架上。右手执筷的同时执匙舀汤是不礼貌的。端碗时，拇指要扣住碗口，食指、中指、无名指扣住碗底，手心空着。吃碗里的食物时，不能伏在桌上就着碗吃。餐毕，筷子应整齐地搁在靠近碗右侧的桌上，并等众人都放下筷子后，主人示意散席时方可离席。

4.3.3 西餐就餐礼仪

1. 西餐的特点

西餐在用料方面，肉禽中以牛肉为多，蔬菜中以土豆为多，主食以面包为主，米饭、面条、馄饨等则不为主食；在原料加工方面，多用大块原料做菜，如大块牛排、大块猪排、大块鱼、大块鸡等，需用刀、叉分割才能食用；在烹制方面，猪排和牛排等部分原料烧至九成熟，蔬菜一般都做成沙拉生吃。

2. 西餐餐具的使用

西餐餐具非常之多，常常在一个宴会上，吃的菜不过几道，而使用的餐具却不下数十件。餐具的使用是否得当，关系到是否合乎用餐的礼仪。

（1）刀、叉。西餐中用的刀叉很多，在正式宴会中，每道菜肴都配有一套相应的餐具，一般以上菜的先后顺序由外向内排列摆放或随菜一道端上来。每用过一道菜之后，服务人员就要将相应的刀、叉撤走。所以，一定不要乱了使用刀叉的顺序，以免到时餐具不够用或用不上而尴尬。

西餐餐具的摆法示意图，如图 4.3 所示。

图 4.3　西餐餐具的摆法示意图

持刀时，应把刀柄的尾端置于手掌之中，以拇指抵住刀柄的一侧，食指按在刀柄背上，但应注意食指不能触及刀背，其余三指顺势弯曲，握住刀柄；持叉时，应尽可能持住叉柄的末端，而不能抓在叉柄的下部，叉柄倚在中指上，中指则以无名指和小指为支撑。如果叉不与刀并用，则叉齿应朝上；如果刀叉并用，则持叉姿势与持刀姿势相似。一般情况下，右手持刀，左手持叉，先用叉子把食物按住，然后用刀将食物切成小块，再用叉子将食物送入口中。欧洲人使用刀叉时不换手，美国人则切割后将刀放下，换右手持叉送食入口。

每用完一道菜，应将刀叉合拢并排置于盘上，叉齿向上，表示此道菜已用完，服务人员会主动撤下此道菜；若尚未用完，只是暂停用餐，则应将刀叉摆成八字形或交叉摆在盘上，刀口向内，以示尚未吃完。

使用刀叉时应注意：食物应当用刀切一块吃一块，不应把整盘食物都切成小块，然后用叉子一块一块叉起来吃；切食物时应尽量避免刀叉撞击盘子发出声响；刀是用来切割菜肴的，不能用刀戳着或抬着食物送进嘴里，刀绝对不能沾嘴唇；用叉匙往嘴中送食物时，不要送到中途停住同别人讲话或听别人讲话；进食时，不要将叉匙完全插入嘴里，应以嘴唇不碰及叉齿为标准。

（2）匙。持匙用右手，持法与持叉相同，手指务必持在匙柄上端，不可持在匙柄下部。很多布丁都要匙叉并用取食，一件用以托盛食品，另一件用以帮助盛取。西餐用匙也有讲究：喝汤时，应右手持匙，左手扶盘或端碗，并由内向外朝餐桌中心方向舀取汤汁；

喝汤时，只能将汤匙的三分之一放入嘴里，不要使劲吮吸，以免发出声响；喝完汤后，应将汤匙放在盘内，注意匙心朝上，匙柄朝右边边缘放置。

（3）杯。杯有高脚玻璃杯、茶杯等。高脚玻璃杯有凉水杯、红葡萄酒杯、白葡萄酒杯、香槟酒杯等。拿高脚玻璃杯时，应用大拇指和另外几根手指拿住杯子的下半部，只有当白葡萄酒是冰镇的时候才不这样拿，而是用手捏着酒杯脚，以免手温把酒弄热。每次喝完酒或水，都要把杯子放回原处。

茶杯一般是用来喝茶的。拿茶杯的方法：食指穿过杯耳，大拇指压在杯耳的上面，用中指托住杯耳的下面将杯子固定，注意小指头不要不自然地翘起来。在正式宴会上，应当让茶杯、茶盘自始至终放在原位置；在非正式宴会上，菜盘撤走后，可以把茶杯、茶盘移到中央。

（4）水盂。水盂是用来洗手指的。在宴会上，同任何一道用手取食的食品（如烤鸡、螃蟹、龙虾、水果等）一起，会送上一个用金属或玻璃精制的水盂，水面上飘着柠檬片或玫瑰花瓣，这是专供用餐者洗手指用的，千万不能把它错当成饮料喝，以免闹出笑话。用水盂的时候，把双手的手指放进水盂的清水中轻轻刷洗，然后把两只手放在低于桌面的地方用餐巾擦干。

3. 西餐食品的吃法

（1）面包。面包往往是西餐的主食，其吃法是用手将其掰成小块后再拿起来吃，不能用嘴直接啃咬整块的面包。如果需要涂抹黄油、果酱，应先用手将面包掰开，再用专用的小刀将黄油或果酱涂抹在面包块上，然后吃。当盘上有一点食物不能叉起来的时候，还可以掰一小块面包来帮助取食，但不要用面包来擦干净菜盘。

（2）三明治，即夹心面包，可以用一只手拿着吃。有的三明治是一片面包，上面放有肉和菜，称为“露面三明治”，吃的时候用刀叉。普通三明治也可以把上面的一片面包拿开，改为“露面三明治”，然后用刀叉去吃。

（3）意大利馅饼。人们多用手将意大利馅饼拿起来吃，也可以用刀叉切开，一小块一小块地吃。

（4）意大利面、通心粉。一般人吃意大利面是一只手拿叉子，另一只手拿汤匙协助，把面绕在叉子上并送进口中。也有的人不用汤匙，只用叉子绕面。吃意大利面时最需要注意的是不要让面挂在嘴边，也不要发出呼噜呼噜的声音。

（5）玉米棒。玉米棒一般用于家宴，食用时用手拿住玉米棒的两头，还可以每次往几排玉米粒上放黄油和盐调味，然后放到嘴边啃食。

（6）奶酪。每次切下一小片奶酪放在面包片或饼干上用手拿着吃。从“V”字形奶酪上取用时应沿“V”字形两侧切，不要在顶端切。

（7）鸡块。鸡块在野餐或非正式宴会上是可以用手拿起来吃的，但是在比较正式的场合还是用刀叉切开来吃较有礼貌。吃鸡块时，应先用刀将骨去掉，再用刀切出一小块，最后用叉子叉住吃。吃肉时，要切一块吃一块，绝不能切得过大或一次将肉都切成块。

（8）整条鱼。吃整条鱼时应当先用吃鱼专用的刀把鱼头切掉。吃鱼时不要将鱼翻身，吃完鱼的上层后要用刀叉将鱼骨剔掉后再吃下层。

（9）虾。如果是虾沙拉，就用吃牡蛎的叉子吃；如果虾太大，不能一口吃掉，则可以用叉子叉住分两三口吃，但不能在盘子上把虾切开；如果是炸大虾，则可以用刀叉吃；如果是带壳的虾，可以用手拿起来把壳剥掉再吃。

（10）螃蟹。如果是硬壳的螃蟹，应用手把蟹腿掰开，再用刀把蟹盖和蟹身分开，接着拿叉子把蟹肉抠出来放在盘上，轻轻地用嘴吮吸壳里的蟹肉，然后用刀叉把盘上的蟹肉切成小块，最后叉住蘸上调料吃；如果是软壳的螃蟹，整只螃蟹都可以用刀子和叉子切开来吃。

（11）牡蛎。如果是连壳一起的烤牡蛎，用吃牡蛎的叉子叉着吃；如果是蒸熟的牡蛎，则可以用手把壳掰开，用手指或叉子把牡蛎抠出来吃，还可把牡蛎壳拿起来，喝掉里面的汤，但注意不要发出大的吮吸声。

（12）蜗牛。带壳的蜗牛端上来时总附有一把钳夹，食用蜗牛时右手持钳夹夹住壳，左手持专用双齿叉挑出肉食用。吃完蜗牛肉后，可以吮吸壳内的汁。如果蜗牛是去掉了壳用盘子盛着的，那就可以用吃海鲜的叉子来吃。

（13）煮鸡蛋。西餐中的鸡蛋一般是煮得半熟，蛋黄是流质的，吃的时候，要把鸡蛋放在一种供吃煮鸡蛋用的小杯子中，一只手固定住杯子，另一只手拿叉刀敲裂蛋壳，并把上半部分的蛋壳剥下来放在盘子上，然后用小匙舀鸡蛋吃。吃之前还可以放一点食盐。

（14）布丁。一般叉、勺并用将布丁分解成适于入口的小块食用。

（15）汤。汤要用汤匙一勺一勺舀起来喝，不能用嘴直接就着碗或盘子喝。如果上的汤附有薄脆饼干，那是给你边喝汤边吃的。在正式宴会上，不要把饼干泡在汤里，也不要拿饼干沾着汤吃，但牡蛎薄脆饼干除外，可以每次放一点在杂烩中吃。

（16）调味酱。如果要用番茄酱、果酱等调味酱，应当放一点在菜盘边，然后把食物切成小块后用叉子叉住蘸着吃。不能往菜盘中的食物上倒调味酱。

（17）酒。西餐宴会上，进餐前先喝开胃酒。用餐时主要喝红葡萄酒、白葡萄酒或香槟酒，而不喝烈性酒。红葡萄酒是以室温供应的，白葡萄酒则是喝冰镇的。酒随菜走也是西餐宴会中的一项重要原则，一般来说，吃肉时喝红葡萄酒，吃鱼、海鲜时喝白葡萄酒，甜酒只在吃甜食时喝。每上一道菜之前先斟酒，一般把酒斟得半满，人们拿起酒杯，先闻一下那扑鼻的芳香，然后喝。用餐完毕往往还要喝餐后酒，一般喝餐后酒时不再碰杯。喝餐后酒应当一点一点品尝，而不宜一饮而尽。不管在哪种场合，都应注意适量饮酒。

（18）茶、咖啡。喝茶或咖啡时，应左手端盛杯的茶盘右手拿杯，然后慢慢品饮，切忌一饮而尽和拿茶匙一勺一勺地舀着喝。如需加糖，应用专用糖夹将方糖夹入杯中，切忌用茶匙去取方糖；如需加奶，应先将适量牛奶加入，然后用茶匙轻轻搅拌。喝茶的时候，茶匙应放在茶盘上而不能放在茶杯里，喝完后，应将杯子置于茶盘中，并将茶盘放在桌上。

（19）水果。吃水果时也应懂得一些规范性常识。苹果、梨等，应先用刀去除皮核，然后用刀切成数块。削皮除核时，刀口应向内，由外往里削。削皮除核后，可用手拿着吃，也可用叉子叉起来吃。吃香蕉时，应先用手剥皮，再用刀切成小块，最后用叉子叉起来吃，不能用手将整只香蕉拿起来吃；吃葡萄时，应将葡萄一颗一颗揪下来吃，不能整串拿着吃；吃桔子时，可以用手剥皮后，一瓣一瓣拿着吃；西瓜、菠萝等通常都要去皮切块，然后用叉取食；橙子用刀切成块吃；荔枝、龙眼等可剥皮后用手拿着吃。水果的果核应先用手接住，再放于盘子边沿，不可直接吐在桌面上或地下。

4.4 饮用礼仪

4.4.1 饮茶礼仪

无论是在正式还是非正式的社交场合中，都应该掌握正确的饮茶方法，做到文明、礼貌，讲究礼仪。具体而言，就是要做到态度谦恭和认真品味。

1. 态度谦恭

主人以茶待客，表示对客人的欢迎和尊重。作为客人，不应对主人的一片好意漠然置之，而应态度谦恭，以礼回应，表示敬意。

主人给客人上茶前，一般会先询问客人喝何种茶，此时客人切勿过分苛刻，宣称自己只喝某一种茶或直接道出自己喝的茶。如果主人已给出几种选择，那么最好从中选定一种；如果主人未给出可供选择的茶叶，可答“随便”。向主人提出过高要求是不合适的。

如果自己不习惯于饮茶，也不必勉为其难，可在主人上茶前及时说明；如果主人在不知情的情况下已端上茶来，最好的做法是不喝，但绝不可露出不快神色或对上茶之人进行指责。另外，也不要做出另换饮料的要求。

当主人或长辈亲自上茶时，更要表现出谦恭和礼貌，这时应站起身来，双手接杯，并表示谢意。当对方为自己续水时也应不忘答谢，以礼相还。切不可对他人的礼待视若无睹，给人以缺乏教养的感觉。

当条件不允许，无法对上茶、续水之人起身接杯或答谢时，可通过面含微笑、点头致意、行叩指或欠身施礼的方式传达出感激之意。

在他人家中饮茶，一定要保持桌面及茶杯等物的清洁，不要随意将茶水、茶叶弄在桌子上。这些过于随便的动作都有悖于谦恭的原则。态度谦恭最主要的体现是对对方的敬意。在社交场合中，当与对方交谈时，为表示自己的尊敬态度，不要急于饮茶，否则显得用心不专，轻视对方，而应在与他人谈话告一段落时，才可以饮茶。

2. 认真品味

饮茶不同于饮水，在中国传统的茶文化中，饮茶更强调品茶，在以茶解渴之余，更要体味其蕴含的文化内涵。因此，饮茶时尤其要注重举止上的礼仪要求。遵守饮茶礼仪，其最根本的一点就是认真品味茶水，这是对主人热情招待的回应。认真品味要求饮茶者要小口吸饮，细心品尝，最好每饮一口茶时，都能使其在口中稍做停留，再慢慢下咽，这样才

能满口生香。饮茶时切忌一饮而尽。

饮茶时，喝过一口后，应对茶水加以赞赏，尤其是主人告知所饮是名茶时，更应如此，绝不可随口贬低，指责茶没泡好或味道不纯正，这些都是失礼的行为，容易引起主人的不快。饮茶时，常常遇到茶叶漂浮在茶水表面的情况，这时可用杯盖轻轻拂去漂浮的茶叶，不要用嘴吹，也不要用手自杯中取出茶叶，更不要将茶叶一起喝进口中慢慢咀嚼，这些都是饮茶时的失礼行为。如果茶太烫，不要用口吹，最好是等其自然冷却后再慢慢饮用。

此外，饮茶时还要注意茶具的使用。在日常生活中，虽然人们对茶杯的持握、茶匙的使用都已司空见惯，但是其中仍有很多讲究，动作不雅，很容易违背礼仪或有失面子。端茶杯时，应以右手手持杯耳，若茶杯无杯耳，则应以右手持握茶杯中部。注意不要双手捧杯或以手托杯底、握杯口等，这样做既不雅观，也不卫生。

如果使用带杯托的茶杯，可以用右手端杯，杯托不动，也可以用左手将茶杯与杯托一起端起，再以右手端起茶杯饮用。

4.4.2 咖啡的饮用礼仪

1. 握杯礼仪

握杯时应该以右手拇指和食指捏住杯耳，然后将杯子端起送至嘴边，不可以手指穿过杯耳去拿。站立时，应该以左手将杯、碟一起端至胸高，再以右手端起杯，送至嘴边饮用，饮用完，应立即将杯子置于碟中。

咖啡碟与咖啡杯不分开，即使添加咖啡时，也不要将咖啡杯从咖啡碟中拿起。

持握咖啡杯时，注意不要双手握杯耳，也不宜满把握杯，更不要俯身就着杯子去喝，这些都是很失礼的行为。

2. 咖啡匙的使用礼仪

在使用咖啡匙时，应注意以下几点。

（1）在咖啡中加糖或加冰块是一种常见的咖啡饮用习惯。在咖啡中加入糖或冰块后应用咖啡匙沿杯周边将其搅均匀，之后将咖啡匙放于咖啡碟左边或横放于咖啡碟靠近身体的一侧。咖啡匙放在杯内就喝是不文明的行为，而用咖啡匙搅得杯子乱响也是失礼的。添加配料后，应用咖啡匙轻轻搅动，使配料与咖啡迅速融合，切记搅动时不要动作过大，也不要用咖啡匙去捣碎杯中的方糖。

（2）用咖啡匙搅拌咖啡之后，应立即取出咖啡匙，不要让其立在杯中，否则易使咖啡杯泼翻。

（3）如果咖啡太烫，则应充分发挥咖啡匙的作用，轻轻搅动，使其自然降温，切不可用嘴去吹。

（4）饮用咖啡时，不能用咖啡匙舀着喝，而应端杯饮用。有人喜欢喝咖啡时吸得吱吱作响，那是不雅的表现。

3. 正确交谈

在社交场合中，喝咖啡只是社交的媒介和借助手段，饮用时双方彼此交谈、增进了解。在饮用咖啡时，切不可只顾品尝咖啡，忘记“主要任务”。交谈时，不要高谈阔论，宜柔声细语；不要大声喧哗，宜含蓄有度，礼让谦恭。不要在他人正在饮用咖啡时忽然提问，以免对方仓促应对。

4.5 中外饮食习俗

“民以食为天”，无论在中国还是在其他国家，这都是真理，但在吃什么和怎么吃方面，中外各国甚至一国的不同民族、不同地区之间，都存在着不同的风俗习惯。

4.5.1 中国饮食习俗

中国疆域辽阔、民族众多，各个民族的饮食习惯存在较大的差异，现仅就其中一部分进行简单的介绍。

1. 汉族

汉族以大米和各种面食为主食，鸡、鸭、牛、羊、猪的肉和各种海鲜及各种蔬菜均可食用，无明显的禁忌。一般来说，汉族中南方人口味较清淡，以米饭为主食；汉族中北方人口味较重，偏咸偏辣，以馒头、包子、饺子等面食为主食。汉族主要使用碗、筷、匙等餐具，喜欢喝茶，讲究品茶文化。

2. 回族

回族以蒸馍、包子、饺子、馄饨、汤面、拌面、牛肉、羊肉和油炸食品等为主食，蔬菜类一般没有忌讳。肉类以牛肉、羊肉、鸡肉、鸭肉和有鳞的鱼类为主，忌食猪肉、狗肉、驴肉、骡肉，也不吃动物的血、自死的或非经穆斯林祈祷后宰杀的动物肉。此外，回族还忌烟酒。

3. 维吾尔族

维吾尔族很讲究主食，主食种类很多，其中最普遍的就是馕，即一种由面粉制成的圆形烤饼，有的馕还加着肉、蛋和奶油。维吾尔族节日待客常用“帕罗”，它是一种用羊油、清油、胡萝卜、葡萄干、葱和大米做成的食物，吃时用手抓，故又名“抓饭”。此外，维吾尔族人也吃包子、馄饨、面条等，他们的副食中，肉食以牛肉、羊肉、鸡肉为主，炒菜时必需加肉；饮料一般是奶类，如奶茶，也常饮茶水等。

4. 藏族

藏族的饮食习惯比较特殊，主食是“糌粑”，它是一种用炒热的青稞或豌豆磨成面而做成的炒面。藏族人最喜爱的饮料是酥油茶。藏族的牧民以牛肉、羊肉和奶类为主食，一般不爱吃稀饭、肥肉、蔬菜等；农业区居民也吃大米和蔬菜，喜欢的奶制品有酥油、酸奶渣、奶酪等；城镇居民吃一种用大米饭加酥油、葡萄干做成的名叫“哲色”的食品，也吃油烹的肉丸、包子、烤饼、烙饼、肉面条、手抓羊肉等。藏族大部分人饮酒、吸烟，一日三至四餐，餐具很简单，一把小刀和一只木碗，不用筷子，不喜欢用别人的餐具。

5. 蒙古族

内蒙古牧区以肉食为主，农业区以粮食为主，肉食中主要是牛肉、羊肉，也吃猪肉、鹿肉等；饮料是各种奶茶，还有奶子酒等；自食和招待客人常用手扒肉，招待贵客用整羊席，席上有一套特定的仪式。内蒙古农业区的面食类主要有馍、面条，也有饺子、炒面等，炒米是蒙古族人喜爱的风俗食品，吃时要拌上酸奶和白糖。内蒙古地区蔬菜品种不多，主要有马铃薯、白菜等。

6. 傣族

傣族的主食是大米，有的傣族人也吃糯米；肉类以猪肉为主，亦吃牛肉、鸡鸭、鱼虾，不吃羊肉。傣族人嗜酸味、辣味，习惯吃油炸食品，不爱炒食；蔬菜类爱吃白菜、萝卜、竹笋和豆类，并习惯将其做成干酸菜食用。傣族男人爱喝酒，常吃竹筒饭。

7. 侗族

侗族人喜欢酸味食品，招待贵客的酸味食品中有酸味鱼、酸猪肉、酸鸭肉、酸辣椒等十几种菜品，且每种都是酸的；爱喝打油茶，打油茶是一种先用油把干茶叶炒煮，再加上姜末、盐，最后冲上水泡成的。此外，侗族人还吃炒黄豆、爆米花、腊肉等。

8. 朝鲜族

朝鲜族以大米、小米为主食，风俗食品是干饭、打糕、片糕、汤饺子、冷面等；口味喜酸辣，爱吃大酱，很爱吃狗肉汤，也吃生拌牛肉、泡菜、咸菜等；习惯喝凉开水、豆浆、豆腐脑，爱喝白酒、花茶；不爱吃羊肉、肥猪肉和河鱼，不爱吃带甜味的菜和放花椒的菜。

9. 哈萨克族

哈萨克族的主食是馕、油炸果子、面条、抓饭等，副食中以牛肉、马肉为主。哈萨克族人吃一种名叫“金特”的甜食，习惯吃手抓羊肉、清炖羊肉；爱喝茶，喝奶茶和马奶酒，也吃多种蔬菜。

4.5.2 国外饮食习俗

1. 英国

英国人通常一日四餐（早餐、午餐、午茶点、晚餐），晚餐为正餐。英国人不喜欢上餐馆，因此一般亲手烹调食物，他们平时以英法菜为主，爱吃牛肉、羊肉、鸡、鸭及一些野味等。“烤牛肉加约克郡布丁”被誉为英国的国菜。英国人每餐都吃水果，他们习惯进餐前先喝啤酒或威士忌，而葡萄酒和烈性酒在进餐时喝。餐桌上的饮食个人自定，不劝酒，更不灌酒，喝醉酒被视为失态、无礼之举。英国人口味喜清淡、鲜嫩、焦香，菜品少而精，爱吃烤面包，不爱吃带粘汁和辣味的菜。英国人讲究喝早茶（被窝茶）与下午茶，但他们不喝清茶，而是先在杯中放牛奶或糖，然后冲茶。英国人在斋戒日和星期五，正餐一律吃炸鱼，不食其他肉类。

2. 法国

法国的烹调用料十分讲究，菜色品种繁多，世界闻名，其特点是香浓味厚，鲜嫩味美，注重色、形和营养。法国人喜食猪肉、牛肉、羊肉，以及香肠、蛋类、鱼虾、蜗牛、牡蛎和新鲜蔬菜，喜欢水果和酥食点心。法国的干鲜奶酪世界闻名，它们是法国人午餐、晚餐桌上必不可少的食品。

法国人同中国人一样，也是一日三餐。法国人的早餐比较简单，一般是喝咖啡、牛奶或红茶，吃涂黄油或果酱的面包、三明治，午餐和晚餐比较复杂，用餐时先吃冷盘或浓汤，一般冷盘是用生菜配以佐料做成的各种沙拉或火腿、香肠；然后是一道主菜，一般是一荤一素，荤菜多是肉类或海味，素菜一般是各种蔬菜；主食是面包和米饭；最后吃奶酪、水果和各种糕点。法国人吃午餐、晚餐时，都要喝一些饮料，进餐时的饮料主要是酒。法国人饮酒也很有讲究：饭前一般喝度数不高的甜酒，如威士忌、罗姆等，也叫开胃酒；吃饭时要喝不带甜味的葡萄酒、玫瑰酒，吃肉时一般喝红葡萄酒，吃海味时喝白葡萄酒或玫瑰酒；饭后要喝一点带甜味的餐后酒；每逢节日或宴请宾客时，还喝香槟酒。不能喝酒或不会喝酒的法国人常喝啤酒、橘汁、苏打水或矿泉水。法国人有喝生水（自来水）的习惯，从来不喝开水。法国人非常喜欢中国菜，在中国旅游时，午餐、晚餐都爱吃中国菜。

3. 德国

德国人注重饮食的热量，喜欢肉类和土豆，还喜欢蛋糕、甜点和各种水果，尤其爱喝啤酒。德国人每日三餐：早餐比较简单，一般只是吃面包、喝咖啡而已；午餐是一天的主餐，一般吃他们喜欢的牛肉、猪肉、鸡、鸭及野味，德国人不爱吃鱼虾、海味，口味偏酸甜，不爱吃油腻、过辣的菜肴；晚餐一般吃冷餐，并喜欢关掉电灯，只点几根小蜡烛，在幽淡的烛光里促膝谈心，进餐饮酒。德国人比较讲究餐具和喝饮料的规矩，吃饭时要先喝啤酒，再喝葡萄酒。德国人也喜欢吃中国菜。

4. 俄罗斯

俄式菜世界闻名，尤以冷小吃最为讲究。俄罗斯一般对早餐、午餐较为重视，晚餐则较为简单。俄罗斯人以面食为主，喜欢喝汤，爱吃黑麦面包、牛肉、白菜和蘑菇；口味一般较咸，较油腻，爱吃带酸味的食品，就连菜汤、黑面包、牛奶也要吃酸的。青菜、黄瓜、西红柿、土豆、萝卜、洋葱、酸白菜、鱼、奶酪等，都是俄罗斯人喜爱的食品，他们还喜欢吃中国菜，以及水果、点心和各种饮料。俄罗斯人就餐时爱喝伏特加，一般会饮酒的酒量都相当大，而且喜欢喝烈性酒。俄罗斯人的用餐时间比较长，他们喜欢以面包夹盐待客，以示热情。

5. 美国

美国人一日三餐，早餐、午餐从简，晚餐较丰富，他们喜欢咸中带甜的菜肴，口味清淡，重视营养，爱吃海味与蔬菜。美国人多数吃西餐，也爱吃中国的广东菜，在素菜方面，他们喜欢吃青豆、菜心、豆苗、刀豆和蘑菇等，不爱吃肥肉，不吃蒸的和红烧食品，忌食各种动物内脏，菜肴中水果常用作配料；在烹调方法上，注重煎、炸，一般不在厨房用调料，而是把调料放在餐桌上自行调味；在冷菜中，喜欢用色拉油沙司作调料，还喜欢吃中国北方的甜面酱，南方的蚝油、海鲜酱等。美国人对所有带骨的肉类都要尽量剔去骨头。美国人不爱喝茶，爱喝冰水、矿泉水、可口可乐、啤酒等，平时会把威士忌、白兰地等酒类当作茶喝。

6. 日本

日本人以米饭为主食。日本人用筷子进餐，餐前、餐后喜欢喝一杯清茶，尤其喜欢喝绿茶。日本人早餐以牛奶、面包、稀饭为主；午餐、晚餐吃大米饭，副食主要是蔬菜和鱼。日本料理最大的特点是以鱼、虾仁、贝类等海鲜为烹饪原料，或热吃、冷吃，或生吃、熟吃。日本人爱吃鱼，蒸鱼、烤鱼、炸鱼片、鱼片汤等都很受欢迎，他们还有吃生鱼片的习惯，吃时配辣椒等以解腥杀菌。日本人亦爱吃面酱、酱汤、酱菜、紫菜、酸梅等，爱喝中国产的名酒。日本人在吃冷菜时，喜欢在菜上撒点芝麻、紫菜末、生姜丝、白酱等，用以点缀、调味。日本人口味清淡，不喜欢油腻的菜，喜欢鲜中带甜的菜，如中国的广东菜、上海菜等。日本人还爱吃牛肉、鸡蛋、清水大蟹、海带、瘦猪肉、青菜和豆腐等，不喜欢吃肥肉、猪内脏和羊肉。日本人逢年过节、过生日等喜欢吃红豆饭，当亲友临门或有人出远门时，通常都要吃一餐四喜饭，以示欢迎或欢送。便当（盒饭）和寿司（四喜饭）是日本的两种传统食品。

7. 泰国

泰国人的主食是米饭，副食主要是鱼和蔬菜。泰国人最喜欢的民族风味是咖喱饭，也爱吃中国的粤菜和川菜，不吃牛肉；爱吃辛辣的菜肴，辣椒酱每餐必备，还喜欢用鱼露、味精、酱油、盐巴调味。泰国人早晨喜欢吃西餐，午餐、晚餐大多爱吃中餐，但他们不习惯用筷子，有的人爱用叉、勺，有的人喜欢用手抓饭。泰国人饭后有吃水果的习惯，吃西瓜、菠萝时习惯蘸些盐或辣椒粉，喝橘汁也喜欢加点盐。泰国人不爱喝开水、热茶，宾馆、酒店往往只供应矿泉水、纯净水等凉水。泰国人喜欢喝啤酒，拿啤酒当水喝，也爱喝白兰地兑苏打水。

8. 印度

印度人的主食是米饭，副食有鸡、鸭、鱼、虾、蛋及蔬菜，他们特别爱吃土豆，认为土豆是菜中佳品，还喜欢吃印度饼，一般不吃蘑菇、木耳、面筋及笋类等。印度菜的烹调离不开香料，主要调料有十几种。印度人嗜好辛辣味菜肴，调味善用咖喱、鲜辣椒、黄油等。印度人大部分信奉印度教，宗教对饮食有着很大的影响。例如，牛是神圣的动物，因此牛肉很少出现在印度人的餐桌上。此外，由于宗教原因，很多印度人是素食主义者，有的印度人甚至不吃鸡蛋和牛奶。印度人也很少吃猪肉，常饮红茶、咖啡、酸奶、冷开水等。印度人喜欢中餐，习惯分餐制，不习惯用刀、叉和筷子，他们吃饭用盘子，用右手抓食。

9. 埃及

埃及人平时以西餐为主，主食为“耶素”（不发酵的面包）及米饭。埃及人口味浓重，偏咸辣，离不开胡椒、咖喱等调料。埃及人喜欢吃生菜，习惯用手抓饭取食。埃及禁酒、禁食猪肉。埃及人不吃动物内脏与海鲜，不喜欢吃半生不熟及红烩带汁的菜肴。

10. 埃塞俄比亚

埃塞俄比亚的传统食品为“英吉拉”（谷物制成的薄饼）、蕉酱（由牛肉和羊肉加蔬菜制成）。埃塞俄比亚人喜欢由牛肉、羊肉或鸡肉加不同调料做成的“瓦特”与“非特”两种菜肴，还喜欢生吃牛肉。埃塞俄比亚人习惯用手抓饭取食，但在社交场合偶尔用刀叉。

11. 坦桑尼亚

坦桑尼亚人习惯吃用玉米面、白糖、椰子油做成的“乌伯瓦伯瓦”手抓饭和用牛肉、咖喱、葱头、西红柿等原料炖成的汤，称之为“国饭”。坦桑尼亚人除食用木薯、玉米、稻米和动物肉以外，食用最多的食物是香蕉，甜蕉为水果，做菜用芭蕉，主食是菜蕉。牛肉是坦桑尼亚人食用的主要肉类，他们不吃飞禽，包括鸡和鸡蛋。

12. 沙特阿拉伯

沙特阿拉伯人一日两餐，以玉米、大饼和手抓饭为主食，上层人士常吃西餐。在沙特阿拉伯，羊眼是极珍贵的食品，其价值类似中国的熊掌。沙特阿拉伯人喜欢喝红茶与咖啡，喜欢品尝中餐，忌食猪肉，忌饮酒。

13. 伊拉克

伊拉克以烤饼为主食，吃烤饼时会夹上牛肉、羊肉、生黄瓜或西红柿。辣椒、椰枣是伊拉克的一种主要食品。伊拉克人习惯用右手抓食食物，喜欢喝红茶。

本章小结

本章系统地介绍了有关中餐和西餐的用餐礼仪，尤其重点阐述了在中餐和西餐的用餐过程中容易出现的问题。本章还介绍了有关宴请的全过程，对商务工作人员组织宴请工作会有所帮助。

思考与练习

一、选择题

1. 西餐餐具非常之多，常常在一个宴会上，吃的菜不过几道，而使用的餐具却不下

数十件。西餐餐具的使用是否得当，关系到是否合乎用餐的礼仪，西餐餐具主要有（　　）。

A．刀叉　　B．匙　　C．杯　　D．水盂

2．宴请前的准备工作是十分重要的，从宴会设计到宴会的组织实施，只有每个环节、步骤都考虑周到，准备充分，才能确保宴会的顺利举行。宴请的一般步骤是（　　）。

A．确定宴请目的、名义　　B．确定宴请时间和地点

C．发出邀请　　D．送客

二、填空题

1．无论是在正式还是非正式的社交场合，都应掌握正确的饮茶方法，做到文明、礼貌，讲究礼仪。具体而言，就是要做到（　　）和（　　）。

2．泰国人的主食是米饭，副食主要是鱼和蔬菜。泰国人最喜欢的民族风味是咖喱饭，也爱吃中国的粤菜和川菜，不吃（　　）。

三、简答题

1．宴请的程序和礼仪有哪些？

2．中餐用筷子有哪些禁忌？

3．宴请的形式有哪些？

4．西餐餐具的使用有哪些礼仪？

四、实训题

根据所学的宴请礼仪知识，结合生活中的一些实例，谈谈在参加宴会时应注意的问题。

第5章 商务会议礼仪

学习目标

- 掌握洽谈会的基本礼仪规范
- 掌握新闻发布会的基本礼仪规范
- 掌握展览会的基本礼仪规范
- 掌握茶话会的基本礼仪规范

参加会议已经成为现代职场人士日常工作的基本内容之一。常见的会议有洽谈会、新闻发布会、展览会、茶话会等。无论是哪种类型的会议，都应该遵守基本的会议礼仪。会议礼仪是指在召开会议前、会议中、会议后，参会人员应注意的一系列职业礼仪规范。懂得会议礼仪对会议精神的执行有较大的促进作用。如果企业能在一个宽松和谐的氛围中进行会议，就会自然地缩短会议成员之间的距离，加深相互理解，促进彼此友谊，推动会议成功举办。

5.1 洽谈会礼仪

商务洽谈也称商务谈判，是指双方为了促成交易，或者为了解决双方的争端并取得或维护各自经济利益而进行的一种双边信息传播的行为。洽谈与谈判并无根本区别，但“判”字有评判的意思，相对来说会感觉比较严厉和生硬，而洽谈则比较注重温和性和灵活性，因而也就更注重礼仪。在现代商务活动中，洽谈会作为传递信息、沟通产销的桥梁和纽带，得到了广泛的运用，成了商品交易过程的重要组成部分。洽谈既是一门科学，又是一种艺术。优秀的洽谈者需要具备全面良好的素质，其中礼仪方面的知识是非常重要的。

5.1.1 准备洽谈会的礼仪要求

安排或准备洽谈会时，除注重个人的仪容仪表外，还要准备好举行洽谈会的场所、布置好洽谈会的座次，并且以此来显示对洽谈的重视和对洽谈对象的尊重。

1. 重视并了解洽谈另一方的情况

在思想上重视对方，是对对方最大的尊重。参加洽谈会之前，首先应该充分了解参加洽谈会的另一方的基本情况，包括了解对方参会人员的年龄、资历、地位、性格特点，以及对我方的态度和与我方的交往历史等。这样，我方可以按照礼仪交往中的对等性原则，组织与对方人员职务相近的洽谈班子，并以此安排食宿、设计日程等。在洽谈会准备阶段，了解对手的情况不仅是为了实现洽谈的目标，而且也是对对方表示出充分的尊重，为洽谈创造有利的条件。

2. 尊重洽谈另一方的风俗习惯

风俗习惯是一个民族在其长期的历史发展过程中久积而成的风尚，是逐渐形成的难以改变的生活方式，其表现在服饰、饮食、节庆、居住、婚姻、礼节、丧葬及生产活动的诸多方面。风俗习惯具有社会性、规范性、地域性和相对稳定性的特点，并在不同程度上反映着一个民族的历史和文化传统、素质，以及道德观念、宗教观念等。风俗习惯是民族特点的一项重要内容，尊重少数民族的风俗习惯具有重要意义。“入国问禁，入乡问俗”虽然与洽谈并无直接关系，但是有时却会起到意想不到的作用。了解并尊重对方的风俗习惯，可使洽谈双方更容易沟通感情，增加信任，可对洽谈起到积极的作用。

3. 洽谈场所的选择与布置

1）洽谈场所的选择

洽谈场所的选择应注重礼仪，首先应该根据参加洽谈的人数多少，选择合适的洽谈场所。根据洽谈会举行的地点不同，可以将它分为客座洽谈会、主座洽谈会、客主座轮流洽谈会及第三地点洽谈会。客座洽谈会，即在洽谈对手所在地进行的洽谈；主座洽谈会，即在我方所在地进行的洽谈；客主座轮流洽谈会，即在洽谈双方所在地轮流进行的洽谈；第三地点洽谈会，即以示公正，在不属于洽谈双方任何一方的地点进行的洽谈。

2）洽谈会会场的布置

洽谈会一般安排在会议室进行，应选择干净明亮、整洁安静的会议室，并且按照此次洽谈的主题和双方的风俗习惯精心布置。洽谈会会场的桌子可以是圆形、方形，也可以是长条桌，桌上设有席位卡，注明了参会者的姓名及职务，以便引导入座。准备好茶具、茶水，调试好音响、灯光、电脑、投影等电子设备，同时需提前将各项纸质材料放在相应的位置。

3）洽谈会的座次安排

在洽谈会上，不仅应当布置好洽谈会会场，预备好相关的用品，而且应特别重视礼仪性很强的座次问题。在举行正式洽谈会时，座次问题必须予以重视，只有小规模洽谈会或预备性洽谈会，才可以不用讲究。举行双边洽谈会时，应使用长桌或椭圆形桌子，宾主双方应分别坐在桌子两侧，如果桌子横放的话，则面对正门的一方为上，属于客方；如果桌子竖放的话，以进门的方向为准，右侧为上，属于客方。在举行洽谈会时，各方的主谈人员在自己一方居中而坐，其余人员则遵循右高左低的原则，依照职位的高低自近而远地分别在主谈人员的两侧就座，如果有翻译，可以安排就座在主谈人员的右边。在举行多边洽谈会时，为了避免失礼，按国际惯例，一般要以圆桌为洽谈桌来举行“圆桌会议”，这样一来，尊卑的界限就被淡化了。即便如此，在具体就座时，仍然讲究各方的参会人员尽量同时入场，同时就座，但主方人员不要在客方人员就座之前就座。

5.1.2 洽谈过程中的礼仪

1. 洽谈开局阶段

1）个人形象

出席正式洽谈会的人员，在仪容仪表上务必要遵循严格的要求和统一的规定。在仪容上，男士应理发、剃须、吹头发，不准蓬头乱发；女士不可做过于超前的发型，不可染彩色头发，不可化艳妆或使用香气过于浓烈的化妆品。在仪表上，由于洽谈会关系大局，因此商界人士在这种场合，理应穿着传统、简约、高雅、规范的正式商务正装；男士应穿深色西服和白衬衫、系素色或条纹式领带、配深色袜子和黑色系带皮鞋；女士则应穿深色西服套裙和白衬衫，配肉色长筒或连裤式丝袜和黑色高跟或半高跟皮鞋。在洽谈会上，要注意保持良好的个人仪态，注意在洽谈中的站、坐、行、眼神、手势等。

在洽谈桌上，有时会面对这样一些人：男士穿夹克衫、牛仔裤、短袖衬衫或 T 恤衫，配旅游鞋或凉鞋；女士则穿紧身装、透视装、低胸装、露背装、超短装、牛仔装、运动装或休闲装，并浑身上下戴满各式首饰，从耳垂一直“武装”到脚踝。这样打扮的人，留给他人的印象，不是不尊重自己、不尊重别人、不重视洽谈、自以为了不起，就是没有一点教养。

2）开局介绍

俗话说：“良好的开端是成功的一半。”洽谈气氛给洽谈双方留下的第一印象会影响整个洽谈会的进展。洽谈双方接触的第一印象十分重要，言谈举止要尽可能营造出友好、轻松的洽谈气氛。洽谈之初的姿态、动作也对把握洽谈气氛起着重大作用。当目光注视对方时，目光应停留于对方双眼至前额的三角区域，这样可以使对方感到被关注，觉得你很诚恳严肃。在洽谈中，手心朝上比朝下好，手势自然，不宜乱打手势，以免造成轻浮之感，切忌双臂在胸前交叉，那样显得十分傲慢无礼。

在双方入座后，由各自的主要洽谈代表分别向对方介绍己方洽谈人员。如果是一方代表同时介绍双方的洽谈人员，则应先介绍己方人员，然后介绍他方人员，以示对他方人员的尊重。在介绍洽谈人员时，应遵循介绍的基本礼仪：双方均要以和善友好的态度出现，行握手礼，面露微笑并说一声“您好”，在需要表示庄重或特别客气时，还应微微鞠躬。被介绍到的人应起立并微笑示意，可以礼貌地说“幸会”“请多关照”之类的话，接下来双方稍做寒暄。为了营造一个轻松愉快的洽谈氛围，洽谈开局时的话题应是轻松的、非业务性的，如社会新闻、生活趣事等。要避免带有攻击性或胁迫性的话题，如“听说贵公司发行的股票又升值了”等。

2. 洽谈明示阶段

在洽谈过程中，双方代表必定会有一些意见争议，而洽谈明示阶段的任务就是把这些问题及早地提出来，并加以解决。在洽谈过程中，要始终注意洽谈的礼节，阐述自己的观点时，态度要谦虚随和；对方阐述观点时，要认真、耐心地听取，不要随意插话，以免打断他人的思路；向别人提问时，语气要委婉，不要一味地提令对方难以回答的问题；请求对方帮助时，态度要诚恳；劝服对方时，多用征询和协商的口吻，而不要用命令式的口吻；遇到需要双方商讨解决的问题时，应彼此真诚地交换意见，明确商讨乃至辩论的对象永远是“事”，而不是“人”，要就事论事，而不要“上纲上线”，伤了和气；要避免正面冲突，在讨论乃至争论时，仍然不忘以礼相待；对洽谈中达成的协议，要信守诺言，认真实行。讲礼貌、守信用，是洽谈的又一礼仪要求，即使洽谈不成功，也应礼貌结束洽谈。

5.2 新闻发布会礼仪

5.2.1 新闻发布会的概念及特点

1. 新闻发布会的概念

新闻发布会（News Release Conference）是政府或某个社会组织定期、不定期或临时举办的信息和新闻的发布活动，其直接向新闻界发布政府政策或组织信息，解释政府或组织的重大政策和事件。新闻发布会通常有正规的形式，需根据新闻发布会发布的内容精心选择召开的时间和地点，并邀请记者、新闻界（媒体）负责人、行业部门主管、各协作单位代表及政府官员参加。新闻发布会通过报刊、电视、广播、网站等大众传播手段集中发布信息，其具有时间集中、人员集中、媒体集中的特点，可将信息迅速扩散给公众。新闻发布会通常由发言人自己主持，即承担新闻发布会活动中的新闻发布、点请记者提问、回答问题等所有环节的工作。新闻发布会的基本程序是先由发言人发布新闻，然后回答记者提问。

新闻发布会是社会组织在发生重大且具有积极影响的事情时，向新闻界公布信息，借助新闻来提升该组织或与该组织密切相关事物的形象的会议。

2. 新闻发布会的特点

1）正规隆重

新闻发布会的形式正规，档次较高，其地点也是精心安排的，并邀请记者、新闻界（媒体）负责人、行业部门主管、各协作单位代表及政府官员参与的会议。

2）沟通活跃

新闻发布会是双向互动的，先发布新闻，后请记者提问回答。

3）方式优越

新闻发布会的传播面广，通过报刊、电视、广播、网站等大众传播手段的集中发布信息（时间集中，人员集中，媒体集中），可将信息迅速扩散给公众。

5.2.2 新闻发布会的准备礼仪

1. 标题

新闻发布会一般针对对企业意义重大、媒体感兴趣的事件而举办。每个新闻发布会都会有一个标题，这个标题会印在关于新闻发布会的各种资料上，包括请柬、会议资料、会

场布置用品、纪念品等。在选择新闻发布会的标题时，一般需要注意以下几点。

（1）避免使用新闻发布会的字样。我国对新闻发布会的举办是有严格的申报、审批程序的，但对企业而言，可以直接把新闻发布会的名字定义为“××信息发布会”或“××媒体沟通会”。

（2）最好在要举办的新闻发布会的标题中说明举办的主旨内容，如“××企业 2020 ××新品信息发布会”。

（3）在通常情况下，需要打出新闻发布会举办的时间、地点和主办单位，这些可以在新闻发布会的主标题下以稍小字体的副标题的形式出现。

（4）可以为新闻发布会选择一个具有象征意义的标题，一般可以采取主标题加副标题的方式，副标题说明发布会的内容，主标题表现企业想要表达的主要含义，如“我心飞翔：红星电器收购飞跃电器信息发布会”。

2. 时间安排

发布新闻的时间通常是决定新闻何时播出或刊出的时间，因为多数平面媒体刊出新闻的时间是在获得信息的第二天，所以要把新闻发布会的时间尽可能安排在周一、周二或周三的下午。新闻发布会的持续时间应保证在 1 小时左右，这样可以相对保证新闻发布会的现场效果和会后见报效果。新闻发布会的举办时间应该尽量避开上午较早的时候或晚上，部分主办者出于礼貌的考虑，希望可以与记者在新闻发布会后共进午餐或晚餐，但这并不可取。如果不是历时较长的邀请记者进行体验式的新闻发布会，一般不需要进行类似的安排。有一些以晚宴酒会形式举办的重大事件的新闻发布会，也会邀请记者出席，但应把新闻发布会的内容安排在最初的阶段，至少保证记者的采访工作可以比较早的结束，以确保媒体次日发稿。在时间选择上，新闻发布会还要避开重要的政治事件和社会事件，媒体对这些事件的大篇幅报道任务，会冲淡企业新闻发布会的传播效果。

3. 场地选择

举办新闻发布会的场地可以选择户外（事件发生的现场，便于摄影记者拍照），也可以选择室内。根据新闻发布会规模的大小，室内新闻发布会可以直接安排在企业的办公场所或酒店。酒店有不同的星级，从企业形象的角度考虑，重要的新闻发布会宜选择五星级或四星级酒店。此外，为了体现权威性，也可在人民大会堂等权威场所举办新闻发布会（由于审核程序烦琐，企业可委托专业的策划公司全程策划筹办）。

酒店有不同的风格，不同的定位，选择的酒店风格要注意与新闻发布会的内容相统一，同时要考虑举办地点的交通便利性与是否易于寻找，包括离主要媒体、重要人物的远近，泊车是否方便等。

新闻发布会的主办者在寻找举办新闻发布会的场所时，还必须考虑以下问题。

（1）会议厅容纳人数、主席台的大小、投影设备、电源、布景、胸部麦克风、远程麦克风、住宿、酒品、食物、饮料，以及相关服务如何、价钱是否合理、有没有空间的浪费等。

（2）背景布置。背景板的内容应包含新闻发布会的标题、日期，有的还会写上召开城市。背景板的颜色、字体应注意美观大方，颜色可以企业 VI 为基准。

（3）酒店外围布置，如酒店外横幅、竖幅、飘空气球、拱形门等。要提前问清楚酒店是否允许外围布置，酒店是否会代为安排，以及当地市容主管部门是否有限制规定等。

4. 座次布置

新闻发布会的座次布置一般是以主席台下加课桌式摆放的桌椅的形式。主席台上需摆放席卡，以方便记者记录发言人的姓名。座次布置的原则是职位高者靠前房中，自己人靠边靠后。很多新闻发布会采用主席台只有主持席和发言席，贵宾坐于主席台下第一排座位的方式。一些非正式、讨论性质的新闻发布会常采用圆桌摆放式或回字形摆放式，其座次布置是发言人坐在中间，两侧及对面摆放记者座席，这样既便于沟通，同时又有利于记者拍照。注意席位的预留，一般会在场地最后准备一些无桌子的座席。

5. 物品准备

（1）新闻发布会中最主要的物品是麦克风和音响设备。

由于有一些内容需要用电脑展示，因此物品准备还包括投影仪、笔记本电脑、连接线、上网连接设备、投影幕布等。相关设备在新闻发布会前要反复调试，以保证设备无故障。新闻发布会现场的背景布置和外围布置需要提前安排，如在大堂、电梯口、转弯处布置导引指示欢迎牌（一般酒店有这项服务），以及请好礼仪小姐迎宾等。如果是在企业内部安排新闻发布会，也要酌情安排工作人员为记者引导路线。新闻发布会的背景板主要是衬托出会议主题，所以在设计及选材上一定要慎重考虑。新闻发布会主要采用高清晰写真布，这种材料因为具有无异味、不反光、高清晰度的特点，所以对营造新闻发布会的现场气氛和媒体摄像都大有好处。

（2）提供给媒体的资料。

提供给媒体的资料要按顺序摆放，并整理妥当，一般以广告手提袋或文件袋的形式，在新闻发布会前分发给各新闻媒体。资料的发放顺序依次为会议议程、新闻通稿、演讲发言稿、发言人的背景资料（包括头衔、主要经历、取得的成就等）、公司宣传册、产品说明（如果是关于新产品的新闻发布会）、相关图片、纪念品（或纪念品领用券）、企业新闻负责人名片（方便新闻发布会后进一步采访及新闻发表后寄达联络）、空白信笺、笔（方便记者记录）等。

5.2.3 新闻发布会的发言人及记者的提问礼仪

新闻发布会是公司要员同媒体打交道的一次很好的机会，值得珍惜。代表公司形象的新闻发布会的发言人会对公众认知产生重大影响，如果其表现不佳，那公司形象无疑会受到很大影响。

1. 选择新闻发布会的发言人的条件

（1）公司的头面人物之一——新闻发布会的发言人应该在公司身居要职，有权代表公司讲话。

（2）良好的外形和表达能力。新闻发布会的发言人的知识面要丰富，要有清晰明确的语言表达能力、良好的倾听能力及敏捷的反应能力，以及着装整洁、大方得体。

（3）在执行原定计划的基础上还可以加以灵活调整的能力。

（4）要有现场调控能力，可以充分控制和调动新闻发布会现场的气氛。

2. 记者的提问礼仪

在新闻发布会上，通常在发言人发言后，有一个回答记者提问的环节。这个环节旨在通过双方的沟通，增强记者对整个新闻事件的理解及对整个新闻事件的背景资料的掌握。有准备、亲和力强的发言人在接受媒体专访时，可使新闻发布会发布的新闻素材得到进一步升华。在回答记者的提问时，一般由一位主答人负责回答，如涉及专业性很强的问题，可由他人辅助回答。举办新闻发布会之前，主办方要准备好记者答问备忘提纲，并在事先取得一致意见，尤其是主答人和辅助答问者要取得共识。在新闻发布会的过程中，对于记者的提问应该认真作答，对于无关或过长的提问则可以委婉、礼貌地拒绝。对于涉及企业机密的问题，可以直接、礼貌地表明该问题涉及企业机密，不便回答，一般来说，记者也可以理解，也可以委婉作答，但不宜采取“无可奉告”的方式。对于复杂而需要大量解释的问题，可以先简单答出要点，并邀请其在会后探讨。有些企业喜欢事先安排好媒体提问的问题，以防被问到尖锐、敏感的问题。

注意：在新闻发布会上，主持人和发言人要相互配合，分工应明确到人，各司其职，不允许越俎代庖。新闻发布会现场的主持人和发言人通常要保持一致的口径，不允许相互拆台。遇到过于尖锐或难以回答的提问时，主持人要想办法转移话题，避免双方尴尬，而当主持人邀请某位记者提问时，发言人一般要给予对方适当的回答，否则是很不礼貌的。

5.2.4 新闻发布会的流程

新闻发布会的流程具体如下。

（1）确定新闻发布会的日期、地点、新闻点等。

（2）确定组织者与参与人员，包括组织单位、领导、同事、媒体记者等；与新闻发布会承办方协调新闻发布会的规模与举办价格，并签订合同；拟订详细的邀请人员名单、会议议程、新闻发布会时间表、新闻发布会现场布置方案等。

（3）按照邀请人员名单发送邀请函，以确保重要人员不会因自身安排不周而缺席新闻发布会；确认回复信息，制定参会人员详细名单，以便进行下一步安排。

（4）购买礼品、选聘主持人、礼仪人员和接待人员并进行培训和预演。布置会场，设计背景板，充分考虑每一个细节，如音响设备、放映设备、新闻发布会主持词、领导的新闻发布会发言稿、新闻发布会之后的媒体新闻通稿，以及现场的音乐选择、会议间隙的娱乐节目安排等。

（5）在正式的新闻发布会开始前一到两个小时，检查一切准备工作是否就绪，将会议议程精确到分钟，并制定意外情况的补救方案。

（6）按计划开始组织新闻发布会。新闻发布会开始前的程序通常为来宾签到、贵宾接待、主持人宣布新闻发布会开始和会议议程，之后按会议议程进行。

（7）监控新闻发布会后媒体的发布情况，并整理新闻发布会的音像资料、收集新闻发布会剪报，制作新闻发布会成果资料集（包括来宾名单及其联系方式、新闻发布会各媒体报道资料集、新闻发布会总结报告等），最后将以上资料作为企业市场部资料保存，并可在此基础上制作相应的宣传资料。

（8）评测新闻发布会的举办效果，收集反馈信息，总结经验。

5.2.5 其他注意事项

1. 做好签到工作

举办新闻发布会要做好签到工作，即让记者和来宾在事先准备好的签到簿上写下自己的姓名、单位、联系方式等内容。记者及来宾签到后，应按计划引导其进入会场并入座。

2. 严格遵守程序

主持人与组织者要充分发挥自身的作用，宣布新闻发布会的主要内容、提问范围及进行的时间，进行时间通常应限制在两小时之内。主持人、发言人的讲话时间不宜过长，否则妨碍记者提问。对记者提的问题应逐一予以回答，不可与记者发生冲突。主持人要始终把握新闻发布会的主题，维护好会场秩序，新闻发布会之前不要单独会见记者或提供任何信息。

5.3 展览会礼仪

5.3.1 展览会的特点及重要性

1. 展览会的特点

展览会是一种综合运用各种媒介、手段，以推广产品、宣传企业形象和建立良好公共关系为目的的大型活动。展览会的特点：它是一种复合性的，具有直观、形象和生动等特点的传播形式；它提供了与公众直接进行双向沟通的机会，是一种高度集中和高效率的沟通方式；它是一种综合性的大型公共关系专题活动，带有娱乐性质，可吸引大量公众关注。一般来说，各社会组织都非常重视利用展览会的形式来塑造和展现它们的最佳形象。

2. 展览会的重要性

展览会在商务交往中往往发挥着重要的作用，它不仅具有强大的说服力、感染力，可

以现身说法打动观众，为主办单位广交朋友，而且可以借助个体传播、群体传播、大众传播等各种传播形式，使相关主办单位的信息广为传播，提高其名气与声誉。正因如此，几乎所有的企业单位都对展览会倍加重视。

5.3.2 参加展览会的礼仪

1. 形象礼仪

1）维护工作人员的形象

一般情况下，在展位上工作的人员应当统一着装。在大型的展览会上，参展单位若安排专人迎送宾客，则最好请其自穿颜色鲜艳的单色旗袍，并胸前佩戴写有参展单位或主打展品名称的大红色绶带。为了表明各自的身份，全体工作人员皆应在左胸佩戴写明本人单位、职务、姓名的胸卡，礼仪小姐可以例外。按照惯例，工作人员不应佩戴首饰，男士应当剃须，女士最好化淡妆。

2）维护展示之物的形象

展示之物的形象主要由展品的外观、展品的质量、展品的陈列、展位的布置、发放的资料等构成。用以进行展示的展品，外观上要力求完美无缺，质量上要优中选优，陈列上要既整齐美观又讲究主次，布置上要兼顾主题的突出与吸引观众的注意力；用以在展览会上向观众直接散发的有关资料，则要印刷精美、图文并茂、资讯丰富，并且注有参展单位的主要联络方式，如公关部门与销售部门的电话、传真及邮箱等。

2. 工作礼仪

参展单位的工作人员都必须热情而竭诚地服务观众。展览会一旦正式开始，全体参展单位的工作人员应各就各位，站立迎宾，不允许迟到、早退、无故脱岗、东游西逛，更不允许在观众到来之时坐卧不起，怠慢对方。当观众走近自己的展位时，不管对方是否向自己打了招呼，工作人员都要面含微笑，主动地向对方说：“您好！欢迎光临！”随后，还应面向对方，稍许欠身，伸出右手，掌心向上，指尖直指展台，并告知对方“请您参观”。当观众离去时，工作人员应当真诚地向对方欠身施礼，并道以“谢谢光临，再见”。在任何情况下，工作人员均不得对观众恶语相加或讥讽嘲弄。对于极个别不遵守展览会规则而乱摸、乱动、乱拿展品的观众，工作人员应以礼相劝，必要时可请安保人员协助，但不可对对方擅自动粗、打骂、扣留或非法搜身。

3. 要善于运用解说技巧

解说技巧主要是指参展单位的工作人员在向观众解说展品时，应当掌握的基本方法和技巧。在宣传性展览会与销售性展览会上，解说技巧既有共性可循，又有各自的不同之处。

（1）在宣传性展览会与销售性展览会上，解说技巧的共性在于要善于因人而异，使解说具有针对性。与此同时，解说时要突出自己展品的特色，在实事求是的前提下，要注意扬长避短，强调展品的“人无我有”之处。在必要时，还可邀请观众亲自动手操作展品，或者由工作人员对其进行现场示范。此外，还可安排观众观看与展品相关的视频，并向其提供说明材料与单位名片。说明材料与单位名片应常备于展台之上，由观众自取。

（2）宣传性展览会与销售性展览会的解说技巧，又有一些不同之处。在宣传性展览会上，解说的重点应当放在推广参展单位的形象上，要善于使解说围绕参展单位与公众的双向沟通进行，应大力宣传参展单位的成就和理念，以便使参展单位获得公众的认可。在销售性展览会上，解说的重点应放在主要展品的介绍与推销上。工作人员在销售性展览会上向观众进行解说时，要求其解说应当以客户利益为重，要在提供有利证据的前提下，着重强调自己介绍的、推销的展品的主要特征与主要优点，使客户觉得言之有理，乐于接受。不过，尾随观众兜售展品或强行向观众推销展品，以及弄虚作假，均不可取。

5.3.3 展览会礼仪的注意事项

1. 明确展览会的主题及特色

不同性质的展览会在表现形式上是不同的，因此在礼仪接待服务的表现形式上也就有所差异，如会议活动和展览活动等。展览活动和大型节庆活动的礼仪接待服务的表现形式就大不相同。有些展览活动需要热闹，有些展览活动需要安静。同样是展览活动，不同的主题和内容，其礼仪接待服务的要求也不同。例如，汽车展览活动的礼仪接待服务可以比较活泼欢快，具有现代感；化妆品展览活动的礼仪接待服务则可以增加一些时尚和流行的元素。

2. 做好展览会的会前安排

礼仪接待人员应全面了解展览会的程序安排，展览会的策划者需要事先对礼仪接待人员进行培训。如果展览会的开幕式有重要嘉宾参加，或者有不同规模和场次的会议或讲座，或者展览会的参与人员数量较多，这时就需要策划者确定展览会在什么时候、哪个地方举办，开幕式要安排多少名礼仪接待人员，以及他们的主要工作任务是什么，在完成开幕式后，他们还应该安排到哪里去服务。在安排礼仪接待服务时要注意考虑如何提高服务效率。

3. 严格挑选礼仪接待人员

安排礼仪接待人员时，要考虑到服务的客人的类型和特点。例如，如果有较多国外嘉宾参加的展览会，则安排的礼仪接待人员应具备良好的文化修养和外语水平；如果是专业性较强的学术会议，还可以考虑安排该专业的大学生负责礼仪接待服务工作，这样既便于与会议代表沟通，又能使该专业的学生获得学习的机会。如果展览会正式庄重，则需要安排庄重典雅的礼仪接待服务人员。

4. 提前准备礼仪用品

展览会开始前要准备好展览会中需要的礼仪用品，如剪彩活动需要的金色剪刀、绸布球、托盘、礼花等；签字活动中的文件及文件簿、签字笔、葡萄酒等；舞狮表演需要的点睛毛笔和墨水等；颁奖仪式需要的奖状、奖杯、奖牌、证书、锦旗、奖金信封、鲜花、吉祥物等；捐赠仪式需要的支票模型、捐献证书、鲜花等。这些礼仪用品什么时候使用，使用的顺序如何，都要事先与礼仪接待服务人员交代清楚，以防出错。

5. 确定礼仪接待服务人员的服装类型

在人们的脑海中，礼仪接待服务人员就是身材高挑，穿着红色长旗袍的礼仪小姐或迎宾小姐。其实，礼仪接待服务人员的着装形式是可以多样的，应通过她们的着装反映展览会的特色。例如，汽车嘉年华的礼仪小姐可以穿具有现代感和运动感的运动装；啤酒节的礼仪小姐则可以穿时髦、前卫、性感的短裙。

5.4 茶话会礼仪

5.4.1 茶话会的历史

茶会是旧时中国商人在茶楼边饮茶边交流行市，并进行交易的一种集会，其流行于长江流域，尤以上海最盛。茶话即饮茶清谈。方岳《入局》诗写道："茶话略无尘土杂。"因此，人们把用茶点招待宾客的社会性聚会叫作茶话会。在中国，茶话会已经成为各阶层人士相互谈心、交流感情的传统形式。随着时代的发展，过去那种费时忘业、花费很大的茶宴和茶会已成为历史，但集会品茶、互相交换意见、发表各种见解及畅谈友情的内容却被保留了下来。如今的茶话会是在一杯香茶的吸引下的一种饶有兴趣的集会。由于茶的成分——咖啡碱、茶多酚和芳香油，对人的神经起着温和的刺激作用，使人精神振奋、感觉愉快、机智敏捷、思路顿开，因此参加茶话会不仅可以在身心上得到某种满足和慰藉，而且能增进友谊、增长知识，所以人们一般都喜欢参加茶话会。自 20 世纪以来，茶话会有了很大的发展，已成为一种世界性的习俗。

目前，茶话会在中国十分盛行，各种形式的茶话会让人耳目一新。小规模的茶话会，如结婚典礼、迎宾送友、同学朋友聚会、学术讨论、文艺座谈等；大规模的茶话会，如商议国家大事、庆典活动、招待外国使节等，特别是欢庆新春佳节。各种类型的茶话会，既简单、隆重、节俭，又轻松、愉快、高雅，是一种效果很好的集会形式。

5.4.2 茶话会的礼仪

茶话会取意"茶之大道，和合天下"，即以时尚的方式来招待客人，以健康的茶品味着生活，享受生活的每一点每一滴。与其他的商务会议相比，茶话会是社交色彩很浓的一种集会形式。茶话会礼仪的具体内容主要涉及茶话会的主题和来宾、时间与地点的选择、茶点的准备、座次的安排、基本议程、发言等六个方面。

1. 主题和来宾

根据茶话会的主题，茶话会可以分为三类，即联谊、娱乐、专题。以联谊为主题的茶话会，我们见得最多；以娱乐为主题的茶话会，为了活跃气氛会安排一些文娱节目，并以此作为茶话会的主要内容，一般以现场来宾自由参加与即兴表演的形式为主；专题茶话会是在某个特定的时刻，为某些专门的问题而召开的茶话会，以听取某些专业人士的见解为主要内容。主办单位在筹办茶话会时，必须围绕主题来邀请来宾，尤其是确定好主要的参会者。来宾可以是本单位的顾问、社会知名人士、合作伙伴。茶话会的来宾名单一经确定，应立即以请柬的形式向对方提出正式邀请。按国际惯例，茶话会的请柬应提前半个月送达或寄达被邀请者，被邀请者可以不必答复。

2. 时间与地点的选择

辞旧迎新、周年庆典、重大决策前后、遭遇危难挫折的时候，都是举行茶话会的好时机。根据惯例，举行茶话会的最佳时间是下午 4 点钟左右，有时也可以安排在上午 10 点钟左右。在进行具体操作时，也不用墨守成规，应该以参会者，特别是主要参会者的方便与否及当地人的生活习惯为准。茶话会往往是可长可短的，关键是要看现场有多少人发言，以及发言是否踊跃。如果把时间限制在一个到两个小时之间，它的效果往往会比较好。适合举行茶话会的场地：一是主办单位的会议厅；二是宾馆的多功能厅；三是主办单位负责人的私家客厅；四是主办单位负责人的私家庭院或露天花园；五是包场高档的营业性茶楼或茶室。餐厅、歌厅、酒吧等地方，不适合举办茶话会。

3. 茶点的准备

茶话会不上主食，不安排品酒，只提供茶点。茶话会是重“说”不重“吃”的，在茶话会上，为参会者提供的茶点应当被定位为配角，没必要在吃的方面下过多功夫。在进行茶点准备时要注意：对于用来待客的茶叶、茶具，务必要精心准备，茶具应尽量挑选上品，还要注意照顾不同参会者的不同口味，并据此来选择绿茶、花茶还是红茶；最好选用陶瓷茶具，并且讲究茶杯、茶碗、茶壶成套；除供应茶水外，在茶话会上还可以为参会者略备一些点心、水果或地方风味小吃。需要注意的是，在茶话会上向参会者供应的点心、水果或地方风味小吃，品种要适合，数量要充足，并要方便拿取，同时要配上擦手巾。按国际惯例，茶话会结束后不必再聚餐。

4. 座次的安排

总体来讲，茶话会的具体座次安排必须与茶话会的主题相适应，可以采取以下方式。

一是环绕式，即不设主席台，而是把座椅、沙发、茶几摆放在会场的四周，不明确座次的具体尊卑，而听任参会者在入场后自由就座。这一安排座次的方式，与茶话会的特点相符，也较流行。

二是散座式。散座式排位常见于在室外举行的茶话会，它的座椅、沙发、茶几四处自由地组合，甚至可由参会者根据个人要求而随意安置。这样就容易创造一种宽松、惬意的社交氛围。

三是圆桌式。圆桌式排位指的是在会场上摆放圆桌，并请参会者在周围自由就座。圆桌式排位又分两种形式：一是适合人数较少的，仅在会场中央安放一张大型的椭圆形会议桌，而请全体参会者在周围就座；二是在会场上安放数张圆桌，请参会者自由组合就座。

四是主席式，即在会场上，主持人、主人和主宾被有意识地安排在一起就座，并且按照常规就座。

5. 基本议程

第一项：主持人宣布茶话会开始。宣布茶话会开始前，主持人要请参会者各就各位；宣布茶话会开始后，主持人可对主要参会者略加介绍。

第二项：主办单位的负责人讲话。该讲话应以阐明这次茶话会的主题为中心内容，还可以代表主办单位，对全体参会者表示欢迎和感谢。

第三项：参会者发言。参会者的发言在任何情况下都是茶话会的重心。为了确保参会者可以畅所欲言，通常主办单位事先不对参会者的发言顺序进行指定和排序，也不限制发言的具体时间，而是提倡参会者自由地进行即兴式的发言。一个人可以通过多次发言来不断补充、完善自己的见解、主张。

第四项：主持人总结。主持人略做总结后，宣布茶话会结束。

6. 发言

现场发言在茶话会上举足轻重。假如在茶话会上没有人发言，或者是参会者的发言严重脱题，最终都会导致茶话会的失败。在茶话会上，主持人的重要作用是在现场审时度势、因势利导地引导参会者进行发言，并且控制会议的全局。当大家争相发言时，由主持人来决定先后顺序；当没有人发言时，主持人应引出新的话题，或者恳请某位参会者发言；当会场发生争执时，主持人要出面劝阻。在每位参会者发言前，主持人可以对其略做介绍。发言的前后，主持人要带头鼓掌致意。参会者在茶话会上的发言及表现等，必须得体，如果要求发言，可以举手示意，但也要注意谦让，不要争抢，不管自己有什么高见，都不要打断别人的发言。对于他人的发言，即便不赞同，也不应该当场表示不满，甚至私下里进行人身攻击。

5.4.3 英国茶话会礼仪文化

英国人爱喝下午茶举世闻名，但可别小看这一小段吃点心、闲嗑牙的下午时光，它可代表着最传统的英国文化。

1. “茶来茶去”的英式生活

英国与中国同为饮茶大国，它们在各具独特的茶文化的同时，也代表着东西方不同的饮茶风格。中国人讲究的是一杯清茶在手，清风朗月，喝的就是那股清新芳香的气息，而英国人则复杂得多，他们会在茶中加入牛奶和糖，同时配以饼干、甜点等。因为英国人习惯晚上八九点才进晚餐，所以这顿甜美的下午茶正好可以垫一下肚子。英国人每天的饮茶时间之多，常使外来者感觉他们有 1/3 的人生都消耗在饮茶之中了。清早刚一睁眼，即靠在床头享受一杯“床前茶”；早餐时再来一杯“早餐茶”；上午公务再繁忙，也得停顿 20 分钟啜口“休息茶”；下午下班前又到了喝茶吃甜点的法定时刻；回家后晚餐前，再来一次“正式茶点”；就寝前还少不了“告别茶”。真正是以茶开始、以茶结束的每一天。英国人每天一丝不苟地重复着“茶来茶去”的作息规律的生活并乐此不疲。此外，至于各种名目繁多的茶宴、花园茶会，以及周末郊游的野餐茶会，更是花样百出。英式下午茶似乎已经成为英国典雅生活方式的一种象征。

2. 英式下午茶

关于英式下午茶的由来有很多说法，但普遍认为是从英国贵族开始的。据说，第一位开始喝下午茶的人应该是19世纪初期，一位懂得享受生活的英国女爵安娜·贝德芙七世。贝德芙女爵常在下午约4点时感到肚子饿，因为当时的午餐通常量都很少，而晚餐又大多到晚上8点才开始，所以女爵会请女仆准备一壶红茶与些许面包或点心，作为果腹之用。贝德芙女爵很喜欢享用红茶与点心的整个过程，她邀请亲友一起品尝，同时可以闲话家常。于是，这种悠闲又带点傲慢意味的下午茶社交生活开始流行起来，一直到今天，俨然已形成一种优雅自在的下午茶文化，也成为正统的英国红茶文化。这就是所谓的英式下午茶的由来。

本章小结

商务会议已经成为现代商务工作的主要内容之一。在会议中，良好的礼仪素养与礼仪技巧可以促进会议的顺利开展，建立良好的人际沟通。本章主要介绍了洽谈会、新闻发布会、展览会、茶话会四种常见的商务会议的基本礼仪规范。通过本章的学习，可以掌握在各种商务会议中应该具备的基本礼仪知识，并能够在未来的职场中正确运用相关的礼仪知识与技能，提升个人素养，促进工作的顺利开展。

思考与练习

一、选择题

1. 举行多边洽谈会时，为了避免失礼，按国际惯例，一般选择（　　）。
   A. 长条桌　　B. 圆桌　　C. 方形桌　　D. 多边形桌
2. 在选择新闻发布会的标题时，一般需要注意（　　）。
   A. 避免使用“新闻发布会”的字样
   B. 最好在新闻发布会的标题中说明新闻发布会的主旨内容
   C. 通常情况下，需要打出新闻发布会的举办时间、地点和主办单位
   D. 可以为新闻发布会选择一个具有象征意义的标题

二、填空题

1. 展览会是一种复合性的，具有直观、形象和生动等特点的传播形式；它提供了与公众进行（　　）的机会。

2．不设主席台，把座椅、沙发、茶几摆放在会场的四周，不明确座次的具体尊卑，而听任参会者在入场后自由就座，这一安排座次的方式，与茶话会的主题相符，也较流行，属于茶话会（　　）的座次安排。

三、问答题

1．洽谈会的准备礼仪有哪些？

2．展览会中礼仪接待服务的策划安排有哪些？

四、判断题

1．主持人要充分发挥自身的作用，宣布新闻发布会的主要内容、提问范围及进行时间。进行时间通常应限制在两小时之内。（　　）

2．茶话会可以分为三类，即联谊、娱乐、专题。以娱乐为主题的茶话会，我们见得最多。（　　）

3．在宣传性展览会与销售性展览会上，解说技巧的共性：要善于因人而异，使解说具有针对性。（　　）

第6章 馈赠礼仪

学习目标

- 了解馈赠的原则
- 掌握赠礼与受礼的礼仪
- 了解涉外赠礼的常识

人们相互馈赠礼物是人类社会生活中不可缺少的交往内容。中国人一向崇尚礼尚往来，《礼记·曲礼上》说："礼尚往来。往而不来，非礼也；来而不往，亦非礼也。"馈赠是与其他一系列礼仪活动一同产生和发展起来的。礼起源于远古时期的祭祀活动，在祭祀时，人们除用规范的动作、虔诚的态度向神表示崇敬和敬畏之外，还将自己最有价值、最能体现对神敬意的物品奉献于神灵。也许从那时起，在礼的含义中，就开始有了物质的成分和表现，即礼可以以物的形式出现。关于礼物这个概念，有人说它最初来源于古代战争中由于部落兼并而产生的"纳贡"，也就是被征服者定期向征服者送去食物、奴隶等，以表示对征服者的服从和乞求征服者的庇护。史书中曾有因礼物送得不及时或不周到而引发战争的记载。例如，春秋时期，因楚国没有按时向周天子运送一车茅草，而引发了中原各国联盟大举伐楚的战争。还有人认为，最初的礼就是一种商业性质的物品往来，原始的礼尚往来，实质上就是以赠予礼物与酬报的方式进行的物品交换。

暂且不论这些考据是否真实可信，但有一点却是肯定的，即在礼的内涵中，除有表示尊敬的态度、言语、动作、仪式之外，还有一个重要的含义，那就是礼物。从礼以物的形式出现的那时起，物就从礼的精神内核中蜕化出来，成了人与人之间礼的外在表现形式。随着社会生活的不断发展和演变，物能寄情言意表礼的观念被广大民众接受和认同，从而使馈赠在内容和形式上，逐渐融合在五彩缤纷的社会交往中，并成为人们联络和沟通感情的主要方式之一。

在现代人际交往中，礼物仍然是人们往来的有效媒介之一，它像桥梁和纽带一样传递着情感和信息，寄托着人们的情意，表达着人与人之间的关爱，记载着人间的温暖。

6.1 馈赠的目的及原则

馈赠是社交活动的重要手段之一，其受到古今中外人士的普遍肯定。馈赠作为一种非语言的重要交际方式，是以物的形式出现的，以物表情，礼载于物，起到寄情言意的作用。得体的馈赠，恰似无声的使者，为交际活动锦上添花，为人们之间的感情和友谊注入新的活力。然而送给谁、为什么送、如何送、送什么、何时送、在什么场合送，这是既老又新的一些问题。因此，只有在明确馈赠目的和遵循馈赠基本原则的前提下，在明确弄清楚以上六个问题的基础上，才能真正发挥馈赠在交际中的重要作用。

6.1.1 馈赠的目的

任何馈赠都是有目的的，或为交结友谊，或为祝颂庆贺，或为酬宾谢客，或为其他。

1. 以交际为目的的馈赠

以交际为目的的馈赠有以下两个特点。

一是送礼的目的与交际的目的一致。无论是个人还是组织机构，在社交中为达到一定的目的，通过向交往中的关键人物或部门赠送一定的礼品，以促使交际目的的达成。

二是礼品的内容与送礼者的形象一致。礼品的选择有一个非常重要的原则，就是要使礼品能够反映出送礼者的心意和思想感情的倾向，并使心意和思想感情的倾向与送礼者的形象有机地结合起来。

2. 以巩固和维系人际关系为目的的馈赠

以巩固和维系人际关系为目的的馈赠，即人们常说的"人情礼"。在人际交往过程中，必然产生各类关系和各种感情。人与生俱来的社会性，要求人们必须重视这些关系和感情，因此，围绕着如何巩固和维系人际关系，人们采取了许多办法，其中之一就是馈赠。这类馈赠强调礼尚往来，以"来而不往非礼也"为基本行为准则。因此，这类馈赠从礼品的种类、价值的轻重、档次的高低、包装的精美程度、蕴涵的情义深浅等方面都呈现出多样性和复杂性，其在民间交际中尤其具有重要的特殊作用。

3. 以酬谢为目的的馈赠

以酬谢为目的的馈赠是为答谢他人的帮助而进行的，因此在礼品的选择上十分强调其物质价值。礼品的贵贱厚薄，首先取决于他人帮助的性质，帮助的性质分为物质的和精神的两类。一般说来，物质的帮助往往是有形的、能估量的，而精神的帮助则是无形的、难估量的，但其作用又是相当大的。其次取决于帮助的目的，是慷慨无私的，还是另有所图的，还是公私兼顾的，只有那种真正无私的帮助，才是值得真心酬谢的。最后取决于帮助的时机，一般情况下，危难之中见真情，因此得到帮助的时机是日后酬谢他人的重要衡量标准。

4. 以公关为目的的馈赠

以公关为目的的馈赠，虽然从表面上看不求回报，但是实质上其索取的回报往往更深地隐藏在其后的交往中，或是金钱，或是权势，或是其他功利。这是一种为达到某种目的而用礼品的形式进行的活动，多发生在对经济利益、政治利益及其他利益的追逐活动中。

6.1.2 馈赠的原则

馈赠作为社交活动的重要手段之一，得到了古今中外人士的普遍肯定。凡是送礼之人，都希望自己所送的礼品能寄托和表达对受礼者的敬意和祝福，并使彼此之间的交往更进一层。然而，有时所赠礼品非但达不到这种目的，反而会事与愿违地造成不良后果。因此，认真研究和把握馈赠的原则，是馈赠活动得以顺利进行的重要前提条件。

1. 轻重原则

通常情况下，礼品的贵贱厚薄，往往是衡量交往人的诚意和情感浓烈程度的重要标志，

然而，礼品的贵贱厚薄与其价值的高低并不总是成正比的。因为礼品是用来言情寄意表礼的，它仅是人们情感的寄托物，人情无价而物有价，有价的物只能寓情于其身，而无法等同于情。也就是说，就礼品的价值含量而言，礼品既有其物质的价值含量，又有其精神的价值含量。“千里送鹅毛”的故事，在我国妇孺皆知，被标榜为礼轻情意重的学习典范。“折柳相送”也常为文人津津乐道，因为柳的寓意有三：一为表示挽留；二因柳枝在风中飘动的样子如人惜别的心绪；三为祝愿友人如柳枝一般能随遇而安。因此，如果仅就这些礼品本身的物质价值而言，的确是很轻的，而且对于受礼人来说甚至是微乎其微的，但它所寄寓的情意却是浓重的。我们提倡“君子之交淡如水”，提倡“礼轻情意重”，但是当我们因种种原因陷入“人情债务链”时，则不妨注意以轻礼寓重情，入乡随俗地根据馈赠目的和自己的经济实力，择定不同轻重的礼品。对于“人情礼”轻重的把握尺度，目前国内常以个人收入的 1/3 为上限，下限则视情况而定。总之，除非是有特殊目的的馈赠，否则馈赠礼品的贵贱厚薄都应以对方能愉快接受为好。

2. 时机原则

就馈赠的时机而言，及时又适宜是很重要的。中国人很讲究“雨中送伞”“雪中送炭”，即十分注重送礼的时机，因为只有在最需要的时候得到的才是最珍贵的，才是最难忘的。因此，要注意把握好馈赠的时机，包括时间的选择和机会的择定。一般说来，时间贵在及时，超前或滞后都达不到馈赠的目的；机会贵在事由和情感及其他需要的程度，“门可罗雀”时和“门庭若市”时，人们对馈赠的感受会有天壤之别。所以，对于处境困难者的馈赠，其表达的情感就更显真挚和高尚。有一篇《影星与狗》的文章，记载了以下一件感人的事。

国际著名影星奥黛丽•赫本十分爱狗，多年来一直豢养着一只叫杰西的长耳罗塞尔种的小猎犬。白天，杰西那无忧无虑和温柔的品性，令赫本感到平和的亲情；夜晚，杰西暖融融地依偎在赫本的脚旁，伴她入睡。然而，有一天，杰西误吃了毒药，很快就死了，赫本爱犬心切，竟无法控制自己，一连数日，终因悲伤过度而一病不起。这时，她的朋友克里斯多夫•格里文森托人给她送来了又一只长耳罗塞尔狗，它叫彭妮，小巧玲珑，毛色白亮，十分可爱。彭妮给了赫本无限的慰藉，赫本说，“彭妮不仅使我恢复了健康，也赐给我无限的幸福，它真是来自天堂的宝贝”。

3. 效用性原则

同一切物品一样，当礼以物品的形式出现时，礼品本身也就具有了价值和实用价值。就礼品本身的实用价值而言，人们的经济状况不同、文化程度不同、追求不同，对于礼品的实用性要求也就不同。一般说来，物质生活水平的高低，决定了人们精神追求的高低。在物质生活水平较低时，人们多倾向于选择实用性的礼品，如食品、水果、衣料、现金等；在物质生活水平较高时，人们则倾向于选择艺术欣赏价值较高、趣味性较强和具有思想性、纪念性的物品为礼品。因此，应视受礼者的物质生活水平，有针对性地选择礼品。美国作家欧 · 亨利在其著名的小说《麦琪的礼物》里讲了以下一个故事。

一位妻子十分想在圣诞节来临时送给丈夫一份礼物，她盼望能买得起一条表链，以匹配丈夫祖上留下的一只表。因为没有钱，于是她把自己秀丽的长发剪下来卖了。圣诞之夜，妻子为丈夫献上了自己的礼物——一条精美的表链，丈夫也在惊愕之中拿出了他献给妻子的礼物，竟是一枚精致的发卡。原来，丈夫为给妻子买礼物把自己的表卖了。这时，他们紧紧地拥抱在一起，彼此的爱成了圣诞之夜唯一的却也是最珍贵的礼物。

这对夫妻献给对方的礼物，在当时看似乎毫无用处，然而并非如此，它们不仅升华了他们之间的爱，使他们得到了最大的精神满足，而且激发了他们战胜生活困难，追求幸福生活的决心和意志。有这样的情和爱，世上还有不能克服的困难和不可逾越的生活难关吗？

4. 投好避忌的原则

就礼品本身引发的直接结果而言，由于民族、生活习惯、生活经历、宗教信仰，以及个人的性格、爱好的不同，不同的人对同一礼品的态度是不同的，或喜爱或忌讳或厌恶，因此要把握住投其所好、避其禁忌的原则。在这里，尤其强调要避其禁忌。禁忌是一种不系统的、非理性的、作用极大的心理倾向和精神倾向，对人的活动有很大影响。当自己的禁忌被冒犯时，无论是有意的还是无意的，心中的不快、不满，甚至愤恨是不言而喻的。当我们冒犯了别人时，就会引起纠纷，甚至冲突，所以馈赠前一定要了解受礼者的喜好，尤其是禁忌。例如，中国普遍有好事成双的说法，因而凡是大贺大喜之事，所送之礼，均好双忌单，但广东人忌讳“4”这个偶数，因为在广东话中，“4”听起来就像是“死”一样，是不吉利的。再如，白色虽然有纯洁无瑕之意，但是中国人比较忌讳，因为在中国，白色常是悲哀之色和贫穷之色；同样，黑色也被视为不吉利的象征，是凶灾之色、哀丧之色；而红色，则是喜庆、祥和、欢庆的象征，受到人们的普遍喜爱。另外，中国人还讲究不能给老人送钟，不能给夫妻或情人送梨，因为“送钟”与“送终”谐音，“梨”与“离”谐音，是不吉利的。这类禁忌还有许多，需要我们去遵循，这里就不一一列举了。

6.2 赠礼与受礼的礼仪

6.2.1 赠礼礼仪

要使交往对象愉快地接受馈赠，并不是一件容易的事情。因为即便是你在馈赠原则的指导下选择了礼品，如果不讲究赠礼的艺术和礼仪，也很难使馈赠成为社会交往的手段，甚至会适得其反。那么，馈赠时应注意哪些艺术和礼仪呢？

1. 注意礼品的包装

精美的包装不仅使礼品的外观更具艺术性和高雅的情调，并显现出赠礼人的文化素养和艺术品位，而且可以使礼品产生一种神秘感，既有利于交往，又能引起受礼人的兴趣和探究心理，从而令双方都愉快。好的礼品若没有讲究包装，不仅会使礼品逊色，使其内在

价值大打折扣，使人产生“人参变萝卜”的缺憾感，而且易使受礼人轻视礼品的内在价值，无谓地折损了礼品所寄托的情谊。

2. 注意赠礼的场合

赠礼场合的选择是十分重要的，尤其那些出于酬谢、应酬或有特殊目的的馈赠，更应注意赠礼场合的选择。通常情况下，当众只给一群人中的某一个人赠礼是不合适的，因为那会使受礼人不仅有受贿和受愚弄之感，而且会使没有受礼的人有受冷落和受轻视之感。不宜在公开场合给关系密切的人送礼，只有礼轻情重的特殊礼物才适宜在大庭广众下赠送。既然送礼与受礼的双方关系密切，那送礼的场合就应避开公众而在私下里进行，以免给公众留下你们关系密切完全是靠物质的东西来支撑的感觉。只有那些能表达特殊情感的特殊礼品，方才在公众面前赠送，因为这时公众已变成你们真挚友情的见证人，如一本特别的书、一份特别的纪念品等。赠礼是为了巩固和维持双方的关系，因此赠礼也必须是有针对对象的。赠礼时应当着受礼人的面，以便于观察受礼人对礼品的感受，并适时解答和说明礼品的功能、特性等，还可有意识地向受礼人传递你选择礼品时独具匠心的考虑，从而激发受礼人的喜悦之情，以及对你一片真情的感激之情。

3. 注意赠礼时的态度、动作和言语表达

只有平和友善的态度和落落大方的动作并伴有礼节性的语言表达，才是令送礼与受礼的双方都能共同接受的。那种做贼似的悄悄地将礼品置于桌下或房中某个角落的做法，不仅达不到馈赠的目的，甚至会适得其反。

4. 注意赠礼的具体时间

一般说来，应在相见或道别时赠礼。

6.2.2 赠花礼仪

赠花礼仪是指人们在人际交往中，赠送鲜花或草木的习惯做法和规范。在人际交往中，赠送鲜花是馈赠的一种特殊形式，而且是比较受人们欢迎的一种馈赠形式。送上一束鲜花，既可以借物抒情，以表达感情、歌颂友谊，又可以提升整个馈赠行为的品位和境界，使之更高雅、温馨和浪漫。赠花时既要遵守基本的馈赠礼仪，又要掌握一些独特做法。

1. 赠花的形式

赠花的形式，即将鲜花送给对方的方式。赠花的形式既可以以人来区分，又可以以花来区分。

（1）以人来区分。以人来区分送花的形式，通常可将其区分为本人亲送、亲友转送、雇人代送三种。它们又分别适用于不同的情况和场合。

本人亲送：本人亲送鲜花是送花的基本形式，这种形式不仅可以与受赠者一同分享当时的喜悦，而且可以现场解说自己送花的缘由和含意。

亲友转送：由亲友转送鲜花是赠花者本人因故不能到场时所做的一种选择。在大多数情况下，这是不得已而为之的。尽管如此，有时由亲友转送鲜花也有其独到的好处。例如，由于代送鲜花的亲友通常与受赠者并不陌生，因此其可一身兼二任，担任赠花者的最佳信使，细致周详地向受赠者传递有关信息，甚至还可以言赠花者所难言之事。

雇人代送：有时自己难以分身或为了刻意营造一种气氛，可以先支付费用，委托鲜花店的“花仙子”，或者邮政局的“礼仪小组”代替自己上门送花。目前这样的送花形式越来越受欢迎。

（2）以花来区分。依照鲜花组合的形式不同，赠花又可以分为赠束花、篮花、盆花、插花、饰花、花环、花圈等。

注意，在绝大多数情况下，送人之花以鲜花为佳。尽可能地不要以干花送人，尤其是不要将凋零、衰败、发蔫的鲜花送人。

束花：又称花束，它是将新鲜的树枝切花捆扎成束，精心修剪或包装而成的一种鲜花组合。在以花来区分的具体送花形式中，它是适用面较广、应用较多的一种。

篮花：又称花篮，它用形状各异的精编草篮或竹篮，按一定要求盛放一定数量的艳丽新鲜的切花。与赠送束花相比较，赠送花篮显得更隆重、更高档，适合的场合有开业、演出、祝寿等。

盆花：栽种在专门的花盆里，主要用于观赏的花草。送人的盆花，可以是自养的心爱之物，也可以是特意买来的珍稀品种。送盆花的最佳时机有登门拜年、祝贺乔迁及至交互访等。赠送的对象最好是老年人、爱花人等。

插花：采用一定的技巧，将各种供观赏的鲜花精心修剪之后，再经过认真搭配，然后插放在花瓶或花篮之中。将插花置于室内案头，可使花香弥漫、花色宜人、春色满眼。插花主要适用于“孤芳自赏”，装饰居室，如布置客厅、会议室等，同时可以赠送亲朋好友。

饰花：在日常生活中，往往可以用单枝鲜花进行装饰，这就是所谓的饰花。按饰花装饰的部位不同，常见的饰花有襟花、头花等。襟花可用于各类社交场合，而头花则仅限于非正式场合使用。除亲朋好友之外，饰花一般不宜送人，而襟花在某些庆典、仪式中，则可以统一发放。

花环：此处所指的花环是用新鲜的切花编扎而成的环状物，可以手持，也可以佩戴于脖颈、头顶或手腕上。花环多用于自我装饰、表演舞蹈、迎送贵宾，亦可将其赠人，受赠对象，通常是贵宾或好友。

花圈：用鲜花扎成的固定的圆状祭奠物。花圈仅能用在悼念、缅怀逝者的场合，如参加追悼会、扫墓、谒陵等场合。

2. 赠花的时机

在人际交往中，适合赠花的时机很多，选择恰当的时机赠人以鲜花，更容易大见成效。

（1）常见的赠花时机。在人际交往中，以下场合的赠花，早已被很多人采用。

喜礼之用。遇上亲朋好友结婚、生子、做寿、乔迁、升学、晋职、出国等诸般喜事，可赠送鲜花作为喜礼恭喜对方。

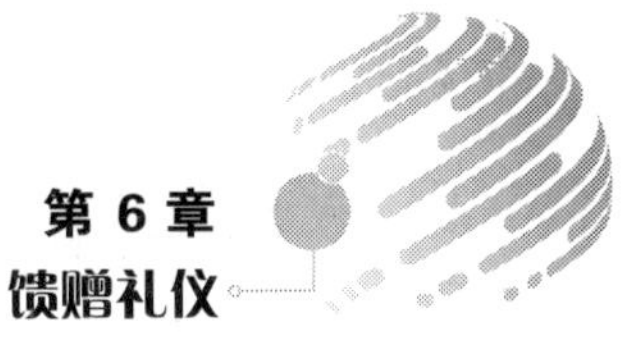

贺礼之用。参与某些应表示祝贺之意的活动，如企业开张、展览开幕、大厦奠基、新船下水、周年庆典、演出成功等活动，均可以赠送鲜花作为贺礼。

节庆礼之用。逢年过节，如春节、中秋节、国庆节、老人节、母亲节、父亲节、教师节、青年节、妇女节、情人节等节日，可向亲友赠送鲜花。

嘉奖礼之用。对于先进人士、模范人士、英雄人士、义士及在各类比赛中的获胜者，或者为国家、单位赢得荣誉者，可赠送鲜花表示鼓励。

慰问礼之用。当亲友、邻里、同事、同学、同乡或其家人遇到不幸、挫折时，如失学、失业、失恋、生病或遇到其他一些天灾人祸时，应前去慰问并赠送鲜花。

丧葬之用。当关系亲密者，或者其家人亲属举办丧事、葬礼时，可赠送鲜花以表哀思。

祭奠礼之用。当自己为他人祭礼、扫墓时，可以花为礼，追思、缅怀故人，或者表示自己的一番敬意。

（2）巧用赠花时机。巧用赠花时机不仅别出心裁、富有创意，令人耳目一新，而且有助于赠送与受赠双方之间关系的发展和改善。

做客时。前往他人居所做客时，以鲜花为礼是一种既脱俗又不至于让对方为难或产生猜忌的赠礼方式。

迎送时。当关系亲密者即将远行或远道归来之际，向其赠送一束鲜花，可以巧妙地向对方委婉地表达自己的亲情、友情或爱情。

纪念日时。每逢重要的私人纪念日，如与恋人初识之时、与配偶定情之日，以及对方生辰和双方结婚纪念日时，送花给对方，可显示自己我心依旧、珍爱对方、一如既往的心意。

致歉时。因为阴错阳差而与其他人产生了矛盾、误解或严重的隔阂，而后来才知道责任在自己一方时，如果不想将错就错彻底失去对方的话，比较可行的一个办法就是赠送鲜花给对方，必要时还可附以道歉卡。这时，鲜花就会充当“和平使者”的角色，犹如自己当面“负荆请罪”一般。

3. 鲜花的寓意

美丽、娇艳的鲜花给人以美的感受、心灵的愉悦，有着美化生活、增进友谊的作用。目前国际上有许多花卉被公认为是有特色象征和花语的——花里蕴涵交往礼仪的意义。如玫瑰象征爱情，花语为我真心爱你；百合花象征高洁，花语为百年好合；康乃馨象征母亲，花语为健康长寿；桃花象征发达，花语为宏图大展。在我国，有些花卉也有约定俗成的花语和象征意义。例如，古人离别时常以芍药相送，《韩外传》中有“芍药，离草也”；荷花因其“出淤泥而不染，濯清涟而不妖”，花语为人品高洁、情操纯真；牡丹为群芳之首，人称花王，花语为富贵。了解和掌握鲜花的寓意，对向赠花人表达自己的情意，增进友谊等有着重大的意义。

6.2.3 赠礼的避讳

赠礼是为了向对方表示友好、尊重和感激，应当使对方收到礼品后感到愉快，从而加深感情、增进友谊。因而赠礼应当考虑周到，不出差错。

（1）在公务交往中，不要送有价证券和过于昂贵的礼品，否则有行贿之嫌，也违背公关人员的职业道德。

（2）不可以将残次品作为礼品。赠礼不应追求物美价廉，无论你花了多少钱，只要是残次品、处理品，送礼的意义也就打了折，甚至会引起误会。无论礼品具有什么价值，都应当选择同类商品中的上品，这是对对方的尊重。

（3）不可以将本单位的广告性物品充当礼品。广告性物品不可以作为正式礼品，广告是一种付费的宣传，将广告性物品当作礼品赠送给对方是很不合适的。

（4）不可以送容易产生误解的礼品。例如，不可以给老人送钟；丧事过后不能补礼；不可以给准备参加比赛的人送书；不能给有生理缺陷的人送他们无法使用的物品；刀剪有一刀两断的含意，并有威胁感，不能作为礼品；男士不可以给女士送内衣及鞋袜等。还有一些地区和民族对礼品的颜色和数量有忌讳，应当注意了解。

6.2.4 受礼礼仪

（1）受礼者应在赞美和夸奖声中收下礼品，并表示感谢。一般应赞美礼品的精致、优雅或实用，夸奖赠礼者的周到和细致，并伴有感谢之辞（按中国传统习惯，是伴有谦恭态度的感谢之辞）。

（2）受礼者双手接过礼品，视具体情况或拆看或只看外包装，还可伴有请赠礼人介绍礼品功能、特性、使用方法等的邀请，以示对礼品的喜爱。

（3）只要不是贿赂性礼品，一般不要拒收，否则会很驳赠礼人的面子，可以找机会回礼。

6.2.5 礼品的选择

因人因事、因地施礼是社交礼仪的规范之一，对于礼品的选择，也应符合这一规范。礼品的选择要针对不同的受礼者区别对待。一般说来，有以下几种情况。

（1）对家贫者，以实惠为佳。

（2）对富裕者，以精巧为佳。

（3）对恋人、爱人、情人，以纪念性为佳。

（4）对朋友，以趣味性为佳。

（5）对老人，以实用为佳。

（6）对孩子，以启智新颖为佳。

（7）对外宾，以特色为佳。

6.3 涉外赠礼常识

由于文化上的差异，因此不同国家在馈赠问题上的观念、喜好和禁忌有所不同。只有把握好这些特色，在馈赠交往活动中才能达到相应目的。

6.3.1 亚洲国家的馈赠

虽然因社会、民族、宗教的情况不同，亚洲国家在风俗习惯上有很大不同，但在馈赠方面却有很多相似之处，具体如下。

（1）形式重于内容。对亚洲国家人士的馈赠，名牌商品或具有民族特色的手工艺品是上好的礼品，至于礼品的实用性，则屈居知识性和艺术性之后，尤其是日本人和阿拉伯人，他们非常重视礼品的品牌和外在形式。对日本人而言，越是形式美观而又无实际用途的礼品，越受欢迎，因为日本人有赠礼的癖好，送他这样的礼品，他好再转送他人。

（2）崇尚礼尚往来，而且更愿意以自己的慷慨大方表示对他人的恭敬。在亚洲国家，无论何地，人们都认为“来而不往”是有失尊严的，这涉及自身形象。因此，一般人都倾向于先送礼品给他人，而且收到礼品后，在回礼时则常在礼品的内在价值、外在包装上更下功夫，以呈现自己的慷慨和对他人的恭敬。

（3）讲究馈赠对象的具体指向性。选择礼品和馈赠礼品时十分注意馈赠对象的具体指向性，这是亚洲人的特点。一般说来，送给老人和孩子的礼品常常是令人高兴的，无论送什么，人们都乐于接受，但若是送他人妻子的礼品，则需考虑交往双方的关系及对方的忌讳。例如，阿拉伯人比较忌讳别人对其妻子赠送礼品，这会被认为是对其隐私的侵犯和对其人格的侮辱。

（4）忌讳颇多。不同国家对礼品的数字、颜色、图案等有诸多忌讳，如日本、朝鲜等对数字 4 有忌讳，甚至把 4 视为预示厄运的数字，但他们对 9、7、5、3 等奇数和 108 等数颇为青睐，对 9 及 9 的倍数尤其偏爱（但日本人不喜欢 9）。阿拉伯人忌讳动物图案，特别是有猪图案的物品，而日本人则忌讳有狐狸和獾等图案的物品。

6.3.2 西方国家的馈赠

西方国家与东方国家不同，因为他们在礼品的选择和喜好等方面没有太多讲究，所以礼品也是种类繁多，具体如下。

（1）实用的内容加漂亮的形式。西方人对礼品更倾向于实用，如一束鲜花、一瓶好酒、一盒巧克力、一块手表，甚至一同游览、参观等，都是上好的礼品。当然，如果再讲究礼品的牌子和包装，那就更好了。

（2）赠礼与受礼双方喜欢共享礼品带来的欢快。西方人在馈赠礼品时，受礼人常常当着赠礼人的面打开礼品包装并表示赞美，之后还会邀赠礼人一同享受或欣赏礼品。

（3）讲究赠礼的时机。一般情况下，西方人常在社交活动行将结束时赠礼，即在社交已有成果时方才赠礼，以避免行贿、受贿之嫌。

（4）忌讳较少。除忌讳 13 和星期五这两个灾难数和一些特殊场合（如葬礼），以及礼品的种类颜色等有一定讲究之外，大多数西方国家在礼品上的忌讳是比较少的。

6.3.3 国际交往中馈赠举例

由于各国文化的差异，社会、宗教的影响，赠礼成了一种复杂的礼仪。如果运用得当，赠礼能巩固双方的业务关系；如果运用不当，则会有碍于业务联系。选择恰当的礼品、合适的赠礼时机，以及让受礼人做出适当的反应，都是送礼时需要注意的关键问题。

1. 亚洲国家

（1）日本。日本人有赠礼的癖好，因此给日本人赠礼时，往往采取这样的做法：送对本人毫无用处的物品以便收礼的人可以再转送给别人，而且那个人还可以再转送下去。日本人对装饰着狐狸和獾的图案的东西甚为反感，狐狸是贪婪的象征，獾则代表狡诈。到日本人家里做客，携带的菊花只能有 15 片花瓣，因为只有皇室徽章上才有 16 片花瓣的菊花。另外，选择礼品时，要选购名牌礼品；日本人认为礼品的包装同礼品本身一样重要，因此要让懂行的人把礼物包装好。

（2）韩国。韩国的商人对初次来访的客人常常会送当地出产的手工艺品，一般要等客人先拿出礼品来，然后才回赠他们本国产的礼品。

（3）西亚阿拉伯国家。在西亚阿拉伯国家，初次见面时赠礼可能会被视为行贿；切勿把用旧的物品赠送给他人；不能把酒作为礼品；要送在办公室里可以用得上的东西。盯住西亚阿拉伯国家的人家中的某件物品看个不停是很失礼的举动，因为他一定会认为你喜欢它，并一定会要你收下这件物品。西亚阿拉伯国家的商人一般会赠送他人贵重的礼物，同时希望收到同样贵重的回礼，因为西亚阿拉伯人认为“来而不往”是有失尊严的，而且不让他们表示自己的慷慨大方是不恭的，同时会影响双方的关系。西亚阿拉伯国家的人喜欢丰富多彩的礼物，喜欢名牌货，而不喜欢不起眼的古董；喜欢知识性和艺术性的礼品，不喜欢纯实用性的东西。西亚阿拉伯国家的人忌讳烈性酒和带有动物图案的礼品（因为这些动物可能代表着不吉祥）。送礼品给西亚阿拉伯国家的人的妻子被认为是对其隐私的侵犯，然而送给孩子则总是受欢迎的。

2. 欧美国家

在欧美国家，一般只有在双方关系确立后才会相互赠礼，而且赠礼通常是此次交往行将结束时才进行的，同时表达的方式要恰如其分。在欧美国家，高级巧克力、一瓶特别好的葡萄酒等都是很好的礼品。在欧美国家，登门拜访前应送去鲜花（花要提前一天送去，以便主人把花布置好），而且要送单数的花，同时附上一张手写的卡片。

（1）英国。在英国应尽量避免感情的外露，因此应送价格较低的礼品，因为花费不多就不会被误认为是一种贿赂。适宜的赠礼时机在晚上，如在请人在上等饭馆用完晚餐或剧院看完戏之后。英国人也像其他大多数欧洲人一样喜欢高级巧克力、名酒和鲜花。对于饰有客人所属公司标记的礼品，他们大多数并不欣赏，除非主人对这种礼品事前有周密的考虑。

（2）法国。初次结识一个法国人时就赠送礼品是很不恰当的行为，应该等到下次相逢时再送。礼品应该表达出对受礼人智慧的赞美，但不要显得过于亲密。法国人很浪漫，喜欢知识性、艺术性的礼物，如画片、艺术相册或小工艺品等。应邀到法国人家里用餐时，应带上几支不加捆扎的鲜花，但菊花是不能随便赠送的，因为在法国只有在葬礼上才用菊花。

（3）德国。在德国，礼貌是至关重要的，因此要加倍注意赠礼是否恰当，礼品的包装更要尽善尽美。德国人喜欢应邀郊游，但在出发前必须做好细致周密的安排。

（4）美国。美国人很讲究实用，因此一瓶上好的葡萄酒或烈性酒、一件高雅的名牌服装、一起在城里共度良宵等都可作为合适的礼品。与其他欧美国家一样，给美国人赠礼也应在此次交往结束时进行。

3. 拉丁美洲国家

在拉丁美洲国家，黑色和紫色是忌讳的颜色，这两种颜色使人联想到四旬斋；刀剑应排除在礼品之外，因为它们暗示友情的完结；手帕也不能作为礼品，因为它是与眼泪联系在一起的。在拉丁美洲国家，可送些小型家用电器，如一个小小的烤面包炉。在拉丁美洲国家，只要不是奢侈品，征税很高的物品是极受欢迎的。

本章小结

馈赠礼品是人们在社会交往中经常遇到的情况。馈赠不仅是一种礼节，而且是人与人之间诚心相待、表达尊重和友情的见证。成功的馈赠可以恰到好处地向受礼者表达自己的友好、尊敬和某种特殊的情感，同时能使对方满意、高兴，从而增进相互之间的感情和友谊。本章主要介绍了馈赠的原则、赠礼与受礼的礼仪规范、涉外赠礼的常识。

思考与练习

一、选择题

1．馈赠礼品是社交活动的重要手段之一，其得到了古今中外人士的普遍肯定，馈赠有哪些原则？（　　）

A．轻重原则　　B．时机原则

C．效用性原则　　D．投好避忌的原则

2．馈赠时应注意哪些艺术和礼仪？（　　）

A．注意礼品的包装　　B．注意赠礼的场合

C．注意赠礼时的态度　　D．动作和言语表达

二、填空题

1．在欧美国家，一般只有在双方关系确立后才相互赠礼，而且赠礼通常是此次交往（　　）时才进行，同时表达的方式要恰如其分。在欧美国家，高级巧克力、一瓶上好的葡萄酒等都是很好的礼品。在欧美国家，登门拜访前应送去鲜花（花要提前一天送去，以便主人把花布置好），而且要送（　　）的花，同时附上一张手写的卡片。

2．花语有很深的含意，如（　　）象征爱情，花语为我真心爱你；（　　）花象征高洁，花语为百年好合；（　　）象征母亲，花语为健康长寿；（　　）象征发达，花语为宏图大展。

三、问答题

1．馈赠的原则有哪些？

2．赠礼与受礼时应注意哪些问题？

四、判断题

1．赠礼时应区分不同对象，对家贫者，应以精巧为佳。（　　）

2．黑色和紫色是拉丁美洲国家忌讳的颜色。（　　）

3．一般说来，赠礼的具体时间应选在相见时或道别时。（　　）

第7章 求职礼仪

学习目标

- 掌握求职人员的求职信、简历的制作方法
- 掌握求职的注意事项
- 掌握求职问题的回答技巧

求职是每个人都必须面对的挑战和机遇，而如何应对挑战及如何抓住机遇，成了当今的热门话题。在求职面试过程中要掌握一定的求职礼仪和应对技巧，才能有机会抓住机遇，获得人生新高度、新起点。

7.1 面试前的准备

每一位求职者都希望在面试的时候给面试官留下一个好印象，从而增大录取的可能性。所以，事先了解一些求职礼仪，特别是面试礼仪，是求职者迈向成功的第一步。中国有句古话："知己知彼，百战不殆。"面试就如同一场试探性的战斗，战斗的双方就是面试单位的主考官和参加面试的自己，而机会总是青睐于那些准备好的人，因此求职前的每一项准备工作都应该重视，不能不拘小节。为了更好地在应聘过程中与招聘单位沟通，充分显示求职者的诚意，搜集招聘单位的相关信息是十分必要的。搜集信息的渠道很多，可以通过网络进行搜集，也可以通过电话询问的方式进行搜集。在致电询问的时候要注意细节与礼貌，不能太冒昧，电话接通后首先介绍自己以示尊重，然后清楚地向对方表达自己的来电意图；咨询的问题要力求简洁，得到自己需要的信息后要礼貌道谢，并在对方挂断电话后自己方才可挂电话。在求职前精心准备好一份简历和求职信，也是十分必要的。

7.1.1 简历

一份吸引人的简历是获取面试机会的敲门砖，所以怎样写一份"动人"的简历成了求职者首要的工作。

1. 简历正文

简历正文包括三部分，具体如下。

（1）基本情况介绍。

（2）学历情况概述，包括学习经历、在校期间获奖情况、爱好和特长、参加过的社会实践活动、在校所任职务等。

（3）工作经历，即曾经工作过的单位名称，以及在工作单位时的职位、个人工作成绩、培训或深造就学情况、工作变动情况、职务升迁情况等。

2. 写简历时的注意事项

简历不要写得过于复杂和啰唆，要知道面试官看一份简历的时间也不过是短短的几秒钟而已。

在美国，求职简历应遵循三不原则：第一，绝对不超过一页；第二，绝对不要把私人

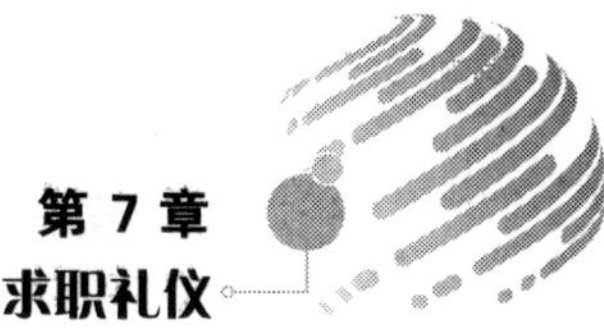

和与工作无关的事写上去，如家庭状况、种族等，以免企业因此而发生歧视；第三，绝不填薪水，求职的人应认清简历的作用，其不过是在争取面试的机会。

在写简历时，要时刻记住你是在一个商业环境中推销自己，因此尽量使用适合这种环境的语言，尤其是在对你曾经的业绩和成就进行说明的时候。那么，什么样的语言是商业语言呢？简单地说，商业语言就是定量化的语言，你的简历中和你所求职位相关的具体数字越多、具体事实越多，其商业价值就传达得越明确，就越具有说服力，要比大而空、口号式的语言强得多。

时代在改变，某些求职用词也在淘汰，如“我对这个工作很有信心”“我是抱着学习的目的而来的”“请给我一个学习的机会”等，这些听起来美丽的辞藻会把你的机会丢进垃圾桶里。对于没有经验的人来说，除学历之外一无所有，再加上那些错误的用语，机缘一失，可能三五年都不见得能弥补回来。如今外资企业渐多，传统公司要求的谦虚、保守等品质，已经无法适合时代需求了。

简单地说，语言要投其所好是简历每投必中的原则。投其所好必须明确：公司想知道的是你能为公司带来什么利益、贡献或成效，并不想花钱请你来学习。

7.1.2 求职信与简历范例

【范例 1】 新颖的求职信

水调歌头 求职

十年寒窗苦，弹指一挥间。
不知何年何月，才能赚到钱。
原想乘风破浪，无奈求职路上，沟壑多又深。
满腔皆热血，无处报三春。
为求职，做简历，夜无眠。
从未抱怨，总有一天笑开颜。
您有美好蓝图，我有雄心壮志，你我心相连。
与君共携手，同创蔚蓝天。

【范例 2】 普通的求职信

尊敬的领导：

您好！衷心地感谢您在百忙之中翻阅我的这份材料，并祝愿贵单位的事业欣欣向荣，蒸蒸日上！

我是哈尔滨工业大学建筑工程学院给水排水工程专业 08 届毕业生×××，自从进入大学之后，高考后的轻松、获知被录取的喜悦随风而逝，因为我得重新开始，继续努力奋斗，迎接新的挑战。大学四年是我思想、知识结构及心理成熟的四年。惠于哈尔滨工业大学浓厚的学习、创新氛围，融入其中的我成了一名复合型人才。时光飞逝，我将怀着我童年的梦想、青年的理想离开我的母校，走上工作岗位。

哈尔滨工业大学的师生中一直流传着这样一句话“今天你以哈工大为荣，明天哈工大以你为荣”，自入学以来，我一直把它铭记在心，并立志要在大学四年里全面发展自己，从适应社会发展的角度提高个人素质，为将来真正能在本职工作上做出成绩，也为母校争光打好基础。

我以严字当头，在学习上勤奋严谨，对课堂知识不懂就问，力求深刻理解。在掌握了本专业知识的基础上，不忘拓展自己的知识面，对课外知识也有涉猎。我还很重视英语的学习，不断努力扩大词汇量，英语交际能力也有了长足的进步。同时，为了全面提升个人素质，我积极参加各种活动，这些经历使我认识到团结合作的重要性，也学到了很多社交方面的知识，增加了阅历，相信这些经历会对我今后投身社会起到重要作用。

现在，我以满腔的热情，准备投身到现实社会这个大熔炉中，虽然存在很多艰难困苦，但是我坚信，大学生活给我的精神财富能够使我战胜它们。

“长风破浪会有时，直挂云帆济沧海”，希望贵公司能给我一个发展的平台，我会好好珍惜它，并全力以赴，为实现自己的人生价值而奋斗，为贵公司的发展贡献力量。

此致

敬礼！

×××

××××年××月××日

【范例3】 个人简历表

<table>
<tr><td>姓名</td><td>×××</td><td>性别</td><td>女</td><td rowspan="5"></td></tr>
<tr><td>出生日期</td><td>1984年11月25日</td><td>婚姻状况</td><td>未婚</td></tr>
<tr><td>学校所在地</td><td>哈尔滨</td><td>籍贯</td><td>黑龙江</td></tr>
<tr><td>政治面貌</td><td>共青团员</td><td>入团时间</td><td>1994年11月</td></tr>
<tr><td>宿舍电话</td><td>0451-6825×××</td><td>住宅电话</td><td>0451-6825×××</td></tr>
<tr><td>E-mail</td><td colspan="4">tankseveryone@163.com</td></tr>
<tr><td>联系地址</td><td>哈尔滨工业大学</td><td>邮政编码</td><td colspan="2">150001</td></tr>
<tr><td colspan="5">教育情况</td></tr>
<tr><td>大学</td><td>哈尔滨工业大学</td><td colspan="3">2001年9月—2005年7月</td></tr>
<tr><td>学院</td><td>工程技术学院</td><td>专业</td><td colspan="2">工业机械化及其自动化</td></tr>
<tr><td>主修课程</td><td colspan="4">机械设计、电工电子技术、机电一体化、农业机器运用管理学、汽车拖拉机学、控制工程基础、机械制造基础、机械测试技术、液压传动与控制、农业机械学</td></tr>
<tr><td>专业选修课</td><td colspan="4">技术经济学、节水灌溉与设施农业、机器维修工程、设备综合管理、企业管理、非金属材料、专业英语</td></tr>
<tr><td colspan="5">个人能力</td></tr>
<tr><td>语言能力</td><td colspan="4">掌握一定程度的英语和日语，普通话标准</td></tr>
<tr><td>专业水平</td><td colspan="4">本专业是工业机械化及其自动化，本人具备机械制造、机电一体化专业基础知识及技能；可熟练操作AutoCAD软件；掌握51系列单片机原理及语言程序控制；本专业偏向于汽车、拖拉机方向，熟悉汽车原理</td></tr>
<tr><td>其他技能</td><td colspan="4">汽车驾驶
熟练掌握Word等软件操作，精通Win98、WinMe操作平台</td></tr>
<tr><td colspan="5">其他</td></tr>
<tr><td rowspan="3">工作经历</td><td colspan="2">哈尔滨工业大学工程技术学院99机化1班生活委员</td><td colspan="2">2001年9月—2002年3月</td></tr>
<tr><td colspan="2">在哈尔滨工业大学金工实习工厂进行金工实习</td><td colspan="2">2002年6月—2005年7月</td></tr>
<tr><td colspan="2">哈尔滨工业大学50周年校庆车辆调度</td><td colspan="2">2000年11月</td></tr>
<tr><td>业余爱好</td><td colspan="4">旅游、文学、计算机、军事、汽车相关知识</td></tr>
</table>

7.2 面试服饰礼仪

求职者的外在形象是给面试官的第一印象，外在形象的好坏在一定程度上会影响求职者能否被录用。面试时，恰当的着装能够弥补自身条件的某些不足，树立起自己的独特气质，使你脱颖而出。

7.2.1 男士服饰

（1）注意脸部的清洁，胡子一定要刮干净，头发梳理整齐；查看领口、袖口是否有脱线和污浊的痕迹。

（2）男士面试，春季、秋季、冬季最好穿正式的西服，夏季要穿长袖衬衫、系领带，不要穿短袖衬衫或休闲衬衫。

（3）西服的色调要选择给人稳重感觉的深素色，如藏青色、蓝色、黑色、深灰色等。西服配套的衬衫选择简单的白色，领带应选用丝质的，领带上的图案可以根据自己的喜好选择，最好是单色的，它能够和各种西服和衬衫相配。单色为底，印有规则重复出现的小圆点的领带，格调高雅，也可以用；斜条纹的领带能表现出你的精明，也可以用。领带在胸前的长度以达到皮带扣为好。如果一定要用领带夹，则应夹在衬衫的第三颗和第四颗扣子的中间位置。

（4）选择深色的袜子、黑色的皮鞋；皮带要和西服相配，一般选用黑色。男士着装三一致原则：皮鞋、皮带、皮包颜色一致，一般为黑色。

（5）眼镜要和自己的脸型相配，镜片要擦拭干净。

（6）西服上衣的口袋是起装饰作用的，所以钢笔一定不要插在西服上衣的口袋里。

7.2.2 女士服饰

（1）服装。面试时的着装要简洁、大方、合体，职业套装是最简单，也是最合适的选择。裙子不宜太长，这样显得不利落，但是也不宜穿得太短。低胸、紧身的服装，过分时髦和暴露的服装都不适合面试时穿。春秋的套装可用花呢等较厚实的面料，夏季的套装用真丝等轻薄的面料。衣服的质地不要太薄、太透，薄和透的衣服给人以不踏实、不庄重的感觉。服装的色彩要表现出青春、典雅的格调，用颜色表现你的品位和气质。不宜穿抢眼颜色的服装。

（2）丝袜被称为女性的第二层皮肤，所以一定要穿，以透明近似肤色的颜色最佳。要随时检查丝袜是否有脱线或破损的情况，最好带一双备用的。

（3）穿式样简单、没有过多装饰的皮鞋，后跟不宜太高，颜色和套装的颜色一致。如果你不知道如何配色，最简单的办法就是穿黑色的皮鞋。在面试时不要穿凉鞋。

（4）如果习惯随身携带包，那么包不要太大，款式可以多样，但颜色要和服装的颜色相配。

（5）化淡妆。如果喷香水，应该用香型清新、淡雅的，头发要梳理整齐，前额刘海不要超过眉毛。

（6）佩戴饰物时应注意和服装的整体搭配，最好以简单朴素为主。出发前应该检查好扣子是否扣好、拉链是否拉好、衣服是否有破损、衣服是否有褶皱、鞋子是否干净光亮。

7.3 面试进行阶段需要注意的礼仪

1. 不迟到

求职者要提前5～10分钟到达面试地点，以表示自己的诚意，以及给对方以信任感，同时可调整自己的心态，做一些简单的仪表准备，以免仓促上阵、手忙脚乱。为了做到这一点，一定要牢记面试的时间、地点，有条件的最好能提前去考察一下，这样既可以观察、熟悉环境，又便于掌握路途往返时间，以免因一时找不到地方或途中延误而迟到。如果迟到了，肯定会给招聘单位留下不好的印象，甚至会失去面试的机会。

2. 进入面试场所

进入面试场所时，如果门关着，应先敲门，得到允许后再进去。开门、关门的动作要轻，以从容、自然为好。见面时要向面试官主动打招呼并问好致意，称呼也应当得体。在面试官没有请面试者坐下时，切勿急于落座，待其同意落座后，要说谢谢再落座。求职者落座后要保持良好的体态，切忌大大咧咧、左顾右盼，以免引起面试官反感。

3. 面试过程

在整个面试过程中，求职者应保持举止文雅大方，谈吐谦虚谨慎，态度积极热情。如果面试官有两位以上，则回答谁的问题，目光就应注视谁，并应适时地环顾其他面试官以表示自己对他们的尊重；谈话时，眼睛要适时地注视对方，不要东张西望，显得漫不经心，也不要眼皮下垂，显得缺乏自信。激动地与面试官争辩某个问题也是不明智的举动。有的面试官会专门提一些无理的问题试探求职者的耐性，如果求职者“一触即发”，乱了方寸，面试的效果显然不会理想。

4. 面带微笑

脸上带着愉快、轻松、真诚的微笑会使你处处受欢迎，因为微笑会显得人和气，而

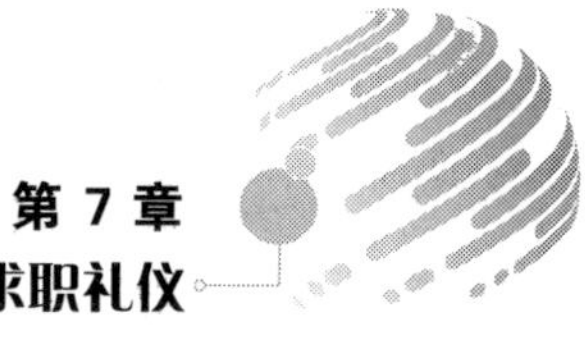

每个人都乐于与和气、快乐的人一起共事，所以应该表现出自己的热情，但不要表现得太过分。

5. 注意控制谈话节奏

进入面试场所后，如果感到紧张就不要急于讲话，而应集中精力听完提问，再从容应答。一般来说，人们精神紧张的时候讲话速度会不自觉地加快，讲话速度过快既不利于对方听清讲话内容，又会给人一种慌张的感觉，而且讲话速度过快往往容易出错，甚至张口结舌，进而强化了自己的紧张情绪，导致思维混乱。但是，讲话速度过慢，又会缺乏激情，使气氛沉闷，使人生厌。为了避免这一点，一般开始谈话时可以有意识地放慢讲话速度，等自己进入状态后再适当加快语速、加强语气。这样既可以稳定自己的紧张情绪，又可以扭转面试时的沉闷气氛。

6. 语言要含蓄、机智、幽默

在面试说话时，除表达清晰之外，适当的时候可以插进幽默的语言，使双方谈话增加轻松愉快的气氛，展示自己的优雅气质和从容风度。尤其是遇到难以回答的问题时，机智幽默的语言会显示出自己的聪明智慧，有助于“化险为夷”，并给人以良好的印象。

7. 回答问题的技巧

（1）把握重点、简洁明了、条理清楚、有理有据。一般情况下，回答问题时要结论在先，议论在后，先将自己的中心意思表达清晰，然后做叙述和论证。否则，长篇大论，会让人不得要领，而且面试时间有限，神经紧张的话，多余的话会太多，容易走题，进而会将主题冲淡或漏掉。

（2）面试官的提问总是想了解一些求职者的具体情况，切不可简单地仅以“是”或“否”来作答。针对面试官提的问题不同，有的需要解释原因，有的需要说明程度，不讲原委、过于抽象的回答，往往不会给面试官留下具体的印象。

（3）在面试过程中，如果对面试官提出的问题一时摸不到边际，以致不知从何答起或难以理解对方问题的含义时，可将问题复述一遍，并先谈自己对这一问题的理解，并请教对方以确认具体内容。对不太明确的问题，一定要先搞清楚，这样才能有的放矢，不致所答非所问。

（4）面试官每天要接待若干名求职者，相同的问题要问若干遍，类似的回答也要听若干遍，因此面试官也会有乏味、枯燥之感。所以，只有具有独到的个人见解和个人特色及创新思维的回答，才会引起对方的兴趣和注意。

（5）在面试过程中，如果遇到自己不知、不懂、不会的问题，一定不要默不作声、牵强附会或不懂装懂，诚恳坦率地承认自己的不足之处，反而会赢得面试官的信任和好感。

8. 手势运用的技巧

（1）表示关注的手势。在与他人交谈时，一定要对对方的谈话表示关注，要表现出你在聚精会神地听他的讲话。对方在感到自己的谈话被人关注和理解后，才能愉快、专心地聆听你的谈话，并对你产生好感。一般表示关注的手势是双手交叉，身体前倾。

（2）表示开放的手势。这种手势表示你愿意与听者接近并建立联系，它可以使人感受到你的热情与自信，并让人觉得你对所谈问题已是胸有成竹。这种手势的做法是手心向上，两手向前伸出，手要与腹部等高。

（3）表示有把握的手势。如果你想表现出对所述主题的把握，可先将一只手伸向前，掌心向下，然后从左向右做一个大的环绕动作，就好像用手覆盖着所要表达的主题一样。

（4）表示强调的手势。如果要吸引听者的注意或强调很重要的事情，可把食指和大拇指捏在一起，以示强调。

9. 适时告辞

面试既不是闲聊，也不是谈判，它是陌生人之间的一种沟通。谈话时间的长短要因面试内容而定。面试官认为该结束面试时，往往会说一些暗示性的话语，如“很感谢你对我们公司这项工作的关注”“感谢你对我们招聘工作的关心”“我们做出决定后一定会通知你的”等。求职者在听到诸如此类的暗示语之后，就应该主动告辞，告辞时应该感谢对方肯花费时间在自己身上。

7.4 面试的后续阶段

1. 礼貌致谢

在面试结束，接到正式面试结果的通知之前，应向某一具体负责人打电话或写信，感谢他为你花费的时间和精力，感谢他为你提供面试机会，同时要表现出对应聘岗位的极大兴趣，希望早日能听到对方的回音，能为贵单位的发展做出具体的贡献。这样做，不仅是出于礼貌，而且也是为自己再争取一次机会，也许你的一封信或一个电话会给你带来意想不到的结果。

2. 及时总结

要明白被用人单位拒绝也是一种经验，面试结束后，应该及时地对本次面试进行回顾和总结。尽量回顾面试的过程和细节，找出失误的地方，对面试中遇到的难题重新考虑，细想如果下一次遇到，该如何更好地回答。如果通知落选，不要灰心，要虚心地向面试官请教有哪些欠缺，这样就可以知道自己到底为什么落选，以便在今后改进，为下一次做更好的准备。

本章小结

随着国民素质的提高，越来越多的人受到了高等教育，所以在竞争日益激烈的市场经济环境下，如何争取到好的工作机会成为了一个热门话题。为了在求职竞聘过程中脱颖而出，求职礼仪中的简历、求职信制作；求职面试过程中的服饰礼仪、应对提问技巧等问题就显得非常重要。求职礼仪不仅在求职过程中能发挥巨大作用，而且在日常工作和生活中也能起到应有的作用。

思考与练习

一、选择题

1．一份吸引人的简历是获取面试机会的敲门砖，所以怎样写一份“动人”的简历，成了求职者首要的工作。求职简历包括（　　）。

A．基本情况　　B．学历情况　　C．工作经历　　D．薪资要求

2．在面试过程中，回答问题离不开手势的运用，手势都有哪几种？（　　）

A．关注式　　B．开放式　　C．把握式　　D．强调式

二、填空题

1．在与他人交谈时，一定要对对方的谈话表示关注，要表现出你在聚精会神地听他讲话。对方在感到自己的谈话被人关注和理解后，才能愉快、专心地聆听你的谈话，并对你产生好感。一般表示关注的手势是（　　）。

2．如果要吸引听者的注意或强调很重要的事情，可把（　　）捏在一起，以示强调。

三、问答题

1．求职简历的制作应该注意哪些问题？

2．在面试官提问时，求职者应注意哪些问题？

四、判断题

1．面试之前应该和面试官拉关系。（　　）

2．面试时遇到自己不认可的问题，应该据理力争。（　　）

3．面试结束后应该及时询问结果。（　　）

五、实训题

设计一个场景进行面试训练。

文书礼仪

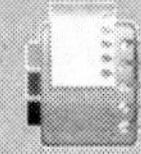

学习目标

- 了解文书礼仪的基本要求
- 学习信函礼仪、电子邮件礼仪、请柬礼仪、题词礼仪、致辞礼仪、网络礼仪和微信礼仪的基本要求

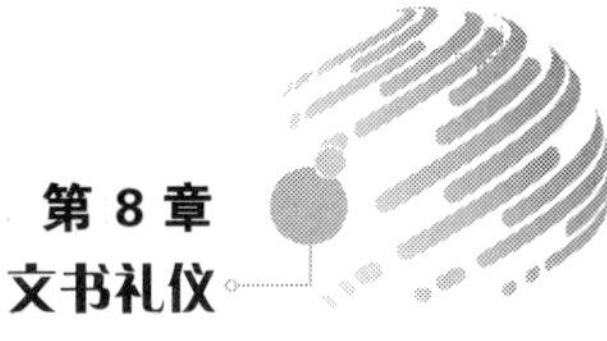

文书礼仪是指在交往活动中，机关单位或个人使用各种应用文书的礼仪规范。作为交往行为的重要组成部分，文书既是沟通信息的活动载体，又是礼仪在精神和意识方面的体现。有专家指出：以书面语言表达的礼仪文书是最正式的沟通方式。在交往活动中，使用文书本身就是一种仪式礼节。

文书的成功写作和出色运用，有助于传播信息，增加往来双方的了解；有助于沟通感情，密切往来双方的关系；有助于美化组织，塑造个人或企业形象；有助于产生深远的社会效益和良好的经济效益。

8.1 文书礼仪的基本要求

文书的写作除遵循应用文写作的一般要求之外，还要把握文书礼仪的基本要求，具体包括以下三方面的内容。

1. 文书格式规范

文书的写作和运用是一件既严肃又重要的事，必须谨慎待之。写作文书和其他应用文体一样，既要注意一定的格式，又要讲究效率。

各种文书都有其固定的格式，这些固定格式有法定的，也有约定俗成的。研究文书的格式，既有助于区分文种功能，认清各类文书的不同功用，也有助于掌握不同文书在写作上的异同，使得在写作时安排结构、遣词造句、驾驭情感能够得心应手。

此外，写作文书时还要遵守行文礼仪，首先要注意文书标题的严肃性，不要任意省略，以免造成对方在文种理解上的困惑；其次要尽量把事实和背景交代清楚，以便对方阅读和领会；最后要注意行文关系，平行或不相隶属的机关单位之间，应当使用平行的文书，而不可使用上行或下行的文书。

写作和发送文书必须及时迅速，讲求实效，要快中求好，否则一旦耽误，会造成不必要的损失。

2. 文书内容坦诚、真挚

无论是从交际目的还是交际情景来说，文书中的感情真挚都是重要因素，以诚待人是一切社交之本。面对交际对象提笔行文时，只有尊敬对方、态度热诚、言辞恳切，才能以真诚打动人，以热诚感染人，才能得到“精诚所至，金石为开”的效果。

在文书中，要想将真情实感充分地表现出来，要通过生动的叙事、形象的描绘、精妙的议论和恰当的抒情，让对方犹如身临其境，顿悟其理，以达成双方情感的沟通。需要指出的是，在文书行文时应该注意分寸：尊重自己，平等相待，不谄媚，不因对方身份高而自轻自贱；尊重对方，以礼待人，不傲慢，不因对方身份低微而怠慢。

3. 文书风格庄重、典雅

文书大多用在庆典、祝贺、迎送、吊唁等场合，特殊的功能和语境，决定了它必须庄重、典雅才能达到求真、求善、求美的行为目的，从而创造出愉快和谐的氛围。

庄重既表现出作者行文时的态度，也反映出作者的价值取向。从态度的层面上看，文明清新的文风及谦谦君子的格调，显示出作者的道德修养，敬语、谦辞，尤其是礼仪用语的恰当运用，能产生愉悦性互动；从价值层面上看，文书必须表现出积极向上的价值取向。这些都是与整个活动的氛围相协调、相一致的。

要达到典雅的语言境界，不仅要根据不同的活动内容和表达思想的需要，用语准确、注意修辞、讲究辞章，做到笔下生辉、恰到好处，而且要根据不同的交际对象的层次，如职位层次、文化层次、年龄层次，适当选用精辟的文言词语，以及贴切的交际语言和得体的祝颂语，以显示庄重、典雅之美。

8.2 信函礼仪

8.2.1 商务信函

掌握商务信函礼仪是商务交往中必不可少的关键环节。在商务活动要求的时间内，及时准备好得体的文书，可以表现出个人及企业的良好风范。对个人而言，商务信函礼仪在纸面上要做到礼貌周到、有礼有节，体现其基本的文化素质。

1. 商务信函的要求

1）完整

在书写商务信函时，为了避免传输错误信息，务必使其基本内容完整无缺，应准确到具体日期。一般要求写明何月何日，必要时还须写明何年何月何日何时。

在书写信封时，双方的邮编不可缺少。另外，在书写收信人及发信人地址时，要力求完整，不宜采用简称。这样方能确保书信被及时送达，或者因故被退还时不至于丢失。

2）清楚

在书写商务信函时，字迹必须清晰可辨。要做到这一点，需注意以下几个方面。

（1）字迹要清楚，切勿乱涂乱改。

（2）要选择耐折、耐磨、吸墨、不洇、不残、不破的信纸和信封，切勿不加选择，随意选用。

（3）在商务信函中叙事表意时，要层次分明、条理清楚、有头有尾，切忌天马行空、不知所云。

3）简洁

写信如同写作文，同样讲究言简意赅、适可而止。在一般情况下，写信应当“有事言事，言罢即止”。

当然，还应当避免为使书信简洁而矫枉过正，过分地惜墨如金，而使书信通篇冰冷乏味，走向另一个极端。

4）正确

在书写商务信函时，不论是称呼、叙事，还是遣词造句，都必须做到正确无误。在商务信函中，杜绝出现错字、别字，以及漏字现象，也不要为了省事，而用汉语拼音或外文替代不会写的字。在书写收信人的姓名、地址、职务及尊称时，应避免出现任何差错。

在书写信封时，收信人姓名之后的称呼，如“同志”“先生”“小姐”等，是专供邮递员或带信人使用的，而并非是发信人对收信人使用的称呼，因此像“大人”“爱妻”“小弟”之类的私人称呼，是不宜出现的。

5）礼貌

在商务信函中，写信人要像真正面对收信人一样，以必要的礼貌向对方表达自己的恭敬之意。其中一个重要做法就是要尽量多地使用谦辞与敬语。例如，在信函的前段称呼收信人时，可使用“尊敬的”“敬爱的”一类提称词；对对方的问候必不可少，对对方亲友亦应依礼致意。在信函后段，还应使用规范的祝福语。

2. 商务信函的格式

商务信函主要是为开展业务而用的，其格式与一般书信有所区别。

1）称谓

商务信函中的称谓应郑重，私人信函中过分亲昵的称呼在这里是不适用的。

对于相对熟识的人，可以称×××先生或×××女士，对于一般熟识的则可以称其职务。这里的“熟识”也可以指仅通信联系而从未谋面的情形。在西方，此类信函在上述称谓的前边加“亲爱的”，我国习惯上加“尊敬的”。

在许多情况下，商务信函是写给不知姓名的人的，此时的称呼可以是先生或女士（或小姐），且在前边加上尊敬的一类字眼以职务相称，如“尊敬的经理先生”“尊敬的编辑女士”“尊敬的主持人小姐”等。此外，有些情况下不能用太过泛泛的称谓，否则可能收不到良好效果，比如“有关人士台鉴”“有关人士”等，会使读信者觉得与己无关而搁置一边。当然，如果能够通过一些渠道打听清楚你要联系的人的姓名，那就更好了。

2）结尾

商务信函结尾的落款要求和开头相对应，开头是哪种关系程度的称呼，落款也应是相应程度的称呼。例如，称呼是连姓带名的×××先生，落款就是连姓带名的×××先生；称呼是不带姓氏的××先生，落款就是不带姓的××先生。大企业、大单位的商务信函往往是打印的，但落款处还是要有亲笔签名的。

3）信笺和信封

一般的企业单位、事业单位都有自己的专用信笺和信封。对于高规格的业务活动来说，对信笺和信封的要求也比较严格。一般来说，信笺和信封都应印有单位的名称、徽标及地址、电话等，样式上也应稳重而具有吸引力；质地上尽可能优良；印刷上尽可能优美，借以表明单位的实力和形象。

8.2.2 应酬书信

在商业领域，很讲究情感的联络和交往，因此应酬书信是商业领域使用频率较高的书信形式，并以此来增进友谊，促进交易。这类书信与一般书信的礼仪要领和格式基本相同，一般由笺文和封文两部分组成。书信是借助文字向收信人说话，因此书信要使对方感到亲切、自然、文明有礼并收到良好的交际效果。应酬书信要符合书信格式和书信语言的礼仪规范，否则会闹出笑话，影响交际效果乃至误事。

应酬书信的要求如下。

1. 称谓要得体

称谓即称呼，其要符合寄信人同收信人的特定关系。一般来说，平时对对方称呼什么，信的开头就写什么。在格式上，称呼有很强的礼仪作用，因此称呼要写在信笺第一行起首的位置，而且单独成行，以示尊重。写给非亲属关系长辈的书信，其称呼一般在姓氏后面加职务，如李经理、张校长，或者以某老相称；写给自己敬佩的长者的书信，可在称呼前加上“尊敬的”，尽量避免指名道姓；写给平辈或小辈的书信，称呼则可直呼其名，或称兄道弟，或称小王、小李，也可以同志相称。

称呼之后一般还要加提称语，即用来提高称谓的词语，如对尊长用尊鉴、赐鉴、钧鉴、崇鉴；对平辈用台鉴、大鉴、惠鉴；对晚辈用青鉴、收览；对女士用芳鉴、淑鉴、懿鉴（对年高者）；对夫妇用俪鉴、同鉴、钧鉴等。在书信中使用这种敬语时，要注意与称呼相匹配。

2. 问候要热情

称呼之后的承启语（应酬语）起开场白的作用。无论是经常通信的还是久未联系的人，向对方问候一声是必不可少的礼节，因此书信的开头应有问候语，如“奉读惠书，如见故人”“久疏问候，不知近来可好”。问候语可长可短，即使短到“你好”两字，也应是发自内心的，体现出写信人的一片真诚，而不应是“应景文章”。问候语要切合双方关系，交浅不宜言深，以简捷、自然为宜。

3. 内容要准确

正文是书信的主体，即写信人要说的事、要论的理、要叙的情。书信的正文一般从信笺的第二行开始写，前面空两格。虽然书信的内容各不相同，写法也多种多样，但是都要以表情达意、准确率直为原则，除言之有物、通情达理、文辞通畅、字迹工整之外，还要措辞得体，即根据收信人的特点及写信人与收信人的特定关系进行措辞（包括敬语、谦辞的选择，语调的掌握等）。一般来说，书信正文应先谈有关对方的事情，以表示关切、重视或谢意、敬意，然后写自己要陈述的事理。书信的正文写好后，如发现内容有遗漏，可

在书信结尾加补述语，并在补述语前另起一行加上“又及”“又启”等语句加以提示。补述语不宜过长。

4. 祝颂语要诚恳

虽然书信正文后的问候祝颂语只有几个字，但其表示写信人对收信人的祝愿、钦敬、慰勉，有着不可忽视的礼仪作用。祝颂语有格式上的规范要求，一般分两行书写，上一行前空两格，下一行顶格。祝颂语可以套用约定俗成的句式，如“此致敬礼”“祝您健康”之类，也可以另辟蹊径，即景生情，以更能表示出对收信人的良好祝愿。例如，对尊长，可写“敬请福安”“敬请金安”“敬请太安”“恭请平安”；给平辈的书信，则用“顺颂时祺”，春天可写“此颂春安”，逢年可写“即请年安”“此请岁安”，平时则用“敬颂时绥”之类；给晚辈的信，可只用“即颂刻好”“顺问近好”之类，不用“请”。

此外，祝颂语还可根据收信人的境况、职业而有所区别，如对新婚者或夫妇，用“恭请喜安”“恭贺燕喜”“恭请俪安”“即颂双祺”；对方远行用“遥祝旅安”，对方患病写“即颂痊安”；按对方职业可选用“文安”“撰安”“教安”“海安”“编安”“商安”“筹安”“财祺”等。

书信的最后，要署上写信人的名字和写信日期，为表示礼貌，在名字之前应加上相应的自称，即对收信人的自称，如给老师写信时自称学生、弟子、受业等。名字之下，还要选用适当的礼告敬辞，如对尊长，可加“敬禀”“叩禀”“拜上”等；对平辈，可加“鞠启”“谨启”等。

5. 封文要尊称

封文（信皮）的主要内容除要清楚、准确地写明收信人的姓名、地址及邮编，以及发信人的姓名、地址及邮编之外，还要恰当地选用封文中的礼貌用词。首先，要注意收信人的称呼，封文是写给邮递员看的，因此在收信人的名字之后不宜用“父”“夫”“儿”之类的亲属称谓，而应根据收信人的职务、年龄、性别等，写上“教授”“医生”“先生”“同志”“女士”等。其次，要讲究启封辞、缄封辞的选择，启封辞是请收信人拆封的礼貌语词，它表示写信人对收信人的感情和态度，一般对高龄尊长用“安启”“福启”，对其他长辈用“钧启”“赐启”；对平辈可依照收信人的身份、性别，分别用“勋启”（对军人）“文启”（对教师）“芳启”（对女士）；对晚辈用“手启”；对子女可直接用“手拆”“收拆”“收览”。“缄封辞”的用法也有讲究，对长辈宜用“谨缄”，对平辈用“缄”，对晚辈用“手缄”。明信片、贺年片等因无封套，因而无所谓启和缄。

6. 收信回复要及时

收信人收到来信后，应及时启阅和回复，这是基本的通信礼节之一。在复信里，应言明对方来信的收到时间。对于向自己求助的信件和商务函件，应及时给予明确的答复，即使暂时帮不上忙或不能满足要求，也应告知对方，以免其惦念。对极个别不宜回复的信件，如求爱信和所谓“幸运环”的来信，可以置之不理，但不宜将其内容有意张扬或曝光。

7. 应酬书信的宜与忌

应酬书信作为交际礼仪文书，也有它的禁忌：在笔种上以毛笔、钢笔为宜，忌用铅笔；在墨色上，以黑、蓝为佳，忌用彩色墨水，因为在不少西方国家里，红色表示绝交，绿色表示求爱。保护通信自由，私人信件应秘不示人，不能私藏、私拆他人信件，即使遇见他人读信，也不应凑近听、凑近看。

8.2.3 其他信函

其他信函类文书还可以分为邀请函、聘书、介绍信、证明信、感谢信。

1. 邀请函

邀请函是机关单位、社会团体或个人邀请有关人士前往某地参加某项活动或事宜的专用书信形式。

邀请函通常由标题、称呼、正文、结尾和落款五部分组成。邀请函的格式与写法如下。

1）标题

邀请函的标题一般有两种构成方式，一种是单独以文种名称组成的，如邀请函、邀请信；一种是由发文原因和文种名称共同组成的，如亚欧首脑会议邀请函。

2）称呼

在邀请函中，要顶格书写被邀请单位的名称或个人姓名，也就是要写明主送对象，如××大学、××同志。

3）正文

邀请函的正文通常要求写出举办的活动内容、活动目的、活动时间、活动地点、活动方式、活动的邀请对象及邀请对象所做的工作等。活动的各种事宜务必在邀请函中写清楚、写周详。若活动附有票、券等物也应同邀请函一起一并送给主送对象。若活动举办地距离较远，则应写明交通路线，以及来回接送的方式等。其他差旅费及活动经费的开销、被邀请人应准备的材料文件、节目发言材料等也应在邀请函正文中交代清楚。

4）结尾

邀请函的结尾处要写上礼节性的问候语，如恳请光临、致以敬意等。

5）落款

邀请函的落款要署上发文单位的名称或发文者的姓名，并署上发文日期。邀请单位还应加盖公章，以示郑重。

【范例】

邀　请　函

尊敬的××教授：

学会决定于××××年××月××日在××市国际宾馆举办中国国画文学理论报告会。恭请您就有关水墨山水画的发展方向发表高见。务请拨冗出席。

顺祝

健康！

省书画研究会

联系人：×××

××××年××月××日

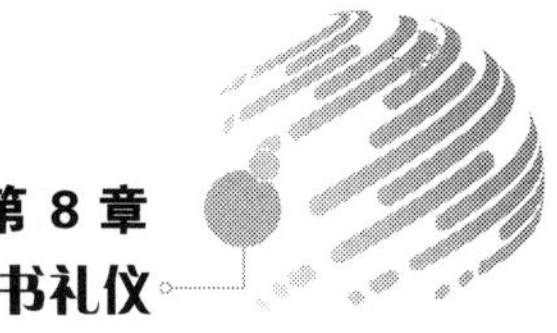

2. 聘书

聘书也称聘请书，它是聘请有关人员从事某项工作或担任某种职务的文书。聘书中要写明聘请的理由和要做的工作，否则被聘请者无法应聘，或者虽接受了聘书，但也只能盲目应聘。聘书的文字要简洁，不必太具体、详尽。

聘书通常由标题、称呼、正文、结尾、落款等组成。聘书的格式与写法如下。

1）标题

在聘书首行的正中间写“聘请书”或“聘书”等字样作标题。

2）称呼

聘书中要顶格书写被聘请者的姓名、称呼，也有的放在正文中间，不另起行。

3）正文

聘书的正文要写明被聘原因、任何职务、从事什么工作和工作对象。

4）结尾

聘书的结尾写在正文下方，可用此致敬礼、不胜感谢等祝愿词语，以表示对受聘者的敬意。

5）落款

聘书的落款写在结尾的右下方，应写聘请单位名称，再另起一行写发聘书的日期。聘书要加盖公章。

【范例 1】

聘　　书

兹聘请××同志任××学院专业辅导员，任期三年，自××××年××月××日—××××年××月××日止。

××学院（公章）
院长××（院长印）
××××年××月××日

【范例 2】

聘　　书

××同志：

我公司为扩大产品销量，特聘××同志为我公司销售总监，聘期二年，自××××年××月××日—××××年××月××日止。

此致

敬礼！

××公司（公章）
××××年××月××日

3. 介绍信

介绍信是机关单位、社会团体派人到其他单位联系工作、了解情况或参加各种社会活动时用的信件。介绍信有两种类型：一种是印好格式的介绍信，使用时按格式填写即可；一种是用公用信笺书写的介绍信。介绍信是用来介绍、联系、接洽事宜的一种应用文体，它具有介绍、证明的双重作用。使用介绍信可以使对方了解来人的身份和目的，以便得到对方的信任和支持。

介绍信的格式与写法如下。

1）存根部分

介绍信的第一行正中写“介绍信”三个字，字体要大，有的紧接“介绍信”三个字后，用括号注明“存根”两个字；在第二行靠右写有“××字第××号”字样。“第××号”是介绍信的页码编号。

2）介绍信的间缝部分

介绍信的存根部分与正文部分之间有一条虚线，虚线上写有“第××号”字样。

3）介绍信的内容

介绍信的第一行正中写“介绍信”字样，字体较大；在第二行右下方有“××字××号”字样，内容照存根联填写。

【范例1】

介　绍　信

　　兹介绍我公司××同志等×人（系我公司），前往贵处联系××××，请接洽。

　　此致

敬礼！

××公司（盖章）

××××年××月××日

【范例2】

介　绍　信（存根）

（××字第××号）

　　兹介绍××等同志×人前往××××联系××××。

××××年××月××日

……………………………第××号……………………………………

介　绍　信

××××：

　　兹介绍×××等同志×人，前往你处联系××××，请予接洽并给予协助。

　　此致

敬礼！

××××（公章）

（有效期××天）　　　　××××年××月××日

上述范例 1 为普通介绍信，范例 2 为专用介绍信。

4. 证明信

证明信是以机关单位、社会团体或个人证明一个人的身份或一件事情，供接受单位作为处理和解决某人或某事的根据的书信。

证明信的格式与写法如下。

1）标题

证明信的标题通常单独用文种名，也有由事由和文种名共同构成的，格式居中。

2）称呼

证明信的称呼写在第二行，顶格书写接收书信的单位名称或接收书信的个人姓名或称呼，然后加冒号。

3）正文

证明信的正文要在称呼写完后另起一行空两格书写。

4）落款

证明信的落款即署名和成文日期，其要写在正文的右下方，写上证明单位名称或个人的姓名或称呼，成文日期另起一行写在署名下，然后由证明单位或证明人加盖公章或私章、签名，否则证明信将是无效的。

【范例 1】

证　明　信

××公司：

贵公司×××同志，男，现年 35 岁，1984 年 9 月考入我校学习，系××教授的博士研究生，1987 年 9 月毕业。特此证明。

此致

敬礼！

×××大学（公章）

××××年××月××日

【范例 2】

证　明　信

我公司销售部经理×××同志、销售顾问×××同志，前往北京、上海、深圳等地检查我公司售出的××牌牛奶，希望有关单位给予帮助。

特此证明。

××××公司

××××年××月××日

5. **感谢信**

感谢信是向帮助、关心和支持过自己的集体（党政机关、企业单位、事业单位、社会团体等）或个人表示感谢的专用书信，其有感谢和表扬的双重含义。感谢信既要表达出真切的谢意，又要起到表扬先进、弘扬正气的作用。感谢信广泛应用于个人与个人之间、个人与组织之间、组织与组织之间，用以向给予过自己帮助、关心和支持的对方表示感谢。

感谢信的主要特点如下。

（1）感谢对象要明确。感谢信都有明确的感谢对象，以便让大家都清楚是在感谢谁。

（2）表述事实要具体。感谢信中要有具体的感谢事由，否则就会显得抽象空洞。

（3）感情色彩要鲜明。在感谢信中，感动和致谢的文字色彩要强烈鲜明，言语中要充满感激之情。

感谢信通常由标题、称呼、正文、结语和落款五部分构成。感谢信的格式与写法如下。

1）标题

感谢信标题的写法有以下几种形式："感谢信"——由文种名称单独组成的；"致×××的感谢信"——由感谢对象和文种名称共同组成的；"××街道致××剧院的感谢信"——由感谢双方和文种名称组成的。

2）称呼

感谢信的开头顶格书写被感谢的机关单位、社会团体或个人的名称或姓名，并在个人姓名之后附上"同志"等称呼，然后加上冒号。

3）正文

感谢信的正文从称呼下面开始，第一行空两格开始书写，要求写上感谢的内容和感谢的心情。感谢信的内容应包含以下几个方面：感谢的事由；概括叙述感谢的理由，以表达谢意；对方的事迹；具体叙述对方的先进事迹，叙述时务必交代清楚人物、事件、时间、地点、原因和结果，尤其重点叙述在关键时刻对方给予的关心和支持；揭示意义，在叙述事实的基础上指出对方的支持和帮助对整个事情的重要性及体现出的可贵精神，同时要表现出向对方学习的态度和决心。

4）结语

感谢信结束时，要写些表示敬意、感谢的话，如"此致敬礼""致以最诚挚的敬礼"等。

5）落款

感谢信的落款应署上写信的单位名称或个人姓名，以及成文日期，前者在上，后者在下。

书写感谢信时的注意事项如下。

（1）内容要真实，评誉要恰当。

感谢信的内容必须真实，应确有其事，不可夸大。感谢信以感谢为主，兼有表扬的功能，表达谢意时要真诚。在感谢信中评誉对方时，措辞要恰当，不能过于拔高，以免给人一种不真实的感觉。

（2）用语要适度，叙事要精练。

感谢信的内容以主要事迹为主，篇幅不能太长，详略要得当，所谓话不在多，点到为止。感谢信的用语要求是精练、简洁，遣词造句要把握好一个度，不可过分雕饰，否则会给人一种不真实、虚伪的感觉。

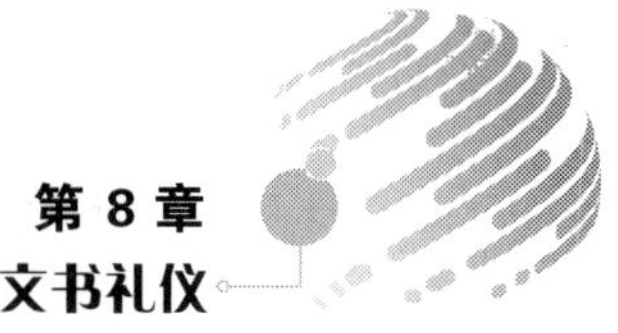

【范例】

感　谢　信

《新青年》杂志社：

请贵刊转告全国所有关心我的大学生、解放军战士、工人、教师及各界朋友，我的病情经几家大医院的治疗和各界的关心，目前已得到控制，现正在家休养。如不出意外，下学期开学即可返校学习了。

顽疾缠身是人生中的不幸，我遭此一难，几乎摧毁了我和我的家庭。由于《新青年》杂志的呼吁，一封封来自远方的书信、一张张几经周折寄来的药方，使我那不情愿跳动的心，又恢复了正常的节奏；几乎凝滞的血，又沸腾了。一双双援助的手，一颗颗充满爱的心，指明了我生活的路，温暖了我一家几乎冷却的心。

可敬的叔叔、阿姨、各位同学们，我和你们天各一方，相见无期，你们却把微薄的收入，甚至把你们的助学金、生活费，或者靠卖几个字画的钱都寄给了我。你们当中甚至本人就有残疾，没有经济收入，但你们却用宝贵的血汗钱来挽救我……近来我的脑海中经常出现你们的身影，有年迈的老人，有可爱的军人，有可敬的老师，还有很多我不相识的人……我无法具体描绘你们的形象，但你们的高尚品格、助人为乐的精神将永存于我心中，永存于我家乡父老的心中……

唯一遗憾的是我不能面见答谢各位。在此请接受用你们的爱心挽救的人的深深谢意，愿你们爱的春风暖遍祖国，充满世界。

为了不辜负你们的一片爱心和良好祝愿，我将继续我的学业，继续我的事业，争取取得优异的成绩，以献给关心我的远方的各位朋友们。

愿我们的心永远相通。

李小明

××××年××月××日

8.3 电子邮件礼仪

电子邮件又称电子函件或电子信函，是现代商业社会使用较多的信函沟通方式之一，其不仅安全保密、节省时间，而且不受篇幅的限制，清晰度极高，可以极大地降低通信费用，提高沟通效率。收发电子邮件是人们利用网络办公较常见的手段，也是非常重要的沟通方式。在收发电子邮件的不同阶段，大家务必要遵循一定的规则。

1. 电子邮件的撰写礼仪与发送礼仪

撰写与发送电子邮件时需要注意的问题如下。

（1）在撰写电子邮件时，尤其是在撰写多个电子邮件时，应在脱机状态下撰写，并将其保存于发件箱中，然后在准备发送时再连接网络，最后一次性发送。

（2）办公时撰写的电子邮件必须是公务邮件，不要将单位邮箱用于私人联系，不得将本单位邮箱地址告诉亲朋好友。

（3）在地址板上撰写对方的邮箱地址时，应准确无误地输入，并应简短地写上电子邮件的主题，以使对方对收到的信息先有所了解。

（4）在消息板上撰写电子邮件正文时，应遵照普通信件或公文所用的格式和规则。电子邮件的篇幅不可过长，以便收件人阅读。

（5）电子邮件的用语要礼貌规范，以示对对方的尊重；撰写英文电子邮件时不可全部采用大写字母，一来影响阅读效果，二来会让对方感觉不受尊重。

（6）不可随便发送无聊、无用的垃圾电子邮件，无端增加网络的拥挤程度。

（7）不可发送涉及机密内容的电子邮件，不得将本单位邮箱的密码告诉他人。

2. 电子邮件的接收礼仪与回复礼仪

在接收与回复电子邮件时，通常应注意以下几点。

（1）应当定期打开收件箱，最好是每天都查看一下有无新的电子邮件，以免遗漏或耽误重要电子邮件的阅读和回复。

（2）应当及时回复公务邮件。凡公务邮件，一般应在收件当天予以回复，以确保信息的及时交流和工作的顺利开展。若涉及较难处理的问题，也可先电告发件人已经收到该邮件，再择时予以具体回复。

（3）若由于因公出差或其他原因而未能及时打开收件箱查阅和回复电子邮件，则应迅速补办具体事宜，尽快回复，并向对方致歉。

（4）不要未经他人同意向对方发送广告性质的电子邮件。

（5）发送较大电子邮件时，需要先对其进行必要的压缩，以免占用他人邮箱过多的空间。

（6）尊重隐私权，不要擅自转发别人的私人电子邮件。

3. 群发电子邮件的礼仪

在日常办公中，我们常常会遇到需要将同一内容的电子邮件群发给很多人的情况，这就需要使用电子邮件的群发功能。

在电子邮件的发送操作中有几个概念，具体如下。

1）收件人

收件人是你所发电子邮件的接收者，你可以直接填写对方的邮箱地址，或者通过点击写信页右侧的通讯录中的联系人的方式来添加。收件人可以并列多个，通常以分号隔开。

2）抄送地址

点击“添加抄送”按钮，打开抄送地址输入框，抄送地址也是你所发电子邮件的接收者，你可以直接填写对方的邮箱地址，或者通过点击写信页右侧的通讯录中的联系人的方式来添加。

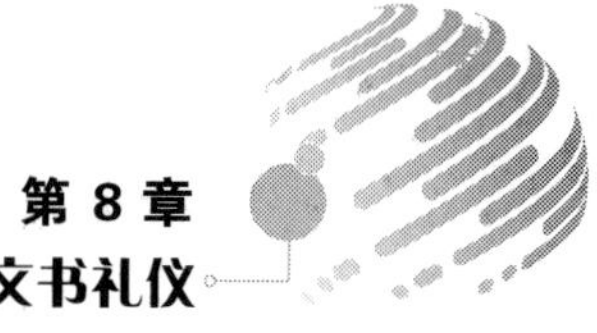

3）密送地址

点击“添加密送”按钮，打开密送地址输入框，密送地址也是你所发电子邮件的接收者，你可以直接填写对方的邮箱地址，或者通过点击写信页右侧的通讯录中的联系人的方式来添加。对方收到电子邮件时，收件人和抄送人的邮箱中不会显示密送人的邮箱地址。

群发电子邮件时，可以采用并列收件人、抄送和密送三种形式。

如果你不介意在给某人和其他人一起发送电子邮件时，大家知道你同时把电子邮件发给了其他人，那么你可以使用并列收件人和抄送的方式来发送电子邮件。电子邮件的所有收件人都能够看到其他收件人、你指定为抄送的收件人的邮箱地址，但看不到密送中所列的邮箱地址。

密送代表“不显示的副本”。与抄送功能极相似，只不过密送的收件人的邮箱地址不会被其他收件人看到，而收件人和抄送字段中的收件人的邮箱地址彼此都能看见。

假如你给很多客户一起发送电子邮件，此时就不应使用并列收件人和抄送功能，否则原本不认识的客户之间，可能通过你的电子邮件，得到了其他不认识的客户的邮箱地址，而泄露客户个人信息的人，就是你了。所以此时使用密送功能发送电子邮件更为妥当。

但是，即使是密送功能，也要慎重使用，因为对方的邮箱可能还有超级厉害的全部回复功能。不同的邮箱，其全部回复功能也不同。

我们再来看两个回复操作中的概念，具体如下。

1）回复

选择一封电子邮件，点击“回复”按钮，将进入撰写电子邮件页面，然后回复电子邮件给发件人。此功能适合一对一的发送形式，谁发给我，我就回复给谁。

2）全部回复

选择一封电子邮件，点击“全部回复”按钮，将进入撰写电子邮件页面，有的邮箱的全部回复功能是只回复给发件人和抄送人（在有些邮箱中，全部回复功能不回复给并列收件人，所有并列收件人的邮箱地址在收件人的收信页面中都能看到。抄送人可以被全部回复，并列收件人则不能直接被全部回复。这就是某些邮箱的并列收件人功能和抄送功能的区别）。

发送电子邮件时需谨记的事项如下。

（1）给重要人物发送的重要电子邮件一定要一对一单独发送。

（2）在操作群发电子邮件之前，一定要慎重考虑采用的操作方式是否妥当，因为一旦发出，覆水难收。

（3）不重要的通告式非保密性电子邮件，可以在特定地址非保密组群里以三种形式群发，但要根据对方的邮箱特性，慎重选择使用并列收件人、抄送或密送功能。

（4）回复他人电子邮件时，一定要再次检查收件人的邮箱地址是否正确。

（5）使用尊称。按照中国传统习惯，对尊者切勿直呼其名，姓+尊称可以；姓+名+尊称可以；名+尊称也可以，只叫名或只叫姓+名无尊称，可能就不够得体了。尤其是在双方关系不够深的时候直呼其名（姓和尊称都没有叫出），会让对方感觉不适。

8.4 请柬礼仪

请柬又称请帖，是为邀请宾客而发出的书面通知。请柬在社会交际中应用广泛，一些商务活动，如召开隆重的会议，都需要请柬。人们在结婚、祝寿、生育或举行其他庆典活动时，为邀请亲友赴宴或参会，也常需要发送请柬给被邀请者。发送请柬是为了表示对客人的尊敬，也表明对被邀请者郑重的态度，所以在请柬的样式和装帧设计上应美观、大方、精致，应使被邀请者因感受到主人的热情与诚意而感到喜悦和亲切。如今通行的请柬形式有双柬帖与单柬帖两种：双柬帖即双帖，将一张纸折成两等分，对折后成呈方形；单柬帖即单帖，由一张长方形纸做成。无论双帖还是单帖，帖文的书写样式或排版样式均有横排和竖排两种。

竖排是请柬中较为常用的排版形式，它更符合中国人的文化传统。在购买已印制好的请柬时，可根据对方的具体情况选择合适的请柬版式。另外，在书写请柬时，还应注意字体的大小、疏密、排列等问题，务必做到美观大方。

请柬通常由标题、称呼、正文、结尾、落款五部分组成。请柬的格式与写法如下。

1）标题

双柬帖的封面印着或写明“请柬”二字，一般应做些艺术加工，即采用名家书法、字面烫金或加以图案装饰等。单柬帖的“请柬”二字写在顶端第一行，字体较正文稍大。

2）称呼

请柬的首行顶格书写被邀请者的姓名或被邀请单位的名称，也有的请柬把被邀请者的姓名或单位名称放在末行，但也要顶格书写。

3）正文

请柬的正文要写明被邀请者参加活动的性质，如座谈会、联欢会、宴会，还应交代活动的具体时间、地点。若除此之外有其他活动，如观看影视表演，则应在请柬上注明或附入场券。

4）结尾

请柬的结尾要写“敬请光临”“致以敬礼”等，古代称此为“具礼”。

5）落款

请柬的落款处应写明邀请者的单位名称或姓名和发出请柬的时间。

请柬的文字比较讲究，文言色彩较浓，还有一些固定的用语，如父亲称“家严”，母亲称“家慈”；男子生日称“悬弧”，女子生日称“设悦”；晚辈为父亲、母亲祝寿发出寿柬，儿子自称“承庆子”，若有祖父、祖母在，则自称“重庆子”；“厚仪”指客人赠送的礼品；“敬备薄酌”表示要请客吃饭；“特洁燕酌”表明是乔迁新居请客；“汤饼”则是自

己置办酒席的谦称。

如今请柬的写法已日益与现代人们的书写习惯相适应了，横排书写的请柬越来越多，请柬措辞的文言色彩也有所减弱。

如果需要对方明确答复是否应邀，以便主人有所准备，则需在请柬上提出回函要求。

【范例 1】宴会请柬

请　　柬

兹定于××月××日××时在××酒店举行××学院建校 50 周年晚宴，敬请届时光临。凭柬入座。

××学院
××××年××月××日

【范例 2】专题活动请柬

请　　柬

谨定于××月××日晚上××时，在××阶梯教室由×××教授做《商务礼仪》的专题报告，恭请光临。

××学院
××××年××月××日

【范例 3】嫁女宴请客人婚柬

请　　柬

××先生：

小女××，××月××日于归，荷蒙厚仪，谨定于××日下午××时淡酌候教。

××鞠躬
席设金鼎国际大酒店
恕不介催

如果是请尊辈，则不宜写恕不介催。

【范例 4】乔迁宴请请柬

请　　柬

谨定于××月××日迁居处特洁燕酌，敬候光临。

××敬约

【范例 5】生子女宴请

请　　柬

喜得一男（女）谨定于××月××日洁治汤饼。

敬请

李府志远叔父大人　　光临

愚侄××鞠躬

【范例 6】邀请记者请柬

请　　柬

××电视台：

兹定于五月四日晚八时整，在××大学阶梯教室举行“五四”青年歌手大奖赛，届时恭请贵台派记者光临。

××大学团委
五月三日

8.5 题词礼仪

题词是一种交际方式，也是一种文书。题词作为公务活动的一种形式，主要是公务人员，特别是领导等，为了纪念、勉励、号召而题写的简短文字。题词的种类有很多，就公务活动中的题词而言，主要是相关领导对人物、事业、物品的题词。

（1）对人物的题词。

对人物的题词一般是对先进人物、先辈英烈的题词。例如，毛泽东为雷锋题词“向雷锋同志学习”，为刘胡兰题词“生的伟大，死的光荣”；江泽民为孔繁森题词“向孔繁森同志学习”。

（2）对事业的题词。

对事业的题词一般是领导对某项事业、某一部门、某一战线的题词，其意义大多是指明方向，发出号召和希望。例如，毛泽东对体育事业的题词“发展体育运动，增强人民体质”；周恩来对邮政事业的题词“传邮万里，国脉所系”；习近平对全军和武警部队的题词“努力建设一支听党指挥、能打胜仗、作风优良的人民军队”。

（3）对物品的题词。

对物品的题词一般是对自然物、建筑物、区域单位、出版物等的题词。例如，毛泽东为人民英雄纪念碑题词“人民英雄永垂不朽”；作家莫言为港珠澳大桥题词“一桥飞架东西，三地连成一体”。

从题词的载体来说，主要有簿题、幛题、匾题和图题。簿题是在题词簿上题词，以留作纪念；幛题是在庆贺、丧吊的长条幛幅上题词，以示庆贺或哀悼；匾题是题写匾额，以便于悬挂；图题是在图片或照片上题词。

在公务活动中，题词通常是要另外拿纸题写的，并视必要再另行印制、装裱。

1. 题词的方法

题词能反映题词者的学识、水平、修养和情趣，这既需要题词者的平时积累，又需要题词者掌握题词的基本方法。

常见的题词方法如下。

1）直述其义法

直述其义法是题词中常用的一种方法，即对题词对象的直接表述，一般是鼓励、号召、期望、评价、肯定等。例如，邓小平对深圳经济特区的著名题词“深圳经济特区的发展和

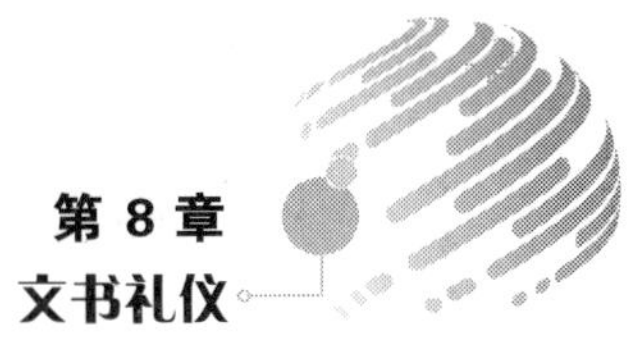

经验证明，我们建立经济特区的政策是正确的”；习近平总书记为广西壮族自治区成立 60 周年题词“建设壮美广西，共圆复兴梦想”。

2）巧妙借用法

借用名言警句的题词是抒发对人物、事物、事理的赞颂、勉励、劝诫的。例如，方明为上海育才中学 85 周年校庆题词“千教万教教人求真，千学万学学做真人”，其引用了陶行知的联句；郭沫若为高考落榜青年题词“有志者事竟成，破釜沉舟，百二秦关终属楚；苦心人天不负，卧薪尝胆，三千越甲可吞吴”，其引用的是蒲松龄的读书联。

3）加工改造法

加工改造法的题词就是对名言警句进行适当的改造，并推陈出新，使其富有新意。例如，江泽民总书记 1998 年对深圳经济特区的著名题词“增创新优势，更上一层楼”，这是对王之涣《登鹳雀楼》诗句“欲穷千里目，更上一层楼”的加工改造，其寄托了对深圳经济特区的深切期望。

从题词的句式运用来说，有的用单句，如“向雷锋同志学习”；有的用复句，如习近平为新疆题词“建设美丽新疆、共圆祖国梦想”；有的用排比句，如周恩来为雷锋题词“向雷锋同志学习憎爱分明的阶级立场，言行一致的革命精神，公而忘私的共产主义风格，奋不顾身的无产阶级斗志”；运用最多的是对偶句，如江泽民为第四届残疾人运动会题词“平等参与，自强共进”。

2. 题词时要注意的问题

作为公务活动的一种形式，题词要符合公务礼仪规范。题词时要注意以下几个问题。

1）词义准确贴切

题词要符合情景要求，词义要准确、深邃、精粹、得体。为人物题词时，要了解题词对象的职业、职务、事迹、人品等；为事业题词时，要掌握事业特点、面临环境和当前的中心任务等，以便尽可能赋予时代特征；为物品题词时，要了解题词物品的基本情况、主要特征，避免题词离题千里，甚至“牛头不对马嘴”。

2）格式正确规范

题词有相对固定的格式。公务题词的格式一般包括两个部分：一是题词正文，题词是需要书写的，可以选择横式或竖式书写；二是落款，署上题词人姓名和日期。有特定题词对象的，还要加题词对象，写上为何人因何事而题一类的说明。

3）题词慎重得体

题词通常是单位或个人应约请而题的，因此对于公务人员，不能有求必应、慷慨应允，一般要慎重题词。虽然题词是对工作的支持，对楷模人物和先进思想的褒奖，但是要防止有人利用题词光其门楣、壮其声威，因此对于这类邀约，要尽量婉拒。特别是书法水平一般的题词者，要有自知之明，不要勉为其难，要尽量避免题写牌匾之类的题词。

8.6 致辞礼仪

致辞原指用文字或语言向人表达思想感情，现指在举行会议或某种仪式时请具有一定身份的人讲话。根据场合，致辞可分为欢迎词、答谢词、开幕词、闭幕词等。

1. 欢迎词

欢迎词是在欢迎仪式或会议上对出席人员、到访宾客等表示欢迎的讲话。例如，会议主办单位或主人接待客人时，为表示对出席者和到访客人的欢迎之意，由相关领导致辞。欢迎词属于讲话稿，需要通过演讲的方式来表达，使用的情形大致有以下几种情况。

1）欢迎宾客来访

宾客来访时，有时要举行欢迎仪式，有时要举行欢迎酒会。在欢迎仪式或欢迎酒会上，由主人致欢迎词，以表达欢迎之意。兄弟单位的客人前来参观学习，在举行座谈会、宴会时致欢迎词。

2）欢迎领导视察

上级领导前来视察工作时，在一定场合由相关领导致辞表示欢迎之意。有些是上级机关及相关部门组成的工作检查组、验收组等前来视察，在汇报工作之前，由相关负责人致欢迎词。

3）欢迎参加者

在一定场合对参加各项活动、会议、展览的人员致辞表示欢迎。

4）欢迎新成员

在欢迎新生入学、新兵入伍、新员工到岗、新教师到校、新领导到任时，在一定场合由相关领导致欢迎词。

随着互联网的广泛运用，在有些专题网站或一些专题栏目中，也可以登载欢迎词，但这种用法就不同于口头宣讲的欢迎词了。

欢迎词一般包括以下几个部分。

1）标题

简短的欢迎词通常标题只写欢迎词，有时可以再写上致辞场合和致辞人，如“在××××会议的欢迎词”“×××在××××的欢迎词”。有时也可以只写致辞，如“×××在××××欢迎仪式上的致辞”，可以避免重复。

2）称谓

称谓即欢迎对象的称呼，其包括主宾及其他人员，通常要加尊称和职务、职称、学衔等。如尊敬的总统阁下、敬爱的部长夫人等。如果欢迎对象是一个群体，那就要根据具体情况加以称呼，如各位来宾、各位朋友、各位新同学等。

3）正文

欢迎宾客的欢迎词一般要说明三层意思：表示欢迎；阐明意义；表达良好祝愿。欢迎词的正文部分要根据不同的欢迎对象和场合，确定不同的内容。例如，欢迎新成员的欢迎词要表示欢迎，提出期望，表达祝愿。欢迎词一般要写得结构分明、条理清楚、言词简洁，结尾要再次表示欢迎和祝愿之意。

4）署名与署时

在欢迎词最后要写上致辞人名称和致辞日期，可采用在标题下加括号注明的题注方式。

2. 答谢词

答谢词是对得到的帮助、受到的礼遇表示感谢的一种文书。例如，主人或主办单位致欢迎词、欢送词时，客人要致答谢词；一方道贺、慰问，另一方就要答谢。答谢词的适用范围比较广，就公务活动来说，主要有以下几个方面。

1）答谢款待

一般在主人接待的宴会上，要对受到的热情接待和宴请表示感谢。

2）答谢迎送

在欢迎仪式、欢送仪式上，欢迎方、欢送方的负责人分别致欢迎词、欢送词，受到欢迎、欢送的一方的代表就要致答谢词。

3）答谢帮助

一般在捐赠仪式上，接受方负责人或代表要致答谢词，以表达对帮助和捐赠的感激之情。

4）答谢道贺

单位之间时常有庆祝活动、庆贺仪式，为了感谢兄弟单位前来参加庆祝活动、庆祝仪式或其他形式的祝贺，需要在一定的场合表示感谢。

5）答谢授受

单位、社会团体或个人在授奖仪式、授衔仪式上用致答谢词的方式表达感激之情。

答谢词的写法在结构上和欢迎词大体相同，其包括以下几个部分。

1）标题

答谢词的标题可以写答谢词或在××××上的答谢词，还可以写上致辞人，如×××在××××上的答谢词。

2）称谓

答谢对象包括主人和主办单位负责人的姓名、职务和尊称，如尊敬的×××总理阁下、尊敬的×××市长等。通常在突出主要答谢对象后，再使用泛称以感谢其他人，如远道而来的朋友们、女士们、先生们等。

3）正文

答谢词的主体是正文，其基本内容一般为表示感谢、阐明意义和致以祝愿。例如，迎送类答谢词的正文要写出受到盛情接待的情况，以表示衷心的感谢，阐明此行的重要意义和影响，表达今后加强合作和交流的意愿及良好的祝愿。授受类答谢词的正文要写出接受奖励、馈赠的心情及意义，并表达对授受的态度。

4）结束语

答谢词的结束语要再次表示感谢、祝愿之意。

答谢词因场合不同，写法可以不同，有些可以写得活泼些，有些则要庄重些。答谢词的篇幅不宜过长，要求语言生动、简洁、得体。

3. 开幕词

开幕词是在交易会、展览会或其他专项活动开始时，向来宾介绍会议的意义、宗旨或主办方意愿的致辞。开幕词一般在欢迎词之后，它对会议起着重要的指导作用。开幕词一般包括以下几个部分。

1）标题

开幕词的标题一般由事由和文种构成，也有由致辞人、事由和文种构成的，如“×××同志在××××会议上的开幕词”，也有只写文种“开幕词”的。

2）称谓

一般根据会议的性质、参会者的身份来确定开幕词的称谓及称谓的修饰语。

3）正文

开幕词的正文包括开头、主体和结尾三个部分。

（1）开头：一般开门见山地宣布会议开幕，也可以对会议的规模及参会者的身份等进行简单介绍，并对会议的召开及对参会人员表示祝贺。需要说明的是，即使开幕词正文的开头部分只有一句话，那也要单独列为一个自然段，将其与主体部分区分开。

（2）主体：阐明会议的意义、宗旨。例如，通过对以往工作情况的概括总结和对当前形势的分析，说明会议是在什么形势下，为了解决什么问题和达到什么目的而召开的，随后说明会议的主要议程和安排。为了保证会议的顺利举行，还可以向参会者提出参加会议的要求。

（3）结尾：要做到简短有力，并表达出对参会者的祝愿和期望。

3. 闭幕词

闭幕词是机关、社会团体、企业单位与事业单位的领导在会议闭幕时进行的总结性讲话。

闭幕词由首部、正文和结束语三部分组成。

1）首部

闭幕词的首部包括标题、时间、称谓三个方面的内容。

（1）标题：闭幕词的标题与开幕词的标题的构成形式基本一样，一般由事由和文种构成，如“中国共产党第十二次全国代表大会闭幕词”。有的闭幕词的标题只写文种，以“闭幕词”作为标题；有的闭幕词的标题由致辞人、事由和文种构成，如“×××同志在××××会议上的闭幕词”。

（2）时间：标题之下注明会议闭幕的年、月、日，并用括号括起来。

（3）称谓：根据会议性质及参会者的身份来确定称谓，如同志们、各位代表等。

2）正文

闭幕词的正文包括开头、主体和结尾三部分。

（1）开头：简要说明会议经过，以及是否圆满完成了预定的任务。
（2）主体：对会议进行概括性总结。
（3）结尾：对保证会议顺利进行的相关单位及服务人员表示感谢。
3）结束语
在宣布会议结束时，通常只有一句话："现在，我宣布，××××大会闭幕。"

8.7 网络礼仪和微信礼仪

8.7.1 网络礼仪

网络的发展给人类生活带来许多便利，也给世界各地的人们提供了一个互相交流的平台，相识的和不相识的人都可以通过网络进行交流。因此，利用互联网进行商务活动时应注意网络礼仪。

网络礼仪是保证网络世界正常秩序的基本规范。国外一些计算机网络组织为其用户制定了一系列使用规则，如美国计算机协会制定的十条规则，具体如下。

（1）不用计算机伤害别人。
（2）不干扰别人的计算机。
（3）不窥探别人的文件。
（4）不用计算机进行偷窃。
（5）不用计算机作伪证。
（6）不使用或复制没有付钱的软件。
（7）未经许可不可使用别人的计算机资源。
（8）不盗用别人的智力成果。
（9）应考虑所编程序造成的社会后果。
（10）应慎重使用计算机。

国外有些机构还明确规定了被禁止的网络违规行为，如美国加利福尼亚大学关于网络伦理的声明指出了六种不道德的网络行为，具体如下。

（1）故意造成网络秩序混乱或擅自闯入他人网络及其相连的系统。
（2）商业性地或欺骗性地利用大学计算机资源。
（3）偷窃资料、设备或他人智力成果。
（4）未经许可而打开他人的文件。
（5）在公共网络环境中做出引起混乱或造成破坏的行为。
（6）伪造电子邮件信息。

在实际工作生活中，应该注意的网络礼仪如下。

1）网上网下行为一致

在现实生活中，绝大多数人都遵纪守法，注意用法律及道德标准规范自己的行为，而互联网上的法律及道德标准与现实生活中的法律及道德标准也是相同的。因此，在网上进行交流时，也需要用法律和道德标准规范自己的行为。

2）入乡随俗

不同的网站、论坛有不同的规则，因此在某个论坛能做的事情，在另一个论坛可能不能做。例如，在聊天室畅所欲言和在一个新闻论坛发表意见是不同的，最好是观察后才发言，以便了解论坛的气氛和可以接受的行为。

3）尊重他人

别人为你寻找答案需要花费时间和资源，所以在你提出问题之前，应先花些时间进行搜索和研究，因为也许同样的问题以前提出过多次，现成的答案垂手而得。在发帖前应仔细检查语法和用词是否正确，尤其是不要使用脏话和挑衅性语言。

4）分享你的知识

除回答别人提出的问题之外，当你提出的问题得到较多答复时，特别是通过电子邮件得到答复后，最好写份总结与大家分享。

5）平心静气地争论

因意见不同而发生争论是正常现象，但要注意以理服人，不要进行人身攻击。

6）尊重他人的隐私

电子邮件是隐私的一部分，如果你熟悉的某人用笔名上网，你未经本人同意便将他的真实姓名公开，这是一种不好的行为。再则，当你无意中看到别人打开电脑上的电子邮件或“秘密”时，不应该“广播”。

7）不要滥用权力

作为管理员、版主，会比其他用户享有更多权利，但应珍惜这些权利，不要滥用权力。

8）宽容

当看到别人写错字或提出一个低级问题时，不必介意，当然，也可以以电子邮件的方式提出自己的建议。

8.7.2 微信礼仪

微信已经成为人们工作、生活中必不可少的沟通工具，因此微信礼仪也逐渐成了商务礼仪的一部分。在微信上会聊天、朋友圈里懂礼仪也成为人们需要掌握的一种技能和必备素养。

1. 微信聊天的礼仪

（1）及时回复他人的微信消息。如果没能及时回复，也要在方便的时候向对方解释原因，并表示歉意。

（2）能打字尽量别发语音，特别是汇报工作或有其他重要且复杂的事项需要和他人沟通时。如果对方在开会或上课，很可能不方便听语音，而文字总是一目了然，也节省阅读时间。

（3）注意发送的内容。不要发没有根据和有伤风化的内容。不造谣、不传谣、不信谣，

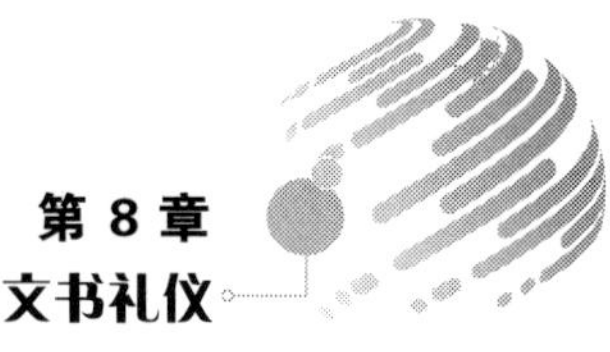

不煽动他人情绪，坚决远离不良信息。

（4）巧用表情符号。聊天时适当加个表情符号会让人产生亲近感，既能更直观地表达自己的情绪，又能通过表情符号表达出你的善意和愿意与对方互动沟通的心意，活跃聊天气氛。当然，发表情符号也要适度，千万别刷屏。

（5）懂得网络专属语气含义。有些词是带有网络专属语气含义的。例如，嗯和哦，嗯相比哦更有礼貌，而呵呵有嘲讽和不屑之意。如果与他人聊天时，对方总回复哦或嗯，则表明对方很可能有其他事，因此无法专注和你聊天，或者对方不想继续和你聊下去了，要懂得适可而止。

（6）注意发消息的时间。不要在半夜或大早晨发信息；别人休息时也不要发，因为提示消息会打扰别人休息，同时别人在这个时候也不一定能及时回复你。如果对方不回信息，不要连续发。

2. 微信朋友圈的礼仪

（1）朋友圈更多的是情感交流平台，不是营销平台，建议不要发太多和工作相关的内容，广告内容和数量要适中。

（2）点赞、评论要用好。看到朋友发的一些内容，可以适当点赞或评论，当然点赞要注意内容，不要别人发一条悲伤的消息也点赞，此时，评论安慰即可。

（3）回复评论要注意。当所发朋友圈内容有朋友评论时，点击评论，回复框会出现“回复×××：”，要多用这种方式回复他人评论，因为这样其他参与回复的朋友就不会收到与自己无关的消息提醒了。

（4）不要轻易拉黑别人。不喜欢一个人在朋友圈中的信息，不需要删除，点击其头像，出现详细资料页，再点击微信页面右上方的三个点，在弹出的列表中点击“朋友权限”，打开“不看他（她）”开关就可以了。注意，尽量不要选择“加入朋友圈黑名单”，否则对方会知道你把他加入了黑名单，因为在他那边看来，你朋友圈中的所有内容都显示已删除。

（5）不要刷屏式发朋友圈。

3. 在微信群中的礼仪

（1）能私聊的不群聊。微信群中的交流，如果是两个人对话较多，不要当着大众的面持续交流，可以加进通讯录私聊，避免扰众。

（2）少发语音多用文字。微信群交流尽量用文字不用语音，因为没有多少人会点开语音听你讲什么。

（3）不要随意拉别人进微信群，除非是为了对方解决问题而建的微信群。

（4）所发信息内容要精简。在微信群里尽量不要发太长、需要几屏才能看完的文字，这样当别人想要看其他人说什么时，就需要费力地越过你发的文字才行。

（5）不要表情包轰炸。微信群聊天切记不要连续表情包轰炸，微信群是聊天的地方，不是个人的情绪发泄地。

本章小结

本章介绍了商务礼仪中的文书礼仪。文书是商务交往行为的重要组成部分，是用以沟通信息的商务活动的载体，也是礼仪在精神和意识两方面的体现。文书的写作除遵循应用文写作的一般要求之外，还要把握文书的基本要求。本章分别介绍了信函礼仪、电子邮件礼仪、请柬礼仪、题词礼仪、致辞礼仪、网络礼仪和微信礼仪的有关内容和注意事项，并附有相应的范例供学习参考。

思考与练习

一、选择题

1．致辞原指用文字或语言向人表达思想感情，现指在举行会议或某种仪式时请具有一定身份的人讲话。根据致辞场合的不同，致辞可分为（　　）。

A．欢迎词　　B．答谢词　　C．开幕词　　D．闭幕词

2．文书的种类有（　　）。

A．邀请函　　B．请柬　　C．聘书　　D．介绍信

3．题词能反映题词者的学识、水平、修养和情趣。题词既需要题词者平时的积累，又需要题词者掌握题词的基本方法。常见的题词方法有（　　）。

A．直述其义法　　B．巧妙借用法　　C．加工改造法　　D．比喻类比法

二、填空题

1．在许多情形下，商务信函是写给不知姓名的人的，此时的称呼可以是（　　）或（　　）（或小姐），且在前边加上“尊敬的”一类字眼或以职务相称，如“尊敬的经理先生”“尊敬的编辑女士”“尊敬的主持人小姐”等。

2．请柬的文字比较讲究，文言色彩较浓，还有一些固定的用语，如父亲称“（　　）”，母亲称“（　　）”；“（　　）”指客人赠送的礼品，“敬备薄酌”表示要请客吃饭；“特洁燕酌”表明是乔迁新居请客；“（　　）”则是自己置办酒席的谦称。

三、简答题

1．撰写电子邮件时应注意哪些礼仪？

2．题词礼仪和致辞礼仪有什么区别？

3．写请柬时应该注意哪些问题？

4．使用介绍信时应该注意哪些问题？

四、分析题

当今社会，我们为什么强调网络礼仪和微信礼仪？

第9章 行业服务礼仪

学习目标

- 了解礼仪在各行各业中的作用
- 了解礼仪在各行各业中的具体要求
- 掌握礼仪在各行各业中的具体运用

社会是由许多不同门类的行业构成的。行业礼仪的基本宗旨是客人至上、客人至尊。在坚持行业礼仪基本原则的前提下，不同行业的从业者还必须严格依照各自不同的礼仪规范来行事，这就是人们常说的行有行规了。一般说来，行业礼仪是指在不同的具体行业中适用的礼仪规范。从本质上看，行业礼仪是礼仪在不同行业内的具体化和个性化的体现。同样的一件事，在公司、企业、宾馆、商场或银行里，会享受到不同的礼仪服务。

9.1 公司概述及礼仪

9.1.1 公司概述

在现代企业的组织形式中，公司制企业是比较具有典型性和代表性的重要组成形式。公司是靠两个以上的出资者共同投资、依法组建、以盈利为目的的企业法人。《公司法》中规定的公司是指在中国境内设立的有限责任公司和股份有限公司。公司制企业有三个突出特点：一是公司制企业是法人，在法律上是独立的民事主体，在经济上拥有独立的财产，股东不能任意支配入股的财产，也不能抽回自己的投资，公司财产作为一个整体，同股东个人财产相分离，由公司法人享有、使用、收益和处分；二是公司制企业实行有限责任制度，以其全部财产为限对公司债务承担有限责任，股东则以其出资额为限对公司债务承担有限责任；三是公司制企业的所有权与经营权相分离，作为企业所有者的股东不直接经营管理企业，而是委托董事会并由董事会聘任总经理经营、管理企业。

9.1.2 公司礼仪

提到公司，大家立刻会联想到宽敞明亮的写字间、光鲜亮丽的白领人士。实际上，公司并不是一个具体的行业，而是一种覆盖三大产业的经济组织形式。采取公司制的企业有工业企业（工厂）、农业企业，但更多的是第三产业企业。第三产业的公司制企业中，商贸公司作为常见的公司形式，其礼仪服务最具代表性，故本节内容就以商贸公司为切入点展开讨论。

商贸公司的一大业务特征是人与人之间交往密切，所以服务礼仪在商贸公司的营销活动中就显得尤为重要。商贸公司的服务礼仪着重体现在写字间礼仪和商品推销礼仪两方面。

1. 写字间礼仪

公司在各种业务活动中逐渐形成了公司礼仪，公司的员工不仅要具有扎实的业务功

底、强烈的竞争意识，而且应具有较强的社交能力和出色的礼仪修养。

因为公司职员的办公地点多在写字间里，所以公司礼仪的核心内容就是写字间礼仪。写字间不仅是公司职员工作的地方，而且是公司对内科学管理、对外广泛联系的重要窗口，同样也是接待外来客人和贸易伙伴的场所。注意写字间礼仪的运用，有助于塑造公司的良好形象，促进营销活动的顺利展开。

1）写字间的布置

写字间是公司的办公场所，它的布置应体现明亮、整洁、安全的风格。写字间的装饰和布置在很大程度上体现着公司的经营理念和企业文化。

写字间一般设有写字台、文件柜、电话、传真机、复印机、计算机等基础设施，其摆放应整齐合理，并以整洁、美观、安全为原则。写字台上不要堆放过多的书报、文件，更不要堆放生活用品，即使是常用的材料也要摆放整齐。近来一些公司出于公关的考虑，把写字间装修得十分豪华气派，以显示自己公司的经济实力，但应注意豪华而不具俗气，过于奢侈往往会适得其反。写字间布置的重点应放在采光合理、空气流通、色彩相宜等方面。

如果是在租赁的写字楼里办公，在设计及摆设上，应特别注意突出自己公司的标识和形象，以方便来往客户及贸易伙伴寻访。如果写字间较大，可采用不同规格的隔板把各工作人员的办公区域分隔开来，以减少彼此的影响，提高工作效率。

2）写字间工作人员礼仪

公司职员的素质、待人接物的礼仪水平，是从每个员工的言谈举止中体现出来的。写字间工作人员的礼仪如何，往往是客商评价公司的重要依据，具体如下。

（1）服饰整洁大方。

公司职员无论男女，都应按公司要求规范着装。对写字间的工作人员，可以不要求穿统一的工作服，但其着装应该与写字间的工作性质和工作环境相协调，以能够体现权威、声望和精干的服饰为宜。一般说来，服装必须干净、平整、合体、大方，不能太艳、太奇、太随便。休闲装、运动装、牛仔服等，都不适宜在写字间里穿着。

（2）遵守制度，礼貌待人。

各公司都有自己的管理制度，这是公司工作正常运行的重要保证。写字间工作人员应自觉遵守公司制度，如按时上下班、不迟到、不早退、不得无故不上班。工作人员办公时不拨打或接听私人电话，一般情况下不在办公室接待私人访客，不占用工作时间去上街、逛商场等。礼貌待人既是对外接待客商时的要求，也是公司同事之间相处的要求。不能认为只有对外来客人才需礼貌相待，而天天在一起工作的同事就可以随随便便。礼貌待人要做到主动打招呼、话语谦和、真诚微笑，出入写字间，应主动与同事打招呼，以自己良好的心情去感染对方。在写字间工作，要注意保持安静，与同事谈工作时，声音不宜太高，不要在过道里、走廊上大声呼唤同事，拨打或接听电话时，语调要平和、话语要文明。

（3）接待和应酬礼仪。

公司的写字间经常会有客人来访，或为洽谈业务，或为交流情况等。目前，比较正规的公司都设有专职前台接待，因此当客人来访时，前台接待应起身招呼，亲切问好，问明客人身份和来意后，把客人引进会客室，并通知相关部门的相关人员前来接待，不宜直接把客人带到办公区。如有必要，接待人员也可向客人自报姓名。

如果客人要见的人当时不在，应礼貌地向客人说明，并表示歉意，然后和客人约定合适的时间。如果客人是与公司领导相约而来的，可直接带他去见领导，在引导时，工作人员可先客人一至两步或与客人并肩而行并寒暄。到达会见地点，应先轻轻敲门，得到允许后再请客人入内，并向领导介绍："××公司的××先生来了。"如果同行者在两人以上，则应在事先问清客人身份的前提下，依礼仪顺序一一介绍。征得领导同意后，向客人致意，之后轻轻退出门外回到自己的写字间。

如果上级在办公时间召见，则应立即停止手中的工作，再将文件、报表等资料略加整理安放好，马上去见上级。如果与上级不在同一个写字间，则应先告诉上级的秘书或自己轻轻敲门，经允许进入后顺手轻轻把门掩上，再走到领导办公桌正前方，站立答话。汇报工作、回答提问时，声音要清晰平和，态度要慎重认真，用语要简练准确、实事求是，做到不妄测、不乱语。汇报完工作，在征得领导同意后礼貌退出，并轻轻带上门，再回到写字间继续刚才的工作。

（4）电话礼仪。

电话作为公司业务活动中既方便又经济的常用通信工具，在开展业务交往、贸易洽谈、商品推销，以及互通信息、联络感情等方面发挥着重要作用。因此，应当注意用好电话，遵守电话礼仪。在重视电话礼仪的同时，要特别注意塑造自己和公司的电话形象。通过接打电话，了解接打电话双方的性格、情绪、意图，甚至揣摩其身高、长相和品德等，塑造"虽未晤面，已成至交"之感。这种电话形象对自己和公司都有极大益处。使用电话时必须注意的礼仪，可从打、接、传、记、挂等方面予以考察。

接电话时要保持喜悦欢快的心情，面带微笑，声音清晰明朗，表意明了简洁；接电话要迅速，在三声以内接听，拿起话筒后，应立即以愉悦的语调问好，并自报家门，在了解清楚来电目的后做出适当反应；如有必要，做好简洁而完备的记录，记录应反映5W1H，即When（何时）、Who（何人）、Where（何地）、What（何事）、Why（为什么）及How（如何进行）；如果接听的电话是找其他员工的，应礼貌而准确地传递，如果是给正在交谈的领导传电话，则应采用书面形式传递电话信息。挂电话的礼仪：挂电话前应提示对方自己将结束通话；如果是和长辈或上级通话，则应等对方先挂，而且挂电话的动作要轻，避免干扰同事和给对方造成误会。总之，电话联络虽然是只闻其声，不见其人，但也要注意做到语言亲切文明、简洁准确。

2. 商品推销礼仪

世界著名代理商乔·坎尔多弗说过，推销的98%是对人的理解，2%是对产品知识的掌握。既然推销离不开人，离不开对人的理解，那么也就离不开人与人交往的礼仪。在公司的市场营销活动中，礼仪是一种无形的推销术，通过营销中的服务礼仪，可以给顾客留下一个良好的印象，从而帮助营销活动顺利地进行。公司的营销活动包括市场调研、选择目标市场、产品开发、产品定价、渠道选择、产品促销、产品储运、产品销售、提供服务等一系列与市场有关的企业营销经营活动。其中，市场调研、产品促销、产品销售和提供服务四个环节都与消费者有着直接接触，因此，这四个环节的服务礼仪尤显重要。产品的推销方式包括人员推销和非人员推销两大类，其中，非人员推销又可分为广告推销、营业推销和公共关系推销。对于以上推销，营销人员都应注意礼仪细节，务必做到令顾客满意具体如下。

1）市场调研礼仪

市场调研主要以入户调研和非入户调研两种方式展开。入户调研是指进入居民家庭和办公场所进行的调研；非入户调研则包括在公共场合对行人进行调研、请志愿者到指定地点配合调研，以及借助电视、报纸、互联网等媒介进行问卷调研等。

在进行调研之前，无论采取的是哪一种形式的调研，访问员（或调研员）都应准备一份完善的调查问卷。调查问卷不仅应反映调研的任务，而且更应表现出对被调研者的尊敬和谢意。切忌没有草稿，草草发问，或表意不清，或对被调研者不够礼貌。

在调研中，无论遇到什么情况，访问员都应保持礼貌和冷静。调研中可能会遇到种种不快。例如，入户访问被拒之门外，甚至遭到较粗鲁的对待；被调研者对自己置之不理或接过调查问卷扔进垃圾桶。访问员应始终保持冷静，切不可因受到冷遇而火冒三丈或灰心丧气。要改变调研工作的尴尬局面，诀窍只有一个：坚持工作第一的信念，坚持以礼待人，不要在工作中带入过多的私人感情。调查问卷中往往有主观题，对这一部分，访问员应适当加以引导，但不要干涉被调研者的回答方式和回答深度，不可刨根究底、穷追猛打地盘问，以免给对方造成压迫感，使之不悦。

在调研完成后，访问员应真诚地向被调研者道谢，如果是请志愿者到指定地点予以协助，则应送上公司备好的赠品，并礼貌地送他们离开。

2）产品促销礼仪

促销活动是企业旨在开拓产品销路、扩大产品销售，并运用人员推销或非人员推销的方式，向目标顾客传递产品信息，从而激发顾客购买欲望，促进顾客完成购买行为的全部活动的总称。促销活动实质上是一种沟通活动、激励活动，它体现着企业开拓市场、扩大销售、满足消费的主动精神、进取精神和创造精神。

人员促销可分为访问促销和售货现场促销。访问促销礼仪与入户调研的一般礼仪要求基本一致，不过需要特别注意：不可打扰已有明示“拒绝访问”的居民或单位；不可赖在客户处不走，强制推销；不可乱用对顾客的尊称，尤其是不能将女性称呼得超过其实际年龄；不可夸大产品的功能，也不可随意更改后续服务的范围；不可用自己的销售提成降低企业对产品的最低定价。

在非人员促销方式中，有关广告方面的礼仪应注意：广告词及配乐应避免民族、宗教、性别、种族、年龄、工种等方面的歧视，广告画面应色彩协调、图案清晰、表意明确，不能让观众感到晦涩难懂。

有关营业推广的礼仪要求有两个方面。一是针对消费者的推广，在免费赠送礼品时不可带有附加条件；降价销售的产品同样应提供售后服务；有奖销售应真正体现“奖”字，而不应以“奖”吊消费者的胃口，实际上却无奖可言，欺骗消费者。二是针对中间商的推广，应注意信守承诺，供货及时，售后技术应鼎力支持；批量销售时可考虑有一定的价格优惠；对资金周转有暂时性、偶发性困难的老客户应适当放宽条件等。

3）产品销售礼仪

产品销售是指产品由实物形态转化为货币形态，从而实现其价值增值的过程。产品销售对工厂的利润实现、资金周转都有极其重要的作用。如果说促销活动是为了传递信息、激发顾客购买欲望，其侧重点在于“促”，那么销售活动则更多地表现为交易行为，其侧重点在于“销”。因此，关注产品的销售礼仪，不仅包括基本的微笑、热情服务和仪表、语言方面的基本礼仪，更应从深入的专业技术服务、诚信服务、延伸服务和特色服务、售后服务方面去注重服务礼仪。

4）提供服务礼仪

第一，专业技术服务礼仪。产品的销售人员应具备一定的专业知识，这一点对耐用消费品、高档商品或大型设备等尤为重要。很多名牌产品或价格高昂的耐用消费品、奢侈品等，一般都设有专柜销售，而购买者也十分谨慎。他们希望在购买时能够得到专业人士的帮助，因此厂商在销售产品时，应考虑有技术人员提供相应的咨询服务。如果销售人员一问三不知，顾客就会掉头而去。例如，某大学教授专程光顾××手机专卖店，打算购买此品牌最新款手机一部，然而销售小姐对教授提出的技术方面的相关咨询却一问三不知，使得教授只好扫兴而归。

第二，诚信服务礼仪。由于商品经济的高度发展，市场上几乎每一种产品都有其替代品，因此顾客往往会询问不同品牌的同类产品的区别。对待这一询问，要求销售人员注意介绍技巧，突出自己产品的优点，但也要注意不可乱夸海口，把自己的产品吹得天花乱坠。

第三，延伸服务和特色服务礼仪。延伸服务是指销售人员在提供本企业产品相关服务的同时，为顾客提供的与本产品配套的互补品方面的服务。例如，彩电厂商在销售彩电时，公司为顾客介绍天线、闭路线、放大器等方面的性能，提供相关产品的参考信息。特色服务是指销售人员可根据客户需要，提供个性化服务。例如，世界著名的芭比娃娃公司就为一些顾客订做过以顾客的孩子为模型的芭比娃娃。

第四，售后服务礼仪。售后服务的时间应是产品的整个有效使用寿命期，即终身服务。在提供售后服务时，厂家应及时保质保量地完成，对产品自身的质量问题要勇于承担责任。

9.2 商场礼仪

商场是商品零售企业进行商品买卖的场所，通俗地说，就是百姓购物之所在。商场的任务不仅包括实现商品的周转和货币的回笼，而且包括为整个社会提供生产及生活的便利。消费者在商场购买商品时，不仅能得到购物方面的便利，而且能体验到新型人际关系，得到人格尊重——即被当成“上帝”尊重的精神愉悦。凡是到过日本、接受过日本商场营业员服务的人，都会对日本营业员的服务礼仪留下深刻印象。日本营业员都以非常礼貌的态度接待每一位顾客，甚至在客人买不到理想的商品时，营业员会一路抱歉送客人到商场门口，这是他们的待客之道，也是营业员服务礼仪的完美体现。因此，商场应注意服务礼

仪的培养与加强业务技能训练同样重要，而营业员是商场的一线工作者，其不仅要熟悉商品知识和销售技巧，而且要直接为顾客服务。作为商场销售活动的主体，营业员学习礼仪规范尤为重要。

9.2.1 商场服装礼仪

商场服务人员在上班前需穿商场统一规定的服装，穿着统一的服装不仅可以让顾客一眼就辨别出服务人员的身份，而且也是一种规范礼仪的体现。商场服装礼仪要注意以下几点。

（1）注意服装的整洁，整体感觉要大方自然、美观整洁，并注重细节，领子和袖口要洁净。要注意检查服装扣子是否齐全、有无松动、有无线头和污点等。同时，员工要爱护商场服装，保持服装干净、整洁、笔挺，上班前应检查是否出现破缝、破边、破洞等现象，员工要牢记清洁第一，经常换洗服装，以免有异味、污渍。

（2）服装口袋不要放太多太重的物件，否则会令服装变形。

（3）西服上衣口袋不能插笔，也不能把钥匙挂在腰间皮带上，以免有碍美观。

（4）鞋子是服装的一部分，在工作等正规场所穿西服、皮鞋时，一定要保持皮鞋的干净光亮。男员工的袜子颜色应跟鞋子的颜色相搭配，通常以黑色最为普遍，不要穿有破洞的袜子。女员工应穿与肤色相近的丝袜。

（5）穿工作服时要佩戴工作证，员工应将员工卡端正地佩戴在正确的位置。无论是哪一个具体部门的员工，均应把工作证端正的佩戴在左胸上方。

（6）没有特殊情况，上班时间不应佩戴变色眼镜、墨镜。

（7）非工作时间不应穿着公司的工作服，或者佩戴有公司标志的物品出现在非公共场所。

9.2.2 商场仪容礼仪

营业员的仪容不仅代表本人的形象，而且反映了整个商场的管理水平和经营状态。得体的礼仪表现既可使顾客对商场产生好感，又能使营业员的工作状态处于较高水平。营业员的仪容要求美观、端庄、大方。不整洁、不卫生的营业员不仅是对顾客的不尊敬，而且也会使顾客怀疑商品的卫生状况。商场营业员的仪容礼仪要求如下。

（1）上班前不吃洋葱、大蒜等产生异味的食品。

（2）不允许对着顾客打喷嚏、抠鼻孔等不礼貌行为。

（3）男性营业员应该每天修面剃须，不留小胡子、大鬓角，仪容整洁大方；女性营业员淡妆上岗，使个人的五官更富有精神，严禁浓妆艳抹，不要披头散发，在上班时间长发要盘起；不留长指甲，勤洗手，保持个人卫生。

（4）不能当着客人的面嚼口香糖，指甲要常剪，头发按时理，不得蓬头垢面。

（5）仪容应当简练、朴素、大方，不仅给人以美感，而且也易于使自己赢得他人的信任。相比之下，将仪容修饰得花里胡哨、轻浮怪诞是不得体的。

9.2.3 商场服务礼仪

1. 营业员的服务用语规范

在服务过程中，广大服务人员在与服务对象交谈时，尤其是在向对方介绍商品或服务项目时，往往需要多多少少地使用行业用语，又叫行业语、行话。行业用语一般是指某一社会行业使用的专门性用语，主要用以说明某些专业性、技术性的问题。服务人员在服务过程中使用一些专用的行业用语是必需的，因为只有恰到好处地使用某些必需的行业用语，才能更好地说明问题，才能显示出本人在业务上比较在行，从而赢得服务对象的充分信任。与顾客交谈时，要使用礼貌用语以表示尊敬和礼貌；在接待顾客时，既要主动、热情、耐心、周到，又要注意避免过分热情，以免给顾客带来压力感。现在许多大型商场都是用“您想看点什么”代替“您想买点什么”当招呼语，比较能赢得顾客的好感。一般说来，营业员的接待礼仪具体可分为迎—看—选—送四个环节。

迎：当顾客临柜时，营业员要情绪饱满、自然站立、笑脸相迎，不可围聚谈笑或视而不见；对顾客要主动打招呼，探清意图，并做好拿递准备。

看：当顾客看货时，要根据顾客观看的视线，在通过询问和交谈了解了顾客的购买意图和需要后，再介绍相应的商品；按顾客的要求，迅速拿出商品请顾客看货时，切不可将商品扔、摔在顾客面前。

选：当顾客选购时，营业员应站在与顾客有一定距离的地方，让顾客无拘无束地比较、挑选；如果顾客拿不定主意或要求介绍时，营业员可热情地介绍和展示商品，但要注意适可而止；如果顾客不想购买，切不可纠缠，否则会造成强买强卖的印象。

送：当顾客离柜时，无论购买商品与否，营业员都要热情送别，如果顾客购买了商品，要帮助点验和包装，如果购买的商品过多或太大，必要时要协助顾客带离；顾客离开时，应提醒其收好钱与物品，并向顾客送别。

当顾客较多时，上述四个环节可能要交叉进行，如有的营业员在服务中运用的“接一答二连三顾四”就是同时接待多位顾客的好方式。

2. 营业员的行为举止规范

营业员的行为举止规范可从站、行、拿、递四个方面来体现。在工作时间内，营业员应站立服务，要求身姿端正、精神饱满、面带微笑。若顾客对商品有兴趣，应步履轻快、稳重地迎上去接待答话。为顾客取货时，应轻拿轻放、百拿不厌、百问不烦。在顾客选购商品时，可应其要求适当介绍商品。收款时，应唱收唱付，将找的零钱递到顾客手上，不可强求顾客付零钱，更不可因顾客没有零钱而拒绝交易。如果顾客用的是信用卡，结算后应把账单和信用卡一并递给顾客。营业员在上班期间，不能坐着、趴着、倚靠着、双手托腮；站立时，不能双腿不停地抖动，或劈叉或交叉或歪歪斜斜。在顾客需要服务时，营业员不可心不在焉、表情麻木，递钱物时不可随意扔摔；对极少数难缠的客人，绝不可以牙还牙，吵吵闹闹。如果有其他营业员和顾客发生纠纷，周围的工作人员应过去好言劝解客人，以尽快解决纷争。

目前，很多商场采取让顾客自选的开架销售的售货方式。在这种销售方式中，营业员

虽然不必去拿递每一件顾客所需的商品，但是却必须集中精神，观察每位顾客的意图，如发现顾客找不到自己需要的商品或拿不定主意时，可热情温和地提供帮助。特别说明：在自选商场中，营业员切不可虎视眈眈地盯着顾客，似乎每一个顾客都有“顺手牵羊”的嫌疑。诚然，生活中的确有少数人爱贪小便宜，但绝大多数顾客是为购物而来的，所以以礼待客才是服务的根本。另外，商场也应少贴或不贴不礼貌的警示性标语，如“洁身自爱”“本店有监控系统”“偷一罚十”等。顾客是商场的上帝，是来选购商品的，而不是来接受恐吓的，因此商场不应有这类不尊重顾客的行为。

9.2.4 售后服务礼仪

1. 客户投诉服务礼仪

任何一个企业员工，无论其工作怎样努力，也不可能使每一个顾客的要求都得到满足，因此出现顾客投诉是正常现象。当有顾客前来投诉时，企业及相关人员必须以积极的态度慎重、耐心、诚恳地解释或解决实际问题，把处理顾客的投诉当成一个纠正错误、恢复信誉，甚至是巩固顾客关系的机会。只有妥善地解决好顾客的投诉，才能增强顾客心中对本企业的安全感，从而提升顾客的忠诚度。处理顾客投诉时应注意以下几点。

（1）态度诚恳，即诚恳耐心地倾听意见，主动接受批评。即使是客户不对，也要心平气和、委婉地加以引导。

（2）处理及时，即及时表明态度，及时解决问题。如果有问题不能立即解决，也应该向顾客保证在一定的期限内联系或转告处理结果。接待人员一定要尽快平息顾客的不满情绪，避免事态扩大。

2. 为趸买客户提供的售后服务礼仪

现代大型商业企业经常会遇到一些趸买客户，他们对某些商品的需求量很大，因此所购商品的总价值也很大，其中有些客户还定期地补充所需的商品。这些客户对增加企业利润、稳定经营成果意义重大，因此除基本的服务礼仪之外，商业企业还应根据客户的具体特征，提供特色的服务礼仪。例如，建立趸买客户档案，提供贵宾服务、主动让利服务、重要的节假日问候服务、商品的长期维护服务、主动把样品送货上门服务、及时反馈市场信息服务等。对于趸买客户的要求，应事无巨细、不厌其烦地认真对待，从始至终耐心受理。

9.3 导游礼仪

作为 21 世纪的重要经济增长点，旅游服务业（以下简称旅游业）以其强劲的发展势头，受到世界各国和各地区的广泛关注和支持。旅游业作为一个综合性行业，是以旅游市场为对象，为旅游活动创造便利条件并提供所需商品和服务的。旅游业集食、住、行、游、娱、购于一体，涉及旅行社、交通客运部门、旅游场所经营部门及以旅馆为代表的餐饮住宿部门等。

旅游产品的生产与消费的同一性决定了旅游产品是人与人、面对面的服务产品，这种服务产品体现了高密集度的人际交往。这一高密集度的人际交往有一个突出特点，就是服务礼仪已成为旅游产品不可分割的一部分，产品的消费者，即游客，参与了旅游产品生产的全过程，这使得旅游业的服务礼仪的地位十分突出。因此，工作人员不仅应提供常规的服务礼仪，而且应注意细节的、个性化的服务。旅游业服务礼仪的内容包罗万象，它不仅要求人（员工），而且要求事，不仅要求直接接触游客，而且要求全过程的周到、细致的特色服务。

旅行社是旅游活动的组织者、安排者和联络者，其在整个旅游活动中处于核心地位。导游服务和公关沟通作为旅行社日常工作的重心，对旅行社业务的好坏起着举足轻重的作用。这两项工作有一个共同的特点，即几乎处处与人打交道，因此服务礼仪就显得十分重要。

作为导游，其服务礼仪规范要求十分严格，可以说是从头到脚，从服饰到仪表，从语言到行为，无一不加约束，无处不体现着为游客提供最佳服务的职业规范。如果导游在游客心中树立起良好的形象，使游客信任导游，他们就会帮助导游解决困难，并正确对待旅游活动中出现的问题和矛盾，积极配合、协助导游顺利完成整个旅游活动。

9.3.1 导游基本礼仪规范

导游也称陪同，即在游览过程中，对游客起向导、讲解员作用的旅行社工作人员。导游是旅行社的支柱，是与游客接触最多的人，是游客的“指南针”。导游的言谈举止给游客的印象最深，因此导游这个职业不仅要求其具备全面的业务能力，而且要求其具备待人接物方面的高层次礼仪知识，具体如下。

1. 守时守信

遵守时间是导游应遵循的较为重要的礼仪规范。由于游客在参观、游览活动时都有一定的行程安排和较强的时间约束，因此为了确保团队活动的顺利进行，导游必须尽早将每天的日程安排清楚并准确无误地告知每位游客，而且应随时提醒。同时，导游应按照规定的时间提前到达集会地点，按约定的时间与游客会面。如有特殊情况，必须耐心地向客人解释，以取得谅解。此外，导游还应该做到诚实守信，答应客人办理的事情，必须尽力帮助处理并及时告知处理结果。

2. 尊重游客

导游在带团的过程中，应尊重游客的宗教信仰、风俗习惯，特别要注意他们的宗教习惯和禁忌；对游客应一视同仁，不厚此薄彼，但对于旅游团中的长者、女士、幼童及残疾游客等特殊人员应给予更多的关照，做到体贴有加而非同情、怜悯；对重要客人的接待服

务应把握好分寸，做到不卑不亢；对随团的其他工作人员（如领队或全陪）也应给予应有的尊重，遇事多沟通，多主动听取意见，以礼待人。

3. 互敬互谅

导游工作只是整体旅游接待工作的一个组成部分，如果没有其他相关人员，尤其是随团的汽车司机、旅游景点购物商场及酒店等一系列为游客提供直接或间接服务的工作人员的大力支持与通力合作，导游工作就无法圆满完成。因此，尊重每位旅游服务工作人员，体谅他们的工作处境与困难，积极配合他们的工作，是做好导游工作的前提，也是导游良好礼仪素养的又一体现。

9.3.2 导游接待礼仪规范

1. 接待游客前的服务礼仪

接待游客前需准备的工作：熟悉接待计划，掌握旅游团基本情况，如人数、姓名、性别、年龄、国籍、民族及领队等情况；了解旅游团的费用标准和住房情况；掌握旅游团的游览日期和行程计划；熟知抵离时间、航班、车次及各地接站地点和接站人员。如果导游是全陪，则不仅要熟悉景点情况，而且更要认真了解沿途城市的历史、地理及风土人情；地陪则要落实接待车辆、就餐和交通购票等情况，同时，也要做好接团的各项准备，如领取各种票证、导游图、导游胸卡、导游证、喇叭、导游旗、接站牌等。

2. 接站服务礼仪

接站服务礼仪要求导游至少提前 10 分钟抵达接站地点，并按规定着装，佩戴导游胸卡，打社旗，持接站牌，并与司机约好游客的上车地点。游客抵达后，导游要主动持牌上前迎接，并和领队核对团号、人数、人员名单及行李的清点和托运情况，等游客到齐后，可带队上车。在清点完游客人数后，在前往酒店的路上，导游应进行自我介绍，并介绍其他陪同的服务人员，同时要致欢迎词及介绍沿途景色。在抵达酒店前，应详细介绍酒店的基本情况，如酒店历史、地理位置、周围环境等。

3. 客人入住酒店服务礼仪

导游要帮助游客办理住房登记手续，并向酒店提供游客名单。分发房号后，导游应了解游客的住房位置、安全通道位置等，记住领队房号，并将自己的房号告之领队；将游客送至房间后，适时带领游客去用餐；行李抵达后，要核对无误后协助送至客人房间，如有不妥，应及时处理。如有必要，可向客人收取要确认的机票、车票和需办理的签证、护照等。

4. 导游带客游览服务礼仪

出发前，导游应在游客用餐时，向游客表示问候，并了解各游客身体情况，重申出发时间、乘车（船）地点，提醒游客带好所需物品，如照相机、贵重物品及身份证等。导游应站在车门口或码头上照顾游客上车（船），等游客全部落座后才可示意司机开车（船）。

行进途中，导游应向游客问安并介绍一天的行程及旅游须知等，如果行程较长，则应适时地介绍沿途的民俗风情及景物特色，或者召集大家进行唱歌、猜谜等活动，以调动游客的情绪。到达景点后，应重申集合时间和停车位置。在带客游览过程中，导游应运用不同的手法穿插历史典故，以增加游客的兴致，讲解时要表情丰富、语调清脆、条理清楚、语言生动。在一些有特色的景点，应给游客留有摄影时间。另外，导游要时刻保持清醒，提醒并帮助照顾客人的财物，并照顾年老体弱的游客。在返回途中，导游要宣布第二天的活动安排。抵达酒店后，导游要主动征询领队的意见，对游览中遇到的问题要共同协商解决。

5. 导游带客购物服务礼仪

如果旅游团中多数人要求购物，那导游应在与领队协商好后予以满足。导游带团去购物时必须去旅游定点商场。游客下车前，导游要向游客讲清停留时间和有关购物的注意事项。游客购物时，如果服务人员不懂外语，导游应协助服务人员做好翻译工作。当遇到小贩强拉强卖时，导游有责任提醒游客不要上当受骗。导游本人不准向游客直接销售商品、不得要求游客为自己选购商品、不从购物商场私拿回扣、不带客人去非旅游定点商场购物。当商场出售假冒伪劣产品时，导游有责任维护游客的消费者权益，并要求商场给游客赔礼道歉，赔偿损失。

6. 导游送客离站服务礼仪

在游客要离开酒店的前一天晚上，导游应准确告知游客次日的出发时间、地点，并请游客事先整理好自己的行李物品，同时提醒游客与酒店结账，付清所住房间的电话、饮料、洗衣等一切费用，并安排酒店叫早。第二天，导游应在收回房间钥匙时，提醒游客不要遗忘自己的行李物品；在出发前，应再次落实游客是否带齐了自己的行李物品。另外，导游应将客人的各种证件及车（机）票亲手交给领队或游客。如果是国内、国际航班，应安排送行车辆提前到达机场；如果是火车，也需按铁路部门规定将游客提前送上车，并将行李物品托运单交回领队。火车启动时，导游方可离站。在机场，如果客人乘坐的航班误点，导游应主动关心游客，必要时要留下陪同。

9.3.3 导游带团礼仪规范

导游带团时，应注意以下礼仪规范。

（1）在带团时，导游应于出发前 10 分钟到达集合地点；游客上车时，导游应主动、恭敬地站立于车门口欢迎每一位游客，并协助其上下车，待客人上齐后方可上车。

（2）游客落座后，导游要及时清点人数，清点人数时，有条件者可使用计数器清点，也可用默数或标准点人数法清点，即右手自然垂直向下，以弯曲手指来记数；忌用社旗来回比画，也不能用手拍打客人的肩背部位，更不得用单手手指对游客头部或脸部指指点点。

（3）在车上进行讲解时，导游的站姿要到位，表情要自然，与游客保持良好的视觉交流，目光应关照全体在场者，以示一视同仁。导游手持话筒讲话时，音量要适当，讲解要规范，手势力求到位，动作不宜过多，动作幅度不宜过大。

（4）到达目的地前，导游应提前将即将进行的活动安排好，集合时间和集合地点等相关信息应准确无误地向全体游客通告，并告知旅游车的车牌号码及司机姓名，以方便掉队者寻找。

（5）带团期间，导游应随时提醒客人注意行路安全，凡遇到难以行走或拐弯之处，应及时提醒游客多加注意，对年老体弱者更应及时提供必要的帮助。导游的行走速度不宜过急过快，以免游客掉队或走失。

（6）带客游览过程中，导游应认真组织好游客的游览活动，做到服务热情且主动周到。导游讲解时应叙述准确、表达流畅、条理清楚、语言生动。此外，还应注意给客人留有摄影时间。

9.4 酒店礼仪

在旅游业中，酒店担负着吃、住和部分行、购、娱的功能。成功的旅游活动，离不开服务到位的酒店的参与。游客游玩回来，只有入住宾至如归的酒店，才能算是享受到了完整的旅游乐趣。

在游客入住酒店的过程中，直接为之服务的有前厅、餐饮部和客房部。关于这三个部门的服务礼仪规范，具体如下。

9.4.1 前厅接待礼仪规范

前厅是客人接触酒店的第一环，其业务范围广泛。从某种意义上讲，前厅体现了酒店的整体形象，起着酒店门面或窗口的作用。因此，前厅的接待礼仪要求甚高。当有客人来到酒店时，行李员应及时帮助客人提运行李。门卫应主动问好，欢迎客人光临，并及时开门引导，动作沉稳，语言亲切。当客人来到总台时，接待人员应主动问候，并礼貌地询问客人有无预订，然后查阅并核对预订或帮助无预订客人办理入住手续，再进行房间分配。若接待的是旅游团，则应先将游客引到团队接待室，然后同领队、导游核实游客名单，最后迅速安排游客入住。在游客进入房间的同时，接待员应同旅游团的导游或领队协商客人的用餐安排、叫醒服务及收取行李的时间。当客人来总台结账并准备离店时，接待员应主动问候，并问清客人姓名、房号及客人是否提出并接受过其他需另加收费的项目，然后取出客人账卡，逐一核对，最后请客人审核无误后，请客人付款，钱款需当面点清。此外，还应向客人表示感谢，祝客人旅途愉快。如果客人使用的是信用卡或旅行支票，则需要检查是否在本店受理范围，如果在本店的受理范围，则应按有关规范进行操作，并确保无误。

9.4.2 客房接待礼仪规范

客房部是酒店的一个重要组成部分，客房收入是酒店的主要经济来源之一。客房服务主要围绕客人的住宿活动展开，以客人的来、住、离等活动规律为主线，以满足客人需要、提高服务质量为目的。酒店的客房接待礼仪也就是针对客人的来、住、离的服务礼仪。客人来之前，客房服务人员应提前进入工作状态，除个人的仪容、仪表和服饰要符合酒店的规定之外，还应根据前厅送来的客人名单或住宿通知单了解客人的相关信息。在客人到达酒店之前1小时，应整理好房间的设备、做好房间的卫生、调好房间的温度、准备好香巾和茶水。

当客人需要乘坐电梯时，楼层服务员应在电梯门口迎接，并主动向客人问好，引导客人走出电梯后，主动接下客人的行李，对客人随身携带的小件物品，应征得客人的同意后再帮助客人提取；为客人开门后，应先让客人进房，客人进房后，可根据人数送来茶水和香巾；简单介绍客房的主要设备及服务项目后，应征询客人是否需要其他服务，如果没有，应告别后离去，并轻轻地将门关上。

客人入住后，客房服务人员应每天打扫房间，撤换棉织品，如洁巾、面巾、垫脚巾等，及时补充香皂、卫生纸和洗漱用品等生活用品。此外，楼层卫生、邮件分发、单据清理、账单填写、收集客人的衣物等工作都要有条不紊地进行。总之，客房服务人员在日常服务过程中，要坚持不叫不扰、随叫随到、仔细稳妥、热情周到的原则，尽可能选在客人外出时清扫房间，每次进房前都应先敲门后进入。

客人离店前，客房服务人员应进入客房向客人表示问候，征求客人意见，询问是否需要帮助。有行李的客人，尤其是团体客人，客房服务人员要通知行李员帮助客人提送行李。客人离房前，要向客人告别，对老弱病残者应给予特别的照顾；客人离店后，要迅速检查房间，包括枕头下、床头柜、抽屉、衣柜、卫生间和阳台等。检查房间的原因有二：一是防止客人遗漏物品；二是检查设备有无损坏。如果有遗留物品，则应按房号、时间等及时报告；如果有物品损坏，则应赶在客人结账前打电话通知前台，楼层服务员一般不直接与客人交涉，以防伤害客人的感情和自尊心。

9.4.3 餐厅接待礼仪规范

餐饮部是酒店的重要服务部门，餐厅是酒店宾客用膳的主要场所。餐厅不仅是客人就餐的固定场所，也是客人寻求人际交往的重要场所之一。因此，餐厅服务人员必须懂得和遵守服务中的各种礼仪规范，在服务中做到热情、亲切、周到、细致而又富有人情味，以实际行动给客人带来多种享受。

在餐前的准备工作中，餐厅服务人员的个人卫生十分重要，岗前应洗澡，岗位服装要干净、整洁，头发要清洁，发型应简单大方；饮食区内禁止吸烟、嚼口香糖；禁止梳头和剪指甲；禁止对着食品咳嗽或打喷嚏，来不及避开时，应以纸巾捂住口鼻。餐厅服务人员就餐后，必须洗手才能上岗。

餐厅领位员应在餐厅门口负责迎接客人、为名人引座和送别客人等服务。客人前来用餐时，领位员应主动上前迎接，热情招呼并问好，如果客人有衣帽，则应主动接过并征得客人同意后放好；如果餐厅客满，可先请客人在休息室等候。引座时，领位员应走在客人前一米左右，根据客人人数和意愿，安排恰当的座位。如果是情侣或谈生意的人，应安排在较清静的地方，如果有小孩则安排在靠墙等不易随便下位乱跑的餐位上。当客人来到餐位后，领位员应帮助客人拉开椅子，恭请客人入座。

客人入座后，餐厅服务人员应斟上茶水，递上毛巾，茶水只能斟到 3/4 杯，毛巾应放在小碟内，用夹钳递给客人。值台员应随时注意客人要菜单的示意，并适时地递上菜单。在客人点菜时，餐厅服务人员应集中精力，随时记录，如果客人有要求，可根据自己的观察，向客人推销符合其口味的菜肴及点心。

客人进餐期间，在征得客人的意见后，餐厅服务人员可为客人进行斟酒服务。在开启酒瓶前，餐厅服务人员应左手托瓶底，右手扶瓶颈向客人示意商标；斟酒时，应先给主宾斟，再给主人斟酒，然后按顺时针方向依次绕台斟酒。

餐厅服务要讲求效率。一般来说，客人点菜后 10 分钟内凉菜要上台，20 分钟内热菜要上台；传菜时要注意使用托盘取菜，菜点的拼摆图案不因送菜而破坏，上菜的位置要在陪坐之间，而不能送在主宾和主人中间。餐厅服务人员要双手上菜，并报菜名，然后简单介绍所上菜肴的特色典故、风味特点等。有时候，餐厅服务人员需提供派菜服务，派菜即将菜分给各位宾客。派菜的顺序是先客人后主人，先女宾后男宾，先主宾后一般宾客。派菜时，餐厅服务人员应掌握好数量，做到分让均匀，不允许把一勺分给两位客人，也不允许从宾客的盘中往外拨菜。

当客人用餐完毕时，餐厅服务人员应进行撤盘工作。撤盘的时间，应是整桌的客人将刀叉并放在盘中或将筷子放下，已明确示意用餐完毕，之后应按顺时针顺序进行撤盘。如果桌上有女宾，则应从女宾的位置开始撤盘。

客人用餐结束后，应及时送上水果或茶水。当客人提出买单时，餐厅服务人员应准备好账目，并替客人到收银台付款，找回的零钱和账单应一齐交给客人。如果客人签单，则要立即送上笔，并有礼貌地请客人出示酒店的欢迎卡或房间钥匙。当客人起身离去时，餐厅服务人员应道谢并替客人拉开座椅。当客人出门时，迎宾员应对客人道谢，并欢迎客人再来。

9.5 电话客服礼仪

客户服务工作是企业面向社会的窗口，需要直接和客户交流。每位客服人员的礼仪表现、个人形象，便是企业在社会公众中的形象，客服人员的言谈举止与企业的生存和发展有着必然的联系。电话客服是客户服务工作中非常重要的方式，其对提高企业竞争力，体现企业形象有着重要作用。

1. 及时接听顾客电话

电话响三声后必须接起，因为当消费者或客户打电话时，若一接通就能听到对方亲切、优美的招呼声，心里一定会很愉快，并且会对该公司有较好的印象，双方对话也能顺利展开。在电话中，只要稍微注意一下自己的行为就会给对方留下完全不同的印象。同样说“你好，这里是××公司”，但声音清晰、悦耳、吐字清脆，能给对方留下好印象，对方对其所在公司也会有好印象。因此要记住，接电话时，应有我代表单位形象的意识，所以这个要求也是公司对顾客的一种重视，另外也能体现公司的一种工作效率。

2. 接电话时要专业

一个客服人员是否专业，从他的言语当中就能听得出来。例如，接起电话后的第一句话，专业人员：“您好，很高兴为您服务!”非专业人员：“喂！你有什么事?”。

3. 接电话时面带微笑

因为接电话时顾客看不见你，所以顾客只能通过声音来判断你对他的态度。接电话时应始终保持微笑，这样你发出的声音才会更有亲和力，才能让顾客感觉到你对他的尊重。为什么许多客服都喜欢在面前摆一面镜子呢？就是这个道理了，他们在时刻提醒自己要保持微笑。

4. 端正的姿态与清晰明朗的声音

在接打电话的过程中，绝对不能吸烟、喝茶、吃零食，即使是以懒散的姿势接听电话，对方也能够“听”得出来。如果你打电话的时候，弯着腰躺在椅子上，对方听你的声音就是懒散的、无精打采的；若坐姿端正，身体挺直，发出的声音也会亲切悦耳，充满活力。因此打电话时，即使看不见对方，也要当作对方就在眼前，尽可能注意自己的姿势。接打电话时声音要温雅有礼，以恳切之话语表达，口与话筒间，应保持适当距离，适度控制音量，以免因听不清楚而滋生误会，或者因声音粗大，让人误解为盛气凌人。

5. 电话沟通要顺畅、有效率

公司的每个电话都十分重要，上班时间打来的电话几乎都与工作有关，因此不可敷衍，即使对方要找的客服不在，也切忌粗率答复“他不在”后，就把电话挂断。接电话时也要尽可能问清事由，避免误事。对方查询本公司其他部门电话号码时，应立即查告，不能说不知道。我们首先应确认对方身份、了解对方来电的目的，如果自己无法处理，也应认真记录下来，委婉地探求对方的来电目的，既可不误事，又能赢得对方的好感。

6. 售后服务要耐心

售后服务人员对对方提出的问题应耐心倾听，对方在表达意见时，应让他能适度地畅所欲言，除非不得已，否则不要插嘴；通话期间可以通过提问来探究对方的需求与问题。在通话过程中，注重倾听与理解、抱有同理心、提升亲和力是有效电话沟通的关键。售后服务人员在接到责难或批评性的电话时，应委婉解说，并向其表示歉意或谢意，不可与对方争辩。电话交谈事项应注意正确性，将事项完整地交代清楚，以获得对方认同，不可敷衍了事。如果遇到需要查寻数据或另行联系的查催案件，应先预估可能耗用的时间，若查阅或查催时间较长，最好不让对方久候，应改用另行回话的方式，并尽早回话。以电话索取书表时，应即刻录案把握时效，并尽快地寄达。

7. 顾客挂电话后才能挂电话

通话结束后，应先让顾客挂电话，以视尊重，如果电话一讲完你就挂了电话，会让顾客觉得你是不想听他的电话，所以想快点挂断；如果顾客迟迟未挂断电话，你可以提示一下，请他挂电话，如果他一直没有回答，那表示他可能忘记挂了，这时候你才可以挂断电话。

本章小结

本章介绍了几种主要行业礼仪的概念和基本内容。不同的行业，其礼仪要求有共性，同时各有特点和技巧要求。本章主要介绍了工商企业、导游服务业、酒店服务业等组织中的礼仪。

思考与练习

一、选择题

1．商场礼仪规范包括（　　）。

A．商场服装礼仪　　B．商场仪容礼仪
C．工作服务礼仪　　D．售后服务礼仪

2．导游的接待礼仪规范有（　　）。

A．接待客人之前　　B．接站礼仪
C．入住酒店礼仪　　D．清洁礼仪

二、填空题

1．商贸公司的礼仪规范着重体现在（　　）礼仪和（　　）礼仪两方面。

2．餐厅服务要讲求效率，一般来说，客人点菜后（　　）分钟内凉菜要上台，（　　）分钟内热菜要上台。传菜时要注意使用托盘取菜。

三、问答题

1．导游的基本礼仪规范是什么？

2．酒店礼仪包括哪些内容？

3．你认为电话客服礼仪中非常重要的是哪一点？

四、实训题

选择一家商场或酒店，观察销售人员或服务人员的服务礼仪有哪些是符合礼仪规范的，以及有哪些不足之处。

第10章 营销礼仪

学习目标

- 掌握营销人员的职业修养
- 掌握商品推销礼仪的基本形式

营销人员是企业营销活动中人的因素，是企业礼仪活动的形象使者。营销人员的礼仪规范不仅应注意职业修养，而且更要注意仪表、仪容和仪态礼仪。

10.1 营销人员职业修养

营销人员作为企业的代表，承担着多方面的职责，因此营销人员必须具备良好的素质。营销人员素质的高低，直接关系到营销工作的成败。一般来说，营销人员的素质是由职业道德修养、业务素质修养和个人素质修养三方面构成的。营销人员的素质既有先天与生俱来的，也有后天通过自身努力获得的。应当指出的是，营销工作虽然要求营销人员具有某些先天的禀赋和资质，但更重要的是在后天的学习和锻炼中积累经验，培养能力，提高自身素质。

10.1.1 思想道德素质

营销人员应具备以下思想道德素质。

1. 强烈的事业心

强烈的事业心是成就一项伟大事业的雄心。具有强烈事业心的人，把事业的成功看得比物质报酬更为重要，事业成功带来的振奋和喜悦胜于他所获得的物质报酬。营销人员的事业心主要表现为要有献身于营销事业的工作精神及取得事业成功的坚强信念。

营销不仅是一种职业，而且是一项事业，是具有一定目标、规模和系统的，对社会发展有着重要影响的事业。营销人员应通过恪守职业道德、塑造营销人员形象、探索营销规律、展示营销艺术、创造营销业绩等来推动营销事业的发展，进而实现自身的价值。

2. 良好的职业道德

营销人员应具有良好的职业道德。在遵守职业道德方面，一名合格的营销人员应做到：奉公守法，忠于职责；对企业忠诚，热爱企业；维护企业信誉，不搞私人交易，不假公济私；对顾客要用户至上，对同行要信用至上；要平等待客，热情服务；要注意勤俭节约，尽量降低营销费用，减少营销成本；要注意爱惜企业财产，不要挥霍浪费；不做行贿受贿的违法行为。

3. 正确的经营思想

营销人员应正确理解和执行党和国家的有关方针政策，正确处理好国家、集体和个人之间的关系，要以现代营销观念来指导自己的业务活动，要正确、完整、有效地贯彻企业的经营目标和经营思想。

10.1.2 业务素质修养

营销人员应具备的业务素质修养如下。

1. 现代营销观念

营销观念是指营销人员对营销活动的基本看法和在营销工作中遵循的指导思想。营销观念决定营销人员的营销目的、营销态度，影响着营销人员如何运用各种营销方法和技巧，最终影响着企业与顾客的利益。在营销活动中，营销人员要摒弃以企业为中心的传统营销观念，树立和坚持以顾客为中心的现代营销观念。

现代营销观念认为，营销是用适当的方法和技巧，阐明商品给顾客带来的某种需要的满足，并在满足顾客需要的过程中获得企业利益。现代营销观念强调营销人员必须以消费者的需要为基础，营销方法和技巧应该符合顾客的接受心理。

2. 丰富的专业知识

营销人员应掌握的专业知识是非常广泛的，专业知识的积累关系着其素质和能力的提升。营销人员应具备的专业知识主要包括企业知识、产品知识、市场知识和用户知识等。

（1）企业知识。掌握企业知识，一方面是为了满足顾客这方面的需求，另一方面是为了使营销活动体现企业的方针政策，以达到企业的整体目标。企业知识主要包括企业的历史沿革、企业在同行业中的地位、企业的经营方针、企业的规章制度、企业的生产规模和生产能力、企业的销售政策和定价政策、企业的服务项目及企业的交货方式与结算方式、企业的供货条件等相关知识。

（2）产品知识。营销人员不是技术专家，也不是产品开发设计人员，所以不能透彻地了解有关产品的全部知识，但营销人员应对产品知识有深入的了解，如产品的原材料及主要部件的质量、产品的生产过程及生产工艺、产品的性能及使用、产品的维修与保养、产品的售后保证措施等。同时，营销人员还要了解竞争者的产品知识。

（3）市场知识。市场知识是企业和营销人员获得成功的重要条件。由于营销人员的营销活动涉及各种各样的主体和客体，有着十分复杂的方式和内容，因此营销人员要掌握的市场知识应当是十分广泛的。营销人员一方面应努力掌握市场运行的基本原理、市场营销和商品营销的策略与方法、市场调研与市场预测的方法、供求关系变化的一般规律等；另一方面还应掌握现实客户的情况、增加购买量的途径，以及潜在客户的情况及其购买力、市场环境、市场容量等知识。

（4）用户知识。用户知识主要包括产品的去向分布，以及用户的心理、性格、消费习惯和爱好、购买动机、购买习惯、采购条件、购买方式、购买时间、购买力水平，还有何人握有购买决定权等内容。

此外，与专业知识相关的还有法律方面的知识、财会方面的知识、人际关系方面的知识、经济理论方面的知识、市场情报学方面的知识等。营销人员为了出色地完成营销工作，必须具备丰富的专业知识并了解相关知识。营销人员必须具有旺盛的求知欲，善于学习营销工作的必备知识。

10.2 商品推销礼仪

广义上的推销在社会生活中无所不在。例如，人们相互交谈，其实就是在推销自己的观点。公司推销是指狭义上的推销，即商品推销。商品推销指商业公司在特定环境中寻求潜在顾客，并主动采取营业场内推销、人员外出推销、使用电话推销等方式进行的商品销售类业务活动。商品推销礼仪运用是否得当，关系到推销结果的成败。

10.2.1 推销人员应有的素质

商品推销工作对推销人员在服饰、谈吐、举止、修养等各方面的礼仪要求较高，因为推销人员代表的不仅是个人的形象，同时代表了公司的形象。公司拥有一批素质较好的推销人员，就能吸引并稳定更多的客户与公司打交道。

公司推销人员应该做到以下几点。

（1）爱岗敬业，明礼诚信。公司推销人员要热爱自己的工作、努力学习、提高自身的思想水平和业务能力、切实以客户的需要为工作中心，树立起自己在顾客心目中乐于助人、明礼诚信的形象，以取得顾客的理解和信任。没有人会去买那些自己信不过的人推销的商品。

（2）业务精通，知识丰富。这对于推销人员接近顾客、打开局面、拓宽市场、促进服务非常必要，其要求推销人员对党的方针政策和当前经济发展趋势和公司的历史、规模、经营理念，以及目前的市场行情、竞争态势，还有所推销商品的性能、规格、品种、价格，以及竞争者的同类商品的特点等知识要关注、了解、熟悉。推销人员还应懂得市场营销、消费心理、财务金融、运输交通等学科知识，以便自己在推销中进退自如、判断准确、决策果断。

（3）百折不回，坚毅顽强。“推销就是由遭到拒绝开始的”，这句话说明，在推销工作中必然会遇到挫折和困难。顾客对商品甚至对推销人员的抵制是常见的现象。如果受到冷落、嘲笑及无端的奚落、指责，甚至被拒之门外等，推销人员此时要能克制自己，在客户面前不卑不亢，保持既有的热情和礼貌，心平气和，从容不迫。推销人员要不断总结被拒绝的原因，以利再战，对过分挑剔的顾客，不要轻易放弃，要以必胜的信念、勤奋的工作和周到的服务，促成潜在顾客的转化。虽然并非次次能如愿以偿，但这种百折不回的努力是不可缺少的。

在推销过程中，推销人员应注意自己的言谈举止要符合礼仪要求。无论是到客户家中拜访，还是到公司拜访，也无论推销是顺利成功还是不利受阻，推销人员都应待人以礼，举止文明，牢记尊重客户就是尊重自己；介绍商品时语调诚恳而肯定；展示商品时动作熟练；对顾客的提问，应耐心解释。推销人员在推销中应既不急躁地强迫成交，也不奉承谄媚地乞求购买，自始至终要与顾客保持轻松和谐的合作气氛。

10.2.2 外出登门推销礼仪

所谓外出登门推销是相对于公司来客推销而言的，是指公司派推销人员外出，主动上门寻找客户，亲自向顾客介绍商品、展示商品，促成顾客购买的一种推销方式。这里的“登门”意指走出公司、走向顾客，并非单指到顾客家中去，它还包括在公园里、道路旁、车厢里等多种公共场合。

外出登门推销时注意的礼仪主要有以下几点。

1. 重视给顾客的第一印象

心理学调查表明，人们在接触的最初两分钟，彼此印象最为深刻，因此推销人员要特别注意自己的外在形象，这是第一印象产生的最初原因。推销人员首先要热情开朗、诚恳自信，争取为顾客所接纳而不被排斥；其次要选择合适的服装，佛朗·贝德格认为，初次见面给人的印象90%源于服装。当然，并不是说服装要多么高档和华丽，但干净、整洁、职业化是应当做到的。国外流行的 TPO 服装术，值得推销人员借鉴。只有在顾客心中留下并保持良好的第一印象，才能为推销工作的进一步开展打下基础，赢得先机。

2. 登门推销前应尽量预约

生活中贸然出现的不速之客，尤其是陌生的推销人员，大多是不受欢迎的。这种情况下推销人员推销其产品，购买者大多不愿接待，更难得爽快购买。很少见到那种突如其来、一拍即合、相见恨晚似的幸运推销。出于礼貌，如果有可能，应事先与客户预约一下，让双方都有所准备，再与顾客推荐洽谈，其效果比贸然造访要好得多。预约时要注意，首先，注意约见的时间最好由顾客来定（这实际上已让顾客处于主动参与的状态了），否则推销人员就要从顾客的作息时间、活动规律、家庭条件，甚至天气和情绪等多方面来考虑约见顾客的时间。其次，约见的地点要以方便顾客为主，不要只选择在常见面的顾客家中，也可安排在顾客认为安全和方便的场所，还可以请顾客代为召集社区邻里或亲朋好友，选择大家熟悉、无甚干扰、接待条件良好的地点，开展集中推销。最后，预约的方式要得当，如电话预约、信函预约、网上预约等，可多提供几种方案，让顾客自己挑选，这既是对顾客意见的尊重，又可防止其简单回绝。如果选用信函预约，时间上应放宽松一些，以防信函在邮寄路上耽搁而耽误约期；网上预约也应留有顾客上网浏览的时间周期。不管如何约见，推销人员必须按时赴约。

3. 推销中的礼仪要求

商品推销是个过程，其中的每个阶段既有业务技巧上的要求，又有礼貌礼仪方面的规范，二者不可偏废。首先是进门，如果是去顾客家中推销，一定记住要先轻声敲门，敲门节奏应缓慢，经主人应允后方可进入。特别注意，如果门本来就已开着或虚掩着，也必须先敲门，不可径直步入或推门就进。其次是自我介绍，总体而言，自我介绍要谦和、准确而有吸引力，切忌冗长、卖弄和自吹，或者是讲了半天词不达意，因此事前应打好腹稿，并依不同对象灵活使用，以求明确简洁。再次是开始推销，推销时主要是介绍商品和展示商品，介绍商品要实事求是，应讲清商品的性能、特点、质量、价格及给顾客带来的实际

利益，必要时出具相应的证书、质检证明、报刊评介等资料或图片，以增强顾客的信任感；展示商品时要体现自己对商品的细心爱护，让顾客感受到商品的价值和分量，在商品展示中，如果顾客有意，应鼓励他们亲自动手操作，以刺激顾客的购买欲望。最后要注意礼貌告别，特别要注意对那些最终没能成交的顾客，也要感谢他们耐心听讲、支持工作，为今后可能再次登门推销留下良好的印象及建立稳固的基础。

10.2.3 公司来客推销礼仪

如果说外出登门推销可能让顾客感到有点突然，那么到公司来的顾客则是目的明确、有备而来的，公司的推销人员应尽力做好接待工作，营造良好的购物环境，礼貌地满足顾客需要。在公司接待顾客时，推销人员要注意做到以下几点。

1. 注意建立与来客的和谐关系

顾客来到公司是对公司的信任，但是来到公司未必就一定能如愿购买成交，除交易中的一系列技术因素、价格因素之外，推销人员与来客的关系是否和谐、投机、融洽，也是推销能否成功的重要因素。顾客只有先接受了推销人员，才有可能接受推销人员推荐的商品。所以，公司的推销人员应发自内心地感谢顾客的光临，务必要求自己态度和蔼、举止得当、言辞讲究，尽力与来客建立起彼此信任的和谐关系。

2. 热情地向来客推介商品

顾客一般不会去买自己不认识、不了解的商品，因此推销人员有义务向来客推荐、介绍自己的商品。要懂得推介商品的过程，既是帮助顾客了解商品的过程，也是推销人员借此了解顾客需求的过程。推销人员只有既尊重顾客，又服务于顾客，才能使商品推介工作得心应手，真正让来客称心和放心。推介商品常用 FABE 说明术，即 F 指商品特征，A 指商品优点，B 代表客户利益，E 指证据。推销人员要根据不同类型的顾客及其不同的购买目的，来组合推介商品的重点，千万不可无论对谁，推介时都像背书似的千篇一律，讲完了事。推介商品必须实事求是，不能为一时“奏效”而败坏公司和自己的信誉。

3. 成交时刻别忘礼仪

在推销接近成功时，推销人员当然是兴奋的，而此时推销人员的礼仪做得如何，对促进成交至关重要。首先，认识上要清楚，即将到来的成功是顾客照顾了公司的生意，功劳归于顾客，不能以为是自己干得漂亮而沾沾自喜，更不能说什么“今天找到我算你走运”之类的无礼话语。其次，行动上不要急躁，要多请顾客发表意见，使其有明确的参与决策感，否则在推销人员喋喋不休的推介声中购买，会令顾客产生“被劝购买”的被动感，进而产生不快、厌烦的情绪，甚至打起退堂鼓。最后，神情上要保持平和常态，推销人员此刻应谨防因企盼快快成交而显得急不可待，也应防止因接近成交而喜形于色，这类不稳重的神情会让顾客疑虑顿生，失去对你的信任，从而打消购买的念头。因此，推销人员在成交时应一如初始、不卑不亢、从容不迫地服务，最后恰到好处地促进成交。

4. 礼貌地送别来客

推销完成后，推销人员还应与顾客轻松地谈点别的话题，使来客感到与你做交易是件非常愉快的事，相反，此时对顾客变脸或哪怕有半点冷淡怠慢，都会让顾客觉得刚才你的热情都是为赚钱而装扮的假象，有了上当感的顾客是不会成为公司的回头客的。成交后适当地招待一下公司来客，这不但是延续业务的需要，也是礼仪上的要求。告别时，推销人员可以把顾客送出公司大门，多讲一些互敬互祝的话，以表达愿意保持往来、增进友谊、加强合作的意愿，别只说一句“走好”或“再见”。

本章小结

本章主要介绍了营销人员的思想道德素质和业务素质修养。营销人员只有具备了这些内在素质，才能更好地完成营销工作。在商品推销礼仪中介绍了外出登门推销礼仪和公司来客推销礼仪。

思考与练习

一、选择题

1. 营销人员的思想道德素质包括（　　）。
   A. 强烈的事业心　　B. 良好的职业道德
   C. 正确的经营思想　　D. 强烈的企图心
2. 外出登门推销时，推销人员要注意的礼仪主要有（　　）。
   A. 第一印象　　B. 尽量预约　　C. 告辞　　D. 售后服务

二、填空题

1. 推销人员应该做到：第一，（　　）；第二，（　　）；第三，（　　）。
2. 公司推销是指狭义上的推销，即商品推销。商品推销指商业公司在特定环境中寻求潜在顾客，主动采取营业场内、（　　）、（　　）等方式，进行商品销售的业务活动。

三、问答题

1. 营销人员的职业修养有哪些？
2. 商品推销的礼仪要求是什么？

四、实训题

假设你是一个推销员，设计一个推销场景，进行推销的礼仪训练。

第11章 商务仪式礼仪

学习目标

- 学习开业仪式、剪彩仪式及签字仪式等商务仪式中的礼仪
- 掌握各种商务仪式的程序

商务活动是现代社会经济生活中比较常见的活动，它主要表现为商事组织与消费者打交道并为消费者提供商品或服务。商务仪式礼仪是人们在商场活动中长期形成的惯用形式和行为规范，其在商务活动中起着非常重要且不可替代的作用。注重商务仪式礼仪，有助于营造良好的交易氛围，促进业务的顺利开展；有助于树立企业良好的形象，赢得更多的顾客；有助于化解各种商务矛盾和纠纷，增进双方的沟通和信任。特别在中国已成功加入世贸组织的今天，多了解一些中外商务礼仪，对于我们开拓国际市场，促进中外商务交流，具有直接的现实意义。

11.1 开业仪式

开业仪式是现代商务活动中，各类公司、商场、酒店等企业在正式营业活动开展时，经过周密策划，精心安排，按一定程序专门举行的一种十分热闹的庆典，它是企业在社会公众面前的第一次亮相。宣传企业特色、扩大传播范围、塑造企业良好形象、争取更多客户是举办开业仪式的目的，因此要按照开业仪式的要求，搞好这个“第一次”。

11.1.1 开业仪式的准备

开业仪式的准备工作是极其重要的，它关系到开业仪式的成功与否，进而关系到企业开张是否顺利，以及影响企业业务的开展和企业的社会形象。总之，开业仪式是一项重要的基础性工作，在准备中要注意以下几个方面。

1. 做好舆论宣传工作

在开业仪式举办之前，企业应利用多方媒体多做报道，也可派人在公众场合散发宣传品，以造就一定的舆论声势，引起公众的广泛关注。公关活动及宣传广告等宜安排在开业仪式前 3～5 天进行，最多不超过一周，过早和过迟都难以收到良好的效果。同时应提前向媒体记者发出邀请，届时在现场进行采访、报道，以便于进一步扩大影响。

2. 拟出宾客名单

除上述媒体记者之外，参加开业仪式的人员应包括：政府相关部门领导，主要是表达企业对上级机关的感谢及希望能继续得到支持的期望；社会知名人士，通过他们的名人效应，可以更好地提升企业的形象层次；同行业代表，表达希望能同舟共济、彼此合作、促进友谊、共谋发展的美好心愿；社区负责人及客户代表，搞好企业的社区公关，求得社区的共同繁荣，表明企业与客户的亲密合作关系。同时应列出参加开业仪式的企业领导、员工代表、服务人员名单等。

3. 布置开业仪式现场

开业仪式的地点一般选在企业、商场、酒店的正前门，其现场布置要突出喜庆、隆重的气氛，大多必有标语彩旗、横幅、气球。此外，有的企业还准备有鼓乐、飞鸽等道具加以烘托渲染气氛。注意：现场应有开业仪式的主横幅，如写有“××商场开业大吉”“××公司隆重开业”等字样的横幅；现场需有摆放来宾赠礼的位置，如花篮、贺匾、纪念物等；现场布置应遵守城市管理规定，在不允许放鞭炮的城市里，开业仪式时应自觉不放鞭炮；音响或鼓乐声在节奏上和音量上要加以控制，不可因此引起邻里的反感及社区群众的投诉；预见开业仪式的场面规模，若可能会妨碍交通的正常运转，则应约请交通部门来人协调指挥。

4. 具体事项不可忽视

在开业仪式的准备工作中，上述大的方面落实以后，还有不少具体事项要做，各方面分工到位后应认真落实，不可忽视。任何一个环节的具体事项出了差错，都会影响到开业仪式的整体效果。例如，请柬的准备和发送务必落实到被邀请人，并有确切的回复；贺词（或答词）的撰写、讨论和审定要慎重，字体要大，内容要简练，话语要热情；现场接待人员应年轻、精干且形象要好，佩戴的标志（胸卡、绶带等）要突出，贵宾到场时还应由企业主要负责人亲自相迎；工作人员事前要调试好设备（如音响调试、录像摄影等），千万不可临场出错；来宾的胸花、席卡、饮品、礼物等都要一一准备好。

11.1.2 开业仪式的程序

一般来说，虽然开业仪式进行的时间并不长，但事关重大，必须有相应的礼仪程序才能达到开业仪式的预期效果。开业仪式的程序要完整、协调、合理，其主要由以下几项内容构成。

1. 迎宾

接待人员在现场迎接来宾，请其签到，并引导其到座位上就座。若不设座位，则应告诉来宾其所在的具体位置。

2. 开始

主持人宣布开业仪式正式开始，然后全体起立（不设座位应立正），奏乐，最后介绍各位来宾。

3. 致贺词

按主持人的安排，由上级领导和来宾代表先后向公司致贺词，以表达本单位的良好祝愿。若有贺电、贺信，应现场公告单位名称和个人身份。

4. 致答谢词

由公司负责人代表公司向来宾致答谢词，并简介本公司的经营特色、经营目标及渴望各界支持的态度。

5. 揭牌

由上级领导和公司负责人一道，揭去盖在公司标牌或商场匾牌上的红布，宣告公司或商场正式开业。在场全体人员在音乐声中热烈鼓掌，祝贺同庆。

6. 迎客

揭牌后，会有大批顾客随出席开业仪式的嘉宾一同进入公司或商场，边参观、边采购或进行业务接洽。公司或商场的工作人员应恭敬热情地欢迎他们，并赠以开业纪念小礼品（如印有公司名称、电话、开业日期的购物袋，或者印刷品、小挂件等）。开业当日销售的商品，大多数企业都实行让利优惠政策。

7. 结束

如有必要，可安排来宾就餐、观看文艺节目等活动。

11.1.3 开业仪式的礼仪

开业是企业的大喜事，开业仪式自然隆重热烈。宾主双方都应围绕这一特点，注意开业仪式的吉庆色彩，遵守开业仪式相应的礼仪规范，把好事办好。

1. 开业仪式组织者的礼仪

第一，仪容要整洁。参加开业仪式的本企业人员，无论是负责人员，还是工作人员都应在仪容上进行适当修饰。男士应理发剃须，女士可适当化妆，不能因企业的员工的仪容不整给企业造成形象损失。

第二，着装要规范。有条件的企业可统一着装，显示出企业特色，或者应要求穿着大方、庄重、整洁的礼仪性服装，一般不宜随意着装。

第三，准备要充分。请柬及时发放和反馈，席位安排要符合礼仪规范；迎宾车辆要检测好，保证安全运行；迎宾人员要教育培训好等。

第四，时间要遵守。参与开业仪式的本企业人员均应严格遵守时间，不得无故缺席，并自始至终参加开业仪式，不可中途退场。开业仪式应准时开始，按时结束。如果开业仪式的来宾中主要人员晚到，出于礼貌应稍等片刻（当然来宾自己也应不迟到）。

第五，态度要亲切。迎接来宾到场之后，仍应保持主动、热情的服务态度，不要公式化迎宾后就冷落来宾，可介绍来宾相互认识。来宾致贺词后，应主动鼓掌表示感谢，不能对来宾的形象、讲话及其代表的公司评头品足。对来宾的提问，不论其公司大小，都应真诚友好地回答。

第六，行为要自律。开业仪式的每一环节都应慎重对待，不可在开业仪式开始后东张西望、垂头丧气、嬉戏打闹、反复看表，表现得敷衍了事、心不在焉，给来宾造成极为不好的印象，这样不利于企业的进一步发展。

2. 宾客参加开业仪式的礼仪

作为应邀参加企业开业仪式的宾客，无论这份邀请是来自上级主管机关，还是来自同行兄弟企业，都应注意自己的礼貌礼节，以至不辱使命，准确表达本单位的祝贺意愿。宾客参加开业仪式时要注意做到以下几点。

第一，宾客要修饰仪容，特别是上级领导，切不可因分管之故就大大咧咧、吆三喝四、随随便便。

第二，宾客要准时到场，一般来说可提前半小时左右，过早或过迟，对于主办单位而言，都会造成不便；如果遇到特殊情况无法到场，一定要尽早通知对方做好变动准备。

第三，参加开业仪式时，一般都应带上贺礼（如花篮、牌匾、楹联或实物礼品等）以示祝贺之意，在贺礼上别忘了写上祝词、落款、时间。

第四，宾主相见，宾客应主动向主人表示恭贺，多说吉祥、顺利、发达等话语，对同是宾客的其他单位代表应主动打招呼，相互结识，交流攀谈；不应只顾和主办单位人员讲话，而无视别人的存在。

第五，在主人讲话时，宾客应点头表示赞同，认真听讲并不时鼓掌；不可无休止地和左右宾客讲话或闭目养神，更不可剔牙、搓手、长时间地接拨手机等。

第六，仪式结束后，宾客应起立离座，然后与主办单位领导、主持人、服务人员等握手话别或听从主办单位的安排；不可迫不及待地匆匆要走（特殊情况除外，但要说明），也不可悄悄地不辞而别。

11.2 剪彩仪式

剪彩仪式在许多活动领域都适用，常见的有庆贺新组织的成立、企业开张、大型建筑物落成，以及道路、桥梁首次通车等。这里主要介绍企业商务活动中的展销博览、开业庆典时，举行剪彩仪式应遵守的仪式礼仪。

11.2.1 剪彩仪式的准备

剪彩仪式可以单独举行，也可以在开业庆典中举行，它是整个庆典仪式的高潮。剪彩仪式的准备工作与前面介绍的开业仪式的准备工作类似，如舆论宣传、拟订人员名单、请柬发送、现场布置等，但剪彩仪式也有自己必需的准备工作，应缜密细致地提前做好。

1. 剪彩物件的准备

具有一定宽度的红（彩）色缎带或绸带，根据需要结成等距离的若干彩球。为节约起见，不必选用整幅的长带，一般使用约两米左右的红带与彩球联结而成即可。例如，有的单位用质地较好的彩纸取代，效果也很好。

为显示隆重热烈，剪刀应选用新的，讲究的单位还会选用金色的剪刀。剪刀在使用前要事先试一试刀口的锋利程度，因为剪彩时“一刀两断”寓意着开张的吉祥如意、一帆风顺，所以要避免现场剪彩时出差错。

托盘和剪刀、彩球的数量应与剪彩人员的人数一致。托盘应华贵而醒目，大小适中，质地考究，供接彩球之用。每个托盘都用红绒布衬垫，其中放置新剪刀一把，白色薄纱手套一副，使用时由礼仪小姐双手托上递送给剪彩者。

2. 剪彩人员的确定

剪彩人员主要在应邀的来宾中产生，其身份和影响应与剪彩仪式的内容和规格统一，一般为上级领导、部门主管、社会名流、专家顾问、合作伙伴或本单位代表。剪彩人员的数量视情况而定，可以一人或多人参与剪彩。剪彩人员确定后，对本单位以外的剪彩人员，必须由本单位的负责人亲自出面或委派代表前往邀请，只打个电话或发个请柬显得过于草率。如果现场的剪彩人员不止一位，则应在邀请时跟被邀请人员讲清楚，征得几位剪彩人员同意共同剪彩后，剪彩人员才能正式确定下来。

3. 礼仪小姐的选定

礼仪小姐是剪彩仪式中负责引领宾客、拉牵彩带、递剪接彩等工作的服务人员，在仪式中担任着重要角色。礼仪小姐的选定，既可在公关、旅游及礼仪公司中聘请，或者向社会招募，也可在本单位的女职工中挑选。礼仪小姐的选择条件一般是仪容仪表姣好，仪态端庄大方，有一定的文化素养和气质及符合一定的年龄和健康要求。对挑选出的礼仪小姐，应该进行必要的教育和培训，使其懂得剪彩仪式的意义和自己的责任、熟悉剪彩仪式的程序和应有的礼节、落实各自的分工和位置，以确保剪彩仪式有条不紊地进行。

11.2.2 剪彩仪式的程序

开业庆典中的剪彩仪式只是整个庆典的一个组成部分。如果是单独举办剪彩仪式，一般应有以下程序。

1. 嘉宾入场

剪彩仪式开始前的五分钟，来宾应在礼仪小姐的引领下集体入场。一般来说，来宾中的剪彩者应在前排就座，座位上应事先放好座席卡，并摆放在主席台上。

2. 剪彩仪式开始

由企业主要负责人宣布剪彩仪式开始，奏乐、鸣炮（有的地方禁鸣则免），然后介绍到场的来宾，并对他们的到来表示感谢。

3. 宾主讲话

由主办单位代表、上级主管部门代表、合作单位代表及社会知名人士先后发言。讲话

内容应具介绍性、鼓动性、祝贺性，做到短小精悍、言简意赅。

4. 进行剪彩

礼仪小姐在欢乐的乐曲声中登场，引领剪彩者按主办单位的安排站立在确定的位置，这时拉彩者拉起红绸及彩球。在剪彩者剪断红绸，彩球落盘时，全体人员热烈地鼓掌。

5. 后续活动

剪彩仪式结束后，主办单位可安排一些文艺、参观、联谊、座谈、签名、题词、就餐等后续活动，具体做法可由剪彩内容而定，最后可以赠送每位来宾一些纪念性礼品，并热情欢送他们离去。

11.2.3 剪彩仪式的礼仪

在剪彩仪式中，剪彩者和剪彩仪式上的礼仪小姐是最突出的人物，剪彩仪式的礼仪也主要通过他（她）们表现出来。

1. 对剪彩者的礼仪要求

剪彩者是剪彩仪式的主角，由于他们的特殊身份，因此更容易被人们和媒体关注。剪彩者在剪彩仪式上的行为举止，要注意做到符合礼仪规范，其主要表现在以下几个方面。

第一，修饰自己的仪表着装。剪彩者的仪表要庄重、整齐，头发要梳理整齐，颜面要洁净，给人以容光焕发、干净利落的好印象；着装要根据剪彩内容的需要而选定，应正规、严肃，中山装、西服或职业制服都可以。

第二，注意剪彩仪式中的行为举止。剪彩者在剪彩仪式中，应始终保持稳重的姿态、洒脱的风度和优雅的举止，起身剪彩时，应面带微笑地稳步走向待剪的彩带，从礼仪小姐的托盘中自取剪刀，并向礼仪小姐及两边的拉彩者微笑示意，然后严肃认真地将彩带一刀剪断。如果剪彩者不止一人，还应当兼顾各位，彼此尽量同时开剪，剪完后，将剪刀放回托盘，并举手向人们致意或鼓掌庆祝。

第三，尊重主办单位，配合剪彩仪式进程。剪彩者应当理解此时主办单位盼望来宾到场的心情，一定要按照约定的时间，提前来到剪彩仪式现场。到现场后，剪彩者可与主办单位或其他先到一步的来宾交流谈心，不宜独坐一隅；剪彩仪式开始后，应专心听取他人的发言，关注剪彩仪式的进展，不宜喋喋不休地与人谈笑。剪彩归来回位之前，剪彩者应先和主办单位的代表握手致贺，并礼节性地交谈几句或与他们在一起长时间地鼓掌。在后续活动中，剪彩者也应善始善终，听从主办单位的安排，切忌因自己单位大或自己地位高等原因指手画脚、自以为是，令主办单位为难。

2. 对礼仪小姐的要求

在剪彩仪式上，通常都有礼仪小姐参加，她们承担着装点仪式，参与仪式的具体服务等重任。虽说礼仪小姐在仪式上是配角，但却体现着企业的形象和员工的素质，礼仪在她们身上显得尤为重要，具体如下。

首先，仪容要高雅。剪彩仪式上的礼仪小姐，多数情况下统一身着中华民族传统的礼仪服装——旗袍（也有穿西式套装的），脚穿黑色高跟皮鞋，化上淡妆，盘起头发，面带微笑，步履轻盈，整体典雅大方、光彩照人，一举一动，一颦一笑，都能给人以美的感受。

其次，行为举止要规范。在剪彩仪式中，礼仪小姐应训练有素，走有走姿，站有站相，整齐有序，动作一致，尤其应注意始终保持应有的微笑。这一点最重要又最不容易做好，主办单位必须加以强调。如果在剪彩仪式进行中发生了小意外（如剪了几次仍未能剪断彩带），礼仪小姐应平静地处理，以确保剪彩仪式顺利进行，不可手忙脚乱、大呼小叫。

最后，责任心要强。礼仪小姐在剪彩仪式中，应在服务中以规范的举止展示本单位的形象和风采，她们应当意识到，自己在剪彩仪式上的粗心大意会给来宾留下不好的印象，给企业带来损失。所以礼仪小姐的工作需要较强的自控力和责任心。如果在剪彩仪式中，礼仪小姐不知去向，或丢三落四，或毫无表情等，势必会破坏剪彩仪式的热烈气氛，影响剪彩仪式的最终效果。

11.3 签字仪式

在商务活动中，当双方经过业务洽谈、讨论，就某项重要交易或合作项目达成一致后，需要把谈判成果和共识用准确、规范、符合法律要求的格式和文字记载下来，并经双方签字盖章形成具有法律效力的文件。围绕这一过程，一般都要举行签字仪式。签字仪式的礼仪应注意以下几点。

11.3.1 签字仪式的准备

签字仪式是由双方代表在有关协议文本或合同上签字后使其产生法律效力，体现着双方诚意和共祝合作成功的庄严而隆重的仪式。因此，主方要做好充分的准备工作。

1. 确定参加签字仪式的人员

根据协议文本的性质和内容，安排参加签字仪式的人员。参加签字仪式的人员要根据双方派出人员的职位做出相应安排，原则上强调职位对等，人员数量上也应大体相当。一般来说，双方参加洽谈的人员均应在场，客方应提前与主方协商己方出席签字仪式的人员，以便主方做出相应的安排。具体签字人，应在地位和级别上对等。

2. 做好协议文本的准备

协议文本一旦签订即具有法律效力。所以，待签的协议文本应由双方与相关部门指定专人分工合作，完成好它的定稿、翻译、校对、印刷、装订等工作。除核对谈判内容与协

议文本的一致性之外，还要核对各种批件、附件、证明等是否完整、准确、真实有效，以及译本、副本是否与样本和正本相符。如果有争议或处理不当，应在签字仪式前，通过再谈判的方式达到双方谅解满意，方可确定。作为主方，应为协议文本的准备过程提供周到的服务和方便的条件。

3. 落实签字仪式的场所

落实签字仪式的场所应视参加签字仪式人员的身份、级别，以及人员的数量和所签文件的重要程度等诸多因素来确定，大至著名宾馆、饭店，小至企业会客厅（室）都可以选择。签字仪式既可以大张旗鼓地宣传，邀请媒体参加，也可以选择僻静场所进行。无论如何选择签字仪式的场所，都应是双方协商的结果，任何一方自行决定后再通知另一方，都视为失礼的行为。

4. 签字仪式现场的布置

签字仪式的现场布置的总原则是庄重、整洁、清静。常见的签字仪式的现场布置：在签字仪式现场的厅（室）内，设一加长型条桌，桌面上覆盖着深冷色台布（应考虑双方的颜色禁忌），桌后只放两张椅子，供双方签字人签字时用。礼仪规范为客方席位在右，主方席位在左，桌上放好双方待签的协议文本，桌子上端分别置有签字用具（签字笔、吸墨器等）。如果是涉外签字，在签字桌的中间摆一国旗架，分别挂上双方国旗，注意不要放错方向。如果是国内企业之间的签字仪式，也可在签字桌的两端摆上写有企业名称的席位牌。签字桌后应留有一定空间，供参加签字仪式的双方人员站立，背墙上方可挂上“××××（项目）签字仪式”字样的条幅。签字桌的前方应开阔、敞亮，如果请了媒体记者，则应留有空间，配好灯光。

11.3.2 签字仪式的程序

在商务活动中，签字仪式有一套严格的程序，大体由以下步骤构成。

（1）参加签字仪式的双方代表及特约嘉宾，按时步入签字仪式现场。

（2）签字人员在签字桌前入座，其他人员分主、宾各站一边，按其身份自里向外，依次由高到低列队于各自签字人员座位之后。

（3）双方助签人员分别站立在自己一方签字人员的外侧。

（4）签字仪式开始后，助签人员翻开协议文本，指明具体的签字处，由签字人签上自己的姓名，并由助签人员将己方签了字的协议文本递交给对方助签人员，最后交换对方的协议文本再签字。

（5）双方保存的协议文本都签好字以后，由双方的签字人郑重地相互交换协议文本，同时握手致意祝贺，双方人员起立并同时鼓掌。

（6）协议文本交换后，服务人员用托盘端上香槟酒，由双方签字人员举杯同庆，以增添欢乐气氛。

（7）签字仪式结束后，双方可共同接受媒体采访。退场时，可安排客方人员先走，主方人员送客后再离开。

11.3.3 签字仪式的礼仪

谈判不成当然无须签字，签字是洽谈结出的硕果。在签字仪式上，气氛要轻松和谐，虽然没有了洽谈的警觉和自律，但是签字仪式仍不可大意。

（1）签字者应注意服饰整洁、挺括。参加签字仪式，签字者应穿庄重大方的正式服装，切不可随意着装。这反映了签字一方对签字仪式的整体态度和对对方的尊重。如果因一时轻松而忘乎所以，可能会招来对方的不快。

（2）双方签字者的身份和职位应对等，过高或过低都会造成不必要的误会。参加签字仪式的其他人员在站立的位置和排序上应有讲究，不可自以为是。在整个签字仪式完成之前，双方人员都应微笑地起立站好，不宜互相走动谈话。

（3）签字应遵守“轮换制”的国际惯例，即签字者应先在自己一方保存的协议文本左边首位处签字，然后交换协议文本，在对方保存的协议文本上签字，这样双方都有一次首位签字的机会。在对方的协议文本上签字后，己方与对方签字者互换协议文本，而不是由助签人员代办。

（4）最后双方举杯共饮香槟酒时，举止要文雅有风度，不能大声喧哗叫喊，碰杯要轻，稍后高举示意，浅抿一口即可。

11.4 中外商务习俗

商务习俗是指人们在长期的商务活动过程中由于种种原因（如文化、传统等）形成的习惯性观念和做法。不同国家和地区之间既有彼此相似的商务习俗（即国际惯例），又有各自区别于其他国家和地区的特色习俗。在商务活动中，应主动做到入乡随俗，避免与贸易伙伴产生误会，达到彼此沟通感情，促进业务顺利进行的目标。

11.4.1 商务习俗的形成

商务习俗的形成主要源于各国家之间的文化传统的差异。概括地说，影响文化传统差异可以分为价值观念、国民个性、语言环境和交往方式四个方面。

1. 价值观念的影响

不同的文化传统会在一个国家或地区范围内形成占主导地位的价值观念。例如，在日本，由于文化传统的长期影响，人们注重效果而不在意效率，因此他们的商务洽谈十分重视各阶段的实际效果，所以在洽谈过程中表现得十分慎重、周密、严谨，凡事彬彬有礼、不慌不忙；在美国的文化传统中，人们更注重的是效率，因此商务洽谈中最不乐意打持久

战，要求速战速决。

2. 国民个性的影响

一方水土养一方人，文化传统的差异使得不同民族、不同国家和地区都有着自己鲜明的国民个性。受此影响，不同国家和地区的商务人员也必然烙上本国、本地国民个性的印迹。例如，中国商人在涉外商务活动中易受重义轻利的国民个性影响，谈判交往比较含蓄，这种太极式周旋的东方文化往往使西方对手无法适应；由于英国曾在历史上称雄世界，国民个性中总带有一种高傲自得的绅士派头，因此这种派头在商务活动中也会不可避免地流露出来。当然，由于英国是个岛国，因此他们又有着比较保守、反应较慢、注重体面的另一面。

3. 语言环境的影响

语言是文化传统的组成部分，不同的语言环境孕育着不同的文化，同时文化又制约着语言的进一步发展。语言包括书面语言、口头语言、人体语言、行为语言等，甚至还有时间语言、空间语言、物质语言之说。在商务活动中，这些由语言环境构成的商务习俗，也是我们应当读懂、听懂的。一般来说，书面语言最严谨、口头语言最活跃、行为语言最难懂。世界上约有 3 000 多种语言，但在商务活动中最常用的主要是英语，此外，还有法语、西班牙语等常用商务语言（WTO 的正式文件文本指定为这几种语言）。还有些国家或地区历史上曾经沦为外国殖民地，由于在不得不使用宗主国语言的同时，仍然保留了自己民族的语言，因此形成了较为复杂的商务习俗。

4. 交往方式的影响

在不同的文化传统背景下，各国或各地区商务交往的方式也互不相同，从而形成了互不相同的商务习俗。例如，在国际商务交往中，美国人由于比较开放、随和，一般乐意邀请客人到自己家中参加鸡尾酒会或庭院野餐会；日本人受东方文化的影响，性格比较拘谨、正统，通常不愿邀请客人到家中聚餐做客，而是习惯请客人去酒吧或餐馆等正式场合交流感情、增进友谊。

当然，第二次世界大战以后，随着国与国之间文化交流日益频繁、国际商务往来的增多、全球经济一体化步伐的加快，各国及各地区的交流方式也在相互渗透、相互交融，原来的商务习俗也在发生着潜移默化的改变，彼此借鉴，走向趋同。全球的商务活动都在寻求最佳的方式接近对手、取悦顾客，而不顾或改变其传统的商务习俗，因此我们在学习中外商务习俗内容的同时，不可墨守成“俗”，而应以发展的眼光去看待既有的习俗，要不断地总结概括新世纪商务习俗的新变化。

11.4.2 不同国家或地区的商务习俗

不同国家或地区的商人，必然有着不同的商务习俗，和他们做生意时应当充分了解这些习俗，并尽量去适应。不同国家和地区的商务习俗具体如下。

1. 中国商务习俗

中国商人历来注重礼节礼貌，以诚信为本，信奉“诚招天下客”，把生意和仁义区别对待，注重交情和友谊，这与中国文化传统的重义轻利思想有关，即使洽谈磋商很久，对不能成交的业务仍强调仁义在，主张和气生财。中国人经商乐于感情投资，喜欢投其所好，送点小礼物，或者通过宴请对手在推杯换盏中边吃边谈。有些宴请档次之高、气势之大、来人之多常使外商受宠若惊，甚至害怕而退。

中国地广人多，商务活动也分多种形式。在比较繁华的城市里，把商务活动相对集中的商业区域称为市，而在乡村则习惯上称之为集。农村的集市往往都有固定的日期，有的逢十、有的逢五等，都以中国的农历计算，依农历的节日庆祝为契机，逛市赶集。还有一种商务活动形式称为庙会，期早在1 000多年前就已存在，集宗教、商贸、民俗活动于一体，经久不衰，至今仍深受群众喜爱。

在中国商务习俗中，仍有些旧时代的店规，如员工不准在店堂门口伸懒腰、打哈欠，更不许站在门槛之上或倚靠在门框边，怕是挡了财路；员工扫地只能从门口扫起，由外向里，意寓留住财富；不准把算盘摆在地下坐；药店、棺材店里不能讨价还价，员工不能对顾客说“欢迎再来”；买卖民间神龛神像等物，只能说“请”“送”，不能说“买”“卖”，以示尊敬和虔诚；过去开市开业要祭财神、放鞭炮，有的地方还时兴由店主把活鲤鱼放生江河，取其“生意兴隆通四海，财源茂盛达三江”之吉意。现在商场开业时多搞开业仪式、升旗剪彩，员工恭迎首批顾客进店。

改革开放以来，中国商人注意学习现代营销知识、公关礼仪知识及国际通行惯例知识，在吸取国外的一些商务常规的基础上，再结合中国文化传统特色，使商务习俗产生了新的变化。例如，守时重诺、按质论价、对等相称等方面比过去有了较明显的转变。

2. 日本商务习俗

虽然日本是我国的近邻，但是其仍有不少独特的商务习俗。改革开放以来，中日贸易日益增多，日本商人来华频繁，所以懂得一些他们的商务习俗有助于对日贸易的开展。

日本商人在与对方接触洽谈之前，习惯于先建立友好往来的关系，他们往往通过最初几次的会晤来揣摩对手。日本商人早期和你见面，一般不谈工作，而只是自我介绍、彼此引见和互换名片等，要等喝过几道茶，才会言归正传，而此时，他已通过品茶在“品你”了。例如，对方的地位、重要性和与谈判班子成员的工作关系等都是他们“品”的内容。日本商人第一次洽谈时喜欢互赠礼品，你可以在还礼时回赠本公司的特殊产品给他，但不必借机炫耀产品的商标。礼品的数量只可是三件、五件或七件，绝不能选四件。在接受日本商人的礼品时，一定要再三推谢之后才可收下，而再次相遇时，一定要重提和夸赞他送的礼品。根据日本的习俗，送礼时间最好是在年末或七月初的中元节。

日本商人很注重礼仪的运用，因此你也应当举止从容、态度谦恭。和日本商人洽谈发言时要放低姿态，施压对他们是不起作用的；应从中级别接待团队开始洽谈，防止给日本商人造成压力感。向日本商人递名片时，不能倒拿，要让字正对着他们递过去，名片最好一面印有日文。日本商人喜欢把谈判安排在晚上进行，而且持续到凌晨，他们认为晚上最能了解人的灵魂。日本商人谈判时往往兴师动众，与欧美商人单车独马的风格不同。谈判

中要注意日本商人的三种表现：第一，报以微笑，这只表示“我们还是朋友”，别无他意，所以日本商人虽然客气，但并不容易接近；第二，他们往往以长时间的沉默不语来思考，并借此考验对手的耐心和态度，这种沉默不是拒绝也不是默认，而只是一种赢得时间和观察对手的策略；第三，日本商人的“嗨”只表示“听见了”“知道了”并不是表达“是的”“对的”的意思，只能理解为是一种礼貌的应和。

3. 亚太地区商务习俗

亚太地区的商务习俗大同小异，其中大多数商人都很客气，崇尚个人的谦恭和与集体的和谐，这实际上抑制了洽谈者个人的特征和情感。当然，各国的习俗也不尽一致，所以应区别对待。

泰国商人以闲逸舒适的态度著称，对待生意漫不经心，也不太主动争取客户，这种商务活动方式被称为“卧着做生意”。泰国商人喜欢通过共进午餐来开展商务联系，以便能更多地了解客户。许多拥有高级地位的泰国商人都有皇室头衔，并醒目地印在名片上，如P.O.C（国王的孙子）、M.R.（国王孙子的孙子）等。当你接过名片时，应认真细读，并以头衔称呼他。泰国在圣诞节或每年 4 月份的宋干节期间，商业部门大多是停止营业的，所以与泰国人做生意要先通过信函约定。泰国商人对你给孩子送小礼品是十分欢迎。

澳大利亚商人不多疑，不以门第、等级取人，比较容易接近。他们总是很爽快地安排洽谈，并且洽谈条件较为客观，几乎有问必答。一般报价已经接近了对方可以接受的水平时，无须再去过多地讨价还价，因为澳大利亚商人没有先抬价再让价的习惯。在业务洽谈中，澳大利亚商人重视大的原则问题，不大纠缠细节，所以与其谈判，应集中精力解决重大问题，不必多谈细节。每年 3 月份至 11 月份是出访澳大利亚经商办事的最佳时期，其余的三个月，特别是临近圣诞节、复活节时，他们基本上是静不下心来进行商务洽谈的。

马来西亚商人和新加坡商人外出频繁，确定商务洽谈的时间应至少提前一个月。若能找到熟人或由银行开份引荐信，会使你建立客户关系和安排洽谈更顺利，否则你的会晤请求可能会没有答复。在这些国家洽谈商务需要有耐心，他们的决策不仅是缓慢的，而且可能重新决策。例如，价格已达成协议后，对方却试图就此再度协商，这是一种习俗，你不必感到吃惊。在马来西亚进行商务活动时，时间选择应避开穆斯林斋月和华裔新年，最好选在每年的 3 月份或 7 月份。近年来，东南亚诸国对环境保护和禁烟抓得很认真，赴外洽谈经商时，应格外注意。

近几年来，韩国的工业发展十分迅速，商贸活动也十分活跃。韩国商人在贸易谈判前，会对对方的情况进行细致地了解，否则不会轻易与对方坐到谈判桌前。韩国商人在谈判时多采用“声东击西”“先苦后甜”“以退为进”等策略，用率先忍让的假象去换取对手的让步。而他们自己，即使到了将近签约之时，也仍不放弃再让价格的要求。和日本商人相似，韩国商人也多行礼鞠躬，如果结束时鞠躬的时间长于开始时鞠躬的时间且鞠躬的幅度也加大，则透露出他们对洽谈结果是满意的，反之，则意味着洽谈还有麻烦。韩国商人针对不同的谈判对手，经常使用“疲劳战”“限期战”等手法与对手周旋。

4. 中东商务习俗

中东国家多信奉伊斯兰教，其生活方式造就了“一个完全不同的世界”，渗透到商务活动中就形成了非常独特的商务习俗。阿拉伯人的纪元是以公元622年为元年的，使用的伊斯兰教历和公历不同，所以在与阿拉伯商人洽谈时要进行换算，别弄错了日子。在一年一度的斋月中，商务活动照常进行，但商务宴请却必须在日落之后，因为宗教要求，伊斯兰教徒每天要面向麦加方位做五次祈祷，商务活动中也不例外。阿拉伯人不太注意守时，他们既不在意开始的时间，又不节制结束的时间，所以他们在约会时往往迟到，在会谈中常常延时。他们会因不断接待新的来访者而让你坐等20分钟，也可能在同一个场合与不同的对手进行谈判，原定的会谈一小时，被拖长两小时到三小时是常事。

阿拉伯人等级观念较明显，你想越过下级直接去找其上司，这样做丝毫不能加快你办事的速度，甚至还可能事与愿违。在办公室或社交场合喝茶或咖啡时，应以三杯为限，多喝被认为是不懂规矩的。若有人在你正在谈话时介入，不必诧异，这是阿拉伯民族一种古老的“共同听政”的习俗。阿拉伯人喜怒难测、固执己见，怒时极易冲动，但不伤害别人，只是自我宣泄；喜时往往不顾实际情况就欣然答应别人的要求，而外人还常常信以为真。

在沙特阿拉伯，人与人约会一般只说从现在起几小时后，而不能说定几点钟，因为沙特阿拉伯人习惯以日落时为零点，而不同的地区因日落时间不同，会相差几十分钟（如首都利雅得的日落时间比吉达市早约30分钟）。沙特阿拉伯是男女之间防范最严的国家，外国妇女申请入境非常困难，因此在进行商谈前，不可贸然向外商的妻子问好。在禁忌方面，沙特阿拉伯严禁一切偶像，任何人不准携带雕塑、洋娃娃之类的物品入境，甚至连商店的服装塑料模特和十字路口的交通灯上的人像都是无头的。沙特阿拉伯人忌用左手接拿物品。沙特阿拉伯人在签署文件或合同时，必须有两名沙特阿拉伯人在场见证方能生效。

与科威特人谈生意，多数是在饮酒中进行的。他们并不多说话，通过与对方饮酒，用酒杯来“说出”贸易语言，发表自己的意见。例如，科威特人表示愿意和你做生意时，就会频频举瓶为你斟酒，每次量不大，你也应为他倒酒表示回敬；如果他举杯要你饮酒，自己只饮一两口，又不喝干，则表示他愿意在价格上有所让步；表示协议达成时，就摆上两只酒杯，各盛上饮料和酒，双方各喝两杯，即可签约成交；相反，如果对方把一杯酒喝完后，再把酒杯扣在桌上，则生意告吹，准备告别走人。所以去科威特商谈时，既要懂他们的“酒语”，又要能陪他们喝酒，还不能因量小醉酒而误事。

总之，阿拉伯世界很神奇，宗教禁忌颇多，使得欧、亚、美各地的商人深感不适。在中东经商，务必要尊重阿拉伯民族的习俗，尤其是宗教习俗，这样才能减少麻烦，获得成功。

5. 欧美国家商务习俗

和阿拉伯人完全不同的是，欧美商人特别注重守时。无论在欧美哪个国家与商人打交道，最好比约定的时间早五分钟到达。如果你迟到，不管怎样解释也无法真正挽回失礼的印象。

欧美各国之间的商务习俗也各具特色，以美国商人和德国商人为例，美国商人独来独往，德国商人则总带助手；美国商人随约随往，一般不搞迎送，德国商人则要在阅读企业材料、认真看过样品后才与你会晤，因此总会稍稍推迟约见日期；美国商人注重现实水平，德国商人却看中学术头衔；美国商人乐意尽快把项目敲定，德国商人却讲究形式，缺乏灵活性等。

法国《问题》周刊曾载文指出："好的商人，不仅要熟悉商品，而且也要熟悉风土人情。"同在欧洲，英国人深沉、法国人浪漫、德国人严肃，而西班牙人的想法和行为相互有别，甚至大相径庭。在商务活动中，英国商人态度友好，讲究礼仪，但不喜欢别人直接称他们为英国人，而叫他们大不列颠人，他们更易于接受。与英国商人洽谈时，不要佩戴条纹领带，不要以英国皇家的私事为话题闲聊。与法国商人谈判时，先就主要交易条件达成共识，而后才谈合同条文，他们习惯上会反复多次地交谈涉及交易的全部内容，如果与你约会，则喜欢采用共进晚餐的方式。芬兰商人总喜爱以桑拿的方式与客人同庆合作成功，而且不喜欢客人拒绝。在西班牙、挪威，成交后的客方应当懂得必须送礼的习俗，这是一种礼貌，或者说是一道手续，这在当地是合情合理又合法的。

不少欧美国家，如英国、法国、加拿大等的机关单位和企业多在 7 月份到 8 月份休息，因此选择的洽谈时间应尽量避开这个时段。此外，在欧美地区，圣诞节、复活节前后的一两周及双休日都要尽量不安排或少安排商务洽谈活动。

本章小结

本章介绍了商务礼仪的概念及其在商务活动中具有的重要意义。在商务活动的常见礼仪中，选择了开业仪式礼仪、剪彩仪式礼仪和签字仪式礼仪加以介绍。

思考与练习

一、选择题

1．签字仪式是由双方代表在有关协议文本或合同上签字后使其产生法律效力，体现双方诚意和共祝合作成功的庄严而隆重的仪式。因此，主方要做好（　　）工作。

A．参加签字仪式人员的确定　　B．协议文本的准备

C．签字仪式场所的落实　　D．签字仪式现场的布置

2．在商务活动中，不太守时的商人是（　　）。

A．中国人　　B．欧美人　　C．阿拉伯人　　D．日本人

二、填空题

1．阿拉伯人等级观念较明显，你想越过下级，直接去找其上司，不仅丝毫不能加快你办事的速度，甚至还可能事与愿违。在办公室或社交场合喝茶或咖啡时，应以（　　）为限，多喝被认为是不懂规矩的。

2．根据日本的习俗，送礼时间最好是在年末或（　　）的中元节。

三、简答题

1．开业仪式的组织者应注意哪些礼仪？
2．商务习俗的形成有哪些主要因素？
3．签字仪式的程序是什么？

四、分析题

请分析中国商务习俗还有哪些内容？

第12章 商务谈判礼仪

学习目标

- 掌握商务谈判的组织安排礼仪
- 掌握商务谈判中的语言礼仪

谈判是人们在日常工作中比较常见的事情，一方面，谈判作为一项有意义的社会活动，已经成为处理人类关系和解决冲突的重要方法；另一方面，谈判也是社会竞争的产物，被赋予了时代的意义。商务谈判是交易双方为了各自的目的就一项涉及双方利益的交易进行洽谈，最终解决争议、达成协议、签订合同的一个过程。巧妙而又灵活的运用谈判技巧是商务谈判成功的必要条件。在商务谈判中，谈判礼仪是重中之重。谈判礼仪是谈判者的广告、叩开对方心灵的工具、拉近双方距离的桥梁，也是谈判的技术手段之一。

12.1 商务谈判的组织安排礼仪

商务谈判活动的组织安排，特别是大型商务谈判活动的组织安排具有十分重要的意义。商务谈判以正式谈判为中心环节，还包括谈判前的准备工作，如搜集信息了解对方、组织己方队伍、确定谈判目标、准备各种材料等；谈判时间和地点的选择、环境的布置、谈判议程的安排与控制、签字仪式的举行等。

12.1.1 商务谈判的基本阶段

商务谈判过程即交谈过程，一般可分为以下几个阶段。

1）导入阶段

导入阶段即双方见面、介绍、寒暄、简短交谈，以及创造良好的谈判气氛。

2）概说阶段

概说的目的是让对方了解自己的目标和想法，但不是把自己的一切想法和盘端出，只是简单地说出自己的基本想法、意图和要求。这是双方彼此认识谈判对手的目标要求的第一回合。

3）明示阶段

明示阶段是谈判双方把要解决的问题摆到桌面上来讨论，问题包括：自己所求、对方所求、彼此互相所求，以及看不出来的内蕴要求。

4）交锋阶段

由于利益和心理上的对立，谈判双方必然存在某些分歧，这些分歧在交锋阶段就明显展开了。在交锋中，谈判者既要朝着自己追求的目标勇往直前，又要有随时回答对方质询的心理准备，同时，要尽量把对方的抵抗心理降到最低。

5）妥协阶段

双方各自做一定的让步，以达成最终的协议。

6）协议阶段

经交锋阶段和妥协阶段后，双方认为已基本达到了自己的要求，于是拍板同意，双方代表在协议书上签字，谈判结束。

12.1.2 谈判时间的选择礼仪

时间观念是快节奏的现代人非常重视的，因此对于谈判活动，时间的掌握和控制也是很重要的。例如，商务谈判开始之前准时到达，表示对谈判对方有礼貌，相反，则是不尊重。无故失约、拖延时间、姗姗来迟等，这些行为产生的都是负面效应，只有准时赴约，才能体现出交往的诚意。谈判时间的选择是否恰当，对谈判效果影响很大。一般来说，应注意以下几种情况。

（1）避免在身心处于低潮时进行谈判。例如，夏天的午饭后、人们需要休息的时候等都不宜进行谈判；去外乡异地谈判或去国外谈判时，在经过长途跋涉后应避免立即开始谈判，要安排充分的休整之后再进行谈判。

（2）避免在休息日后的第一天早上进行谈判，因为这个时候人们在心理上可能仍未进入工作状态。

（3）避免在连续紧张地工作后进行谈判，这时人们的思绪比较零乱。

（4）避免在身体不适时（特别是牙痛时）进行谈判，因为身体不适时，很难使自己专心致力于谈判之中。

（5）避免在人体一天中最疲劳的时间进行谈判。现代心理学、生理学研究认为，傍晚 4 点至 6 点是人一天在心理上、肉体上的疲劳都已达到顶峰的时候，这个时候容易焦躁不安、思考力减弱、工作没有效率，因此在这个时候进行谈判是不适宜的。

（6）在商务谈判中，如果是卖方谈判者，则应主动避开买方市场；如果是买方谈判者，则应尽量避开卖方市场，因为在这两种情况下都难以进行平等互利的谈判。不要在最急需某种商品或急亟出售产品时进行谈判，要有一个适当的提前量，做到“凡事预则立”。同时要注意时间因素的重要性，要选择对自己最有利的时机，如夏天买棉衣、冬天买风扇、落市时去买菜、淡季时去旅游等。

12.1.3 谈判环境的布置礼仪

选择正确的谈判环境，对商务谈判的过程和结果会产生重大的影响。不利的谈判环境因素包括：嘈杂的环境、极不舒适的座位、谈判房间的温度过高或过低、不时有外人打扰、陌生环境引起的不适感等。这些环境因素会影响谈判者的注意力，从而导致谈判的失误。

从礼仪要求上讲，一般合作式谈判应安排在布置良好的谈判环境中，使之有利于谈判的顺利进行。谈判环境的布置应注意以下几方面。

（1）光线。可利用自然光源，也可使用人造光源。利用自然光源即阳光时，应备有窗纱，以防强光刺目；使用人造光源时，要合理配置灯具，使光线尽量柔和一点。

（2）声响。室内应保持安静，使谈判能顺利进行。房间不应安排在临街、临马路的地方，也不该安排在施工场地附近；房间门窗应能隔音，周围没有电话铃声、脚步声、人声等噪声干扰。

（3）温度。室内最好能使用空调和加湿器，以使空气的温度与湿度保持在适宜的水平上（温度在20℃，相对湿度在40%～60%是最合适的）。一般情况下，至少要保证空气的清新和流通。

（4）色彩。室内的家具、门窗、墙壁等的色彩要力求和谐一致，陈设应实用美观，并留有较大的空间，以利于人员活动。

（5）装饰。谈判场所的装饰应力显洁净、典雅、庄重、大方。宽大整洁的桌子、简单舒适的座椅（沙发），墙上可挂几幅风格协调的书画，室内也可装饰适当工艺品、花卉、标志物，但不宜过多过杂，以简洁实用为好。

12.1.4 谈判中的就座礼仪

在商务谈判中，谈判双方如何很好的就座是谈判组织安排中一项重要的工作。由于商务谈判直接关系到谈判双方或双方所在企业的切实利益，因此如何就座具有严格的礼仪要求。在商务谈判的会议室里，就座的位置不仅是地位的象征，而且会对探索如何进行意见交换产生策略上的影响，以至于谈判桌的形状和座次安排能代表谈判人员采取的某种特定的谈判方式，因此谈判人员的座次是需要慎重安排的。

不同的入座顺序表达不同的意义。正式谈判的时候，对双方在谈判现场的具体座次的要求是非常严格的。按座位的排列方式不同，正式谈判分为双边谈判和多边谈判，双边谈判多采用长方形或椭圆形的谈判桌，多边谈判多采用圆桌谈判。无论谈判时使用的是长桌还是圆桌，都应该注意座位的朝向，一般情况下，面对门口的座位应留给最具有影响力的人。

1. 双边谈判

在双边谈判中，要事先了解双方参与谈判的谈判人员姓名和职位，并按照职位的高低摆放名牌，谈判双方直接对号入座即可。谈判桌座次的排列可以分为以下两种。

（1）横桌式（见图12.1）。

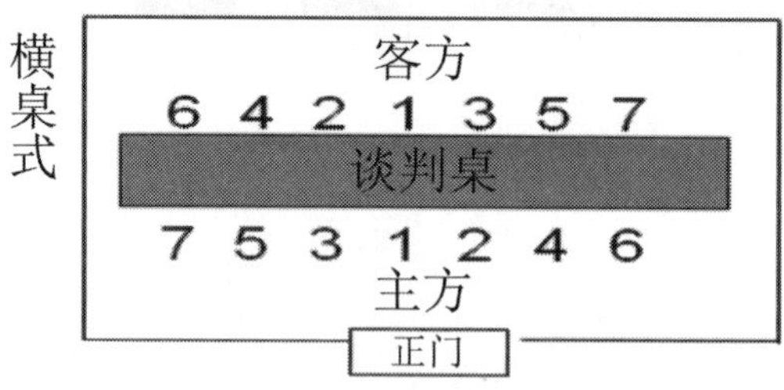

图12.1　横桌式

横桌式座次排列是谈判桌在谈判室内横放，客方人员面门而坐，主方人员背门而坐。除双方主谈人员居中就座之外，各方的其他人员应依照具体职位的高低，各自先右后左，自高而低分别在己方一侧就座。双方主谈人员的右侧座位，在国内谈判中可坐副手，而在

涉外谈判中应由译员就座。

（2）竖桌式（见图 12.2）。

竖桌式座次排列是谈判桌在谈判室内竖放，具体排位时以进门时的方向为准，右侧由客方人员就座，左侧则由主方人员就座，其他方面与横桌式排座相仿。

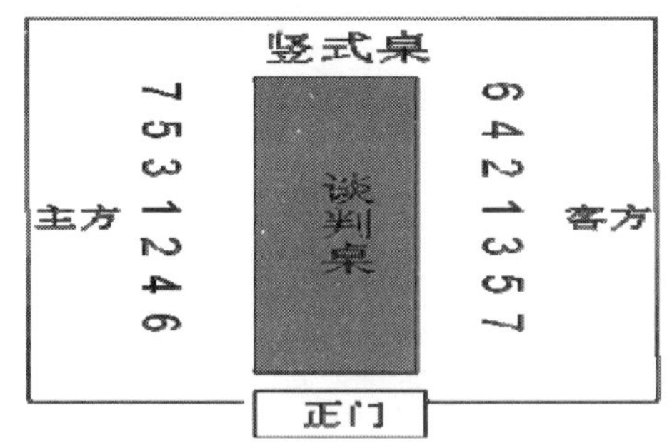

图 12.2　竖桌式

2. 多边谈判

多边谈判是由三方或三方以上人员举行的谈判。多边谈判的座次排列也分为两种形式。

（1）自由式。

自由式座次排列即各方人员在谈判时自由就座，而无须事先正式安排座次。

（2）主席式（见图 12.3）。

主席式座次排列，是指在谈判室内，面向正面设置一个主席位，由各方代表发言时使用，其他各方人士，则一律背对正门，面对主席之位分别就座，各方代表发言后，须下台就座。

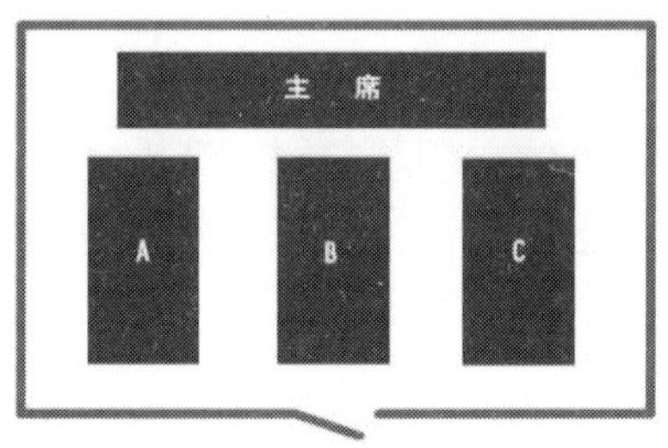

图 12.3　主席式

3. 谈判中签字仪式的座次礼仪

一般说来，举行签字仪式时，座次排列的具体方式采用并列式。并列式座次排列是举行双方签字仪式时比较常见的形式，即签字桌在室内面门横放，双方出席签字仪式的全体人员在签字桌之后并排排列，双方签字人员居中面门而坐，主方在左边，客方在主方的右边，如图 12.4 所示。

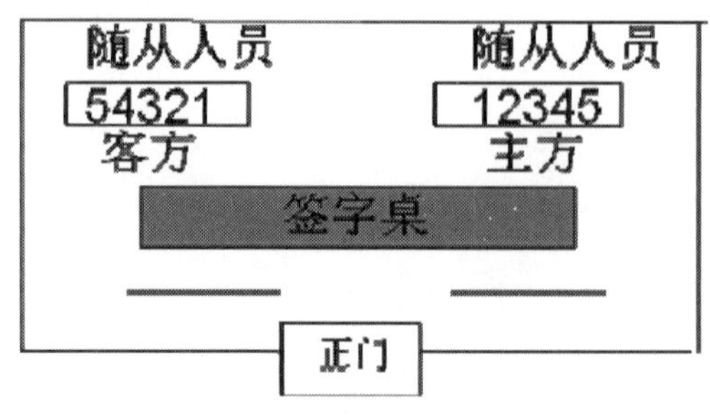

图 12.4　并列式

12.2 商务谈判的语言礼仪

12.2.1　商务谈判的语言技巧

商务谈判的语言技巧主要包括以下要素。

1. 针对性要强

在商务谈判中，双方各自的语言，都是在表达自己的愿望和要求的，因此谈判语言的针对性要强，要做到有的放矢。模糊、啰嗦的谈判语言会使对方感到疑惑、反感，降低己方威信，成为谈判的障碍。

针对不同的商品及不同的谈判内容、谈判场合、谈判对手，要有针对性地使用谈判语言，才能保证谈判的成功。例如，对脾气急躁、性格直爽的谈判对手，运用简短明快的语言可能更受欢迎；对慢条斯理的对手，则采用春风化雨般的倾心长谈可能效果更好。在商务谈判中，要充分考虑谈判对手的性格、情绪、习惯、文化素养及需求状况的差异，恰当地使用针对性强的语言。

2. 表达方式要委婉

在商务谈判中，语言的表达方式应尽量委婉，这样易于被对方接受。例如，在否决对方要求时，可以说："您说的有一定道理，但实际情况稍微有些出入。"然后不露痕迹地提出自己的观点。这样做既不会有损对方的面子，又可以让对方心平气和地认真倾听自己的意见。

在商务谈判中，谈判高手往往努力把自己的意见用委婉的方式伪装成对方的见解，提高自身说服力。在提出自己的意见之前，先问对方如何解决问题，当对方提出解决方案以后，若和自己的意见一致，则要让对方相信这是他自己的观点。在这种情况下，对方有被尊重的感觉，他就会认为反对这个方案就是反对他自己，因而容易达成一致，获得谈判成功。

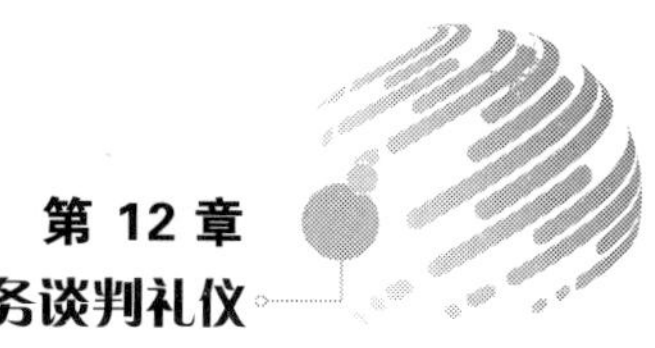

3. 具备灵活的语言应变能力

由于谈判形势的变化是难以预料的，因此往往会遇到一些意想不到的尴尬事情，这就要求谈判人员具备灵活的语言应变能力，并与应急手段相联系，巧妙地摆脱困境。当遇到对方逼你立即做出选择时，你若说“让我想一想”“暂时很难决定”之类的语言，便会被对方认为缺乏主见，从而在心理上处于劣势。此时你可以看看表，然后有礼貌地告诉对方：“真对不起，9 点钟了，我得出去一下，有一个与朋友约好的电话，请稍等五分钟。”于是，你便很得体地赢得了五分钟的思考时间。

4. 恰当地使用无声语言

在商务谈判中，谈判人员通过姿势、手势、眼神、表情等非发音器官来表达的无声语言，往往在谈判过程中发挥着重要的作用。在有些特殊环境里，有时需要保持沉默，恰到好处的沉默可以取得意想不到的效果。

5. 巧妙而委婉的拒绝

在商务谈判中，往往会碰到这样的事：对方提出要求，希望己方能同意，然而面对有损于己方利益的要求又必须拒绝，而拒绝也是有礼仪要求的，那就是要采用一些巧妙而委婉的拒绝方式，设法不让对方或己方陷入紧张状态之中，并使对方能比较痛快地接受这一信息。例如，在对方提出问题之后，不马上正面回答，而是先讲一点理由，提出一些条件或反问一个问题，诱使对方自我否定，主动放弃原来提出的问题。

12.2.2 商务谈判中的辩论礼仪

在商务谈判中，谈判人员常常通过提问技巧来弄清某些事实、把握对方思想脉络、表达己方意见或调整己方谈判策略。恰到好处的提问不仅可以启发对方思维、激发对方的兴奋点、控制交谈言路的方向，而且可以表达自己的感受，帮助自己获得新的信息和资料。提问在商务谈判中起着重要作用，但提问必须问得适当而有礼，需体现对对方的尊重，这样才有利于谈判的顺利进行。

1. 提问的方式要适当

在商务谈判中，提问的方式多种多样，有封闭式提问、开放式提问、婉转式提问、澄清式提问、探索式提问、引导式提问、协商式提问、强迫选择式提问等，不管采取哪种提问方式，都得符合礼仪要求。

（1）提问的方式要委婉，语气要亲切平和，用词要斟酌，不能把提问变成审问或责问。咄咄逼人的提问容易给对方以居高临下的感觉，进而使之产生防范心理而不利于谈判的进行。

（2）提问的内容和角度要慎重选择，既要有针对性又不能使对方为难。不要一直提对方难于回答的问题，如果提出的问题使对方面有难色或露出不悦的神情，就不要再追问而要及时变换话题。

（3）对需要向对方提问或查问的问题，应事前列好提纲，而且越详细越好。如果对提问的问题没有准备而贸然提问，这是不尊重对方的表现。

2. 提问的时机要恰当

即使问题提得再好，但时机不恰当，同样起不到应有的作用。有经验的谈判者认为，提问以选择如下时机为宜。

（1）在对方发言完毕之后提问。

当对方发言时，要认真倾听，即使发现了问题，很想提问，也不要打断对方，可先把发现的和想到的问题记下来，待对方发言完毕再提问。这样不仅反映了自己的修养，而且能全面地、完整地了解对方的观点和意图，避免因操之过急而曲解或误解了对方的意图。

（2）在对方发言停顿、间歇时提问。

在商务谈判中，如果对方发言冗长、不得要领、纠缠细节或离题太远，影响谈判进程，可在对方停顿时借机提问。例如，“细节问题我们以后再谈，请谈谈你的主要观点好吗”“第一个问题我们听明白了，那第二个问题呢”。

（3）在自己发言的前后提问。

当轮到自己发言时，可在谈自己的观点之前，对对方的发言进行自问自答。例如，“您刚才的发言说明什么问题呢？我的理解是……对这个问题，我谈几点看法”。在充分表达了自己的观点之后，为了使谈判沿着自己的思路发展，可以这样提问：“我们的基本立场和观点就是这样，您对此有什么看法呢？”

（4）在议程规定的辩论时间提问。

在商务谈判中，聪明的谈判者总是细心记录、深入思索，抓住谈判桌上的分歧进行提问，而且不问则已，一问就要问到要害处。此外，还要注意提问的速度应快慢适中，应选择对方心境好的时候提问，并给对方以足够的答复时间等。

3. 正确使用语言进行辩论

商务谈判是谈判者运用语言表达意见、交流观点的过程，语言运用的正确与否往往决定谈判的成败。谈判者在运用语言的过程中，除要注意谈判语言的客观性、逻辑性、针对性之外，尤其要注意用语的规范性和灵活性。

（1）谈判语言必须坚持文明礼貌的原则，要符合商界的特点和职业道德的要求。无论谈判中出现任何情况都不能使用粗鲁、污秽的语言或攻击性的语言。

（2）谈判用语必须清晰易懂，口语尽可能标准化，不用地方方言或黑话、俗语等与人交谈。

（3）谈判语言应注意抑扬顿挫、轻重缓急，避免吐舌挤眼、语不断句、嗓音微弱或大吼大叫等。谈判者应通过语调的变化显示自己的信心、决心、不满、疑虑或遗憾等思想感情，同时要善于通过对方话语的不同语调来洞察对方的感情变化。

（4）谈判语言应准确、严谨，特别是在磋商的关键时刻，更要用严谨、精当的语言准确地表述自己的观点和意见。

（5）如果确实需要使用某些专业术语，则应以简明易懂的惯用语加以解释。一切语言

均要以达到双方沟通无障碍、保证谈判顺利进行为前提。

（6）谈判过程中使用的语言应丰富、灵活、富有弹性。对于不同的谈判者，应使用不同的语言。如果对方谈吐优雅，很有修养，己方语言也应十分讲究，做到出语不凡；如果对方语言朴实无华，那么己方用语也不必过多修饰；如果对方语言爽快、直露，那么己方语言也不必迂回曲折。总之，要根据对方的学识、气质、性格、修养和语言特点，及时调整己方的谈判用语。这是迅速缩短谈判双方距离，实现平等商讨的有效方法。

4. 坦诚回答与耐心倾听

谈判者水平的高低，很大程度上取决于其答复问题的水平。被提问者答话时，要本着真诚合作的态度，针对提问者的真实心理，实事求是地回答对方提出的问题，不应闪烁其词、态度暧昧或顾左右而言他。如果对方对某个问题不甚了解，则应以浅显易懂的语言进行解释，不可流露出不耐烦的神情。如果有些问题涉及商业秘密和技术机密，则应委婉说明，避免出现令人尴尬或僵持的局面。当对方回答问题时，提问的一方人员应耐心倾听，不能因为对方的回答没有使自己满意就随便插话或任意打断对方的话。在商务交际中，任意打断对方的话的行为是很不礼貌的，这样往往会削弱对方继续谈判的兴趣。在一般情况下，插话必须借助于一些特定的套话来实现，如“对不起，我能打断您一会儿吗”“请停一下”。

本章小结

本章主要介绍了在商务谈判中需要注意的礼仪规范，包括商务谈判时间、场所的安排，座次的安排礼仪及在商务谈判中语言礼仪的正确使用方法。

思考与练习

一、选择题

1．在商务谈判中，提问的方式应（　　）。

A．尽量给对方压力　　B．慎重选择内容

C．尽量刨根问底　　D．随时打断对方进行提问

2．无论谈判时使用的是长桌还是圆桌，都应该注意座位的朝向，一般情况下，面对（　　）的座位是留给最具有影响力的人的。

A．会议桌　　B．门口　　C．窗户　　D．主人

二、填空题

1. 商务谈判过程应分为六个阶段：（　　）、（　　）、（　　）、（　　）、（　　）、（　　）。

2．竖桌式座次排列是谈判桌在谈判室内竖放，具体排位时以进门时的方向为准，

（　　）侧由客方人士就座，（　　）侧由主方人士就座。

三、问答题

1．在安排谈判场所的过程中，座次应如何安排？

2．举例说明在商务谈判中需要注意哪些语言方面的礼仪？

四、实训题

假设你是一个谈判接待人员，即将安排和准备一个重要的商务谈判，请模拟准备工作的礼仪训练。

第13章 涉外礼仪

学习目标

- 了解外事迎送、会见与会谈的礼仪
- 掌握宴请、舞会及参观游览的礼仪
- 了解礼宾次序及国旗的悬挂礼仪

外事活动，原意是指政府间或由政府组织的国际外交层次的活动。随着中国对外开放的发展，越来越多的社会组织，特别是企业直接参与对外经济的技术交流，外事活动已成为组织公共关系的一个重要方面。尤其是中国加入WTO以后，一些外向型经济组织，纷纷将目光转向海外，着眼于国际市场，海外事务日渐增多，外事活动的广度、深度、层次都有较大的发展，并呈多样化的发展趋势，因此外事礼仪也就成为组织好外事活动十分重要的内容。

13.1 外事迎送

在外事活动中，免不了要迎来送往。对国外来访客人，应视客人的身份和来访的性质等安排相应的迎送活动。这就要求确定迎送规格，选择和组织迎宾仪式了。

13.1.1 迎送规格

1. 确定迎送规格的依据

对外宾的迎送规格，各国的做法不尽相同。中国目前的做法主要是根据来访者的身份、访问的性质和目的及适当考虑两国的关系来加以确定的。作为社会组织的外事活动，为保证迎送不会导致失礼，首先要认真研究外宾的有关资料和基本情况，如客人的身份、地位、社会影响、来本组织访问的目的、可能达成的协议、基本组织的关系性质和程度，以及其他背景资料等。另外，准确地记住客人的姓名、职务及相貌特征，以便接站时应用。

2. 确定迎送规格

根据上述资料，再结合本组织的具体情况，最后确定相应的迎送规格。

通常主要的迎送人员应与来宾的身份相当。例如，对方是董事长或总经理，我方亦应安排董事长或总经理迎送。

由于各种原因，如果当事人不在当地或突然身体不适等，应由职位相当的其他人士或其副职出面迎送，并进行必要的说明和致歉。

对于重要的宾客或与组织利益关系重大的宾客，可根据特殊需要，安排比来宾身份略高的人士破格迎送。为了避免其他组织或人士产生不必要的误会，造成厚此薄彼的印象，非有特殊需要，一般应按常规办事。对于一般宾客，也可由公关部经理等公关人员迎送。

总之，迎送人员的身份要与来宾的身份相差不大，以对口、对等为宜。

13.1.2 迎宾礼仪

迎宾礼仪是欢迎宾客的礼节和仪式的统称，它是外事活动的重要构成部分，特别是在机场、车站、码头等地欢迎宾客的仪式，是给宾客留下的第一印象，必须认真组织和实施，具体如下。

1. 做好迎接准备

迎接来宾前，要事先与相关交通部门联系好，核实来宾的班机或车船班次的抵达时间，安排好迎送车辆，订好下榻的客房及膳食，组织好我方迎送人员。如果对所接来宾不熟悉，又无我方陪同人员同机（车、船）到达，则要准备好接站牌，必要时还应准备好鲜花。

2. 迎接与介绍

来宾走下飞机（车、船）后，我方迎送人员应立即上前表示欢迎与慰问，双方互相介绍。通常先由我方公关人员或接待翻译人员，将前往欢迎的迎送人员按其身份依次一一介绍给来宾，亦可由我方中身份最高者或熟悉来宾的人员出面介绍。有的国家（如日本）的客人习惯以交换名片的方式来介绍自己的姓名和身份，如果双方是初次见面，应先将自己的名片递给对方，使对方一目了然，这也是一种有效的介绍方式。

3. 行礼

按国际惯例，双方见面互相介绍后，一般行握手礼，此时应注意握手的顺序和基本礼仪，并注意再次点头致意。

行握手礼后，来宾由于国籍、习俗的不同，可能还要对我方人员再行不同的拥抱礼、亲吻礼、鞠躬礼或吻手礼等，我方人员均应做出相应表示，不可推诿或表现勉强（当来宾行拥抱礼时，我方女士可例外）。如果安排献花，必须采用鲜花，并扎成礼品花束，还要注意保持花束的整洁和鲜艳。注意不要用菊花、杜鹃花、黄色花，因为有些国家忌讳这些花。对于重要来宾，可安排机场、车站或码头的贵宾休息厅稍事休息，此时要准备相应的饮料、茶点等进行招待。

13.1.3 迎送中的具体事务

1. 提前抵达

到港站、码头迎送客人时，有一条重要原则，即必须提前到达迎候客人，绝不能让客人在那里等候。一般迎接客人时，迎送人员应在飞机或车船抵达前 10 分钟至 20 分钟抵达；送行时则应在客人办理登机手续（车、船）前 20 分钟抵达。身份高的客人可安排公关人员代为办理出境手续等。

2. 接站

如果要迎接的客人素未谋面，一定要事先了解其外貌特征，并准备一块迎客牌（即接站牌，特别隆重的可用横幅），并用中英文书写欢迎××先生（小姐、女士）及本组织的名称，字迹力求端正、美观，这样客人在众目注视之下向你走来时，会有一种满足感。

接到客人后，应说一些“欢迎你××先生”“欢迎光临××地”“一路辛苦了”之类的问候语，并主动介绍自己的姓名、身份。

3. 陪同乘车

客人抵达后，从机场、车站或码头到下榻地及访问结束由住地到机场、车站或码头的过程中，一般都要安排迎送人员陪同乘车，有的安排主人陪车。主人陪车时，应请主宾坐在主人右侧，随行人员坐在司机旁边。若是主人亲自驾车，则主宾应坐在司机右侧的座位上。

关于车的前排与后排，中国和亚洲许多国家习惯以后排右侧的座位为上，主人应陪同客人坐于车的后排，以示敬意；然而欧美有些国家却把前排视为上座，他们认为前排座视野开阔，便于观望景致，把宾客安排在后排则被视为失礼的表现。

4. 途中

客人上车后，主人应通过交谈来活跃车内气氛，主要话题是本地风土人情、人文景观等，也可介绍沿路景点。如果是迎接客人，则应将日程安排告知对方，最好是将日程表送到客人手中，以便其安排私人活动或回访、宴请等时间，同时应对将下榻的酒店的有关情况进行详细地介绍。

5. 下榻

客人到达酒店后，公关部经理（视客人规格选择接待人员，必要时可由总经理接待）应陪同至客房或前去看望、问候、致以欢迎，但不要停留太久，以免影响客人休息。离开前要与客人约好下次见面的时间、地点（如可在酒店餐厅安排便餐），或者告知客人你的联系方式，并留下电话号码。

13.2 会见与会谈中的礼仪

在涉外事务中，为融洽双边或多边关系，增强相互的沟通和了解，或者为达成某种合作意向或协议，经常需要公关部门组织安排主客双方或多方的会见与会谈活动。这是一种比较正式的外事活动，应认真准备，妥善安排。

13.2.1 会见与会谈的准备

1. 会见与会谈

（1）会见。国际上通行的会见外宾的方式有接见和拜会两种。凡主人会见客人、身份较高的会见身份较低的称为接见；客人会见主人、身份较低的会见身份较高的称为拜会或

拜见。国家领导人会见客人称为召见；客人拜会国家领导人称为谒见或觐见，在中国不进行区分，统称为会见。接见和拜会后的回访称为回拜。

按会见的内容，其可以分为礼节性会见、事务性会见及政治性会见。一般说来，礼节性会见的时间比较短，通常是半小时左右，话题比较广泛且轻松，属于一种较正式的见面（相识）形式；事务性会见则涉及业务交流、业务商谈等，时间较长，也较严肃；政治性会见一般涉及各国的双边关系和国际局势等重大问题，是需要非常严肃谨慎对待的。

（2）会谈。会谈是指双方或多方就某些正式或重大的政治、经济、技术或其他共同关心的问题或事宜交流情况等进行意见交换、业务洽谈或商务谈判等。会谈的内容比较正式，且专题性较强。

会谈可按不同的标志进行分类，按会谈首席人员的身份、地位，可分为最高层次会谈、专业人员会谈等；按会谈内容的性质，可分为实质性会谈、技术性会谈等；按会谈程序又可分为预备性会谈、正式会谈和善后性会谈等。

2. 会见与会谈前的准备

（1）约见（拜会）外宾时的准备。我方因事需约见外宾时，应根据双方关系、本人身份等向外宾提出约见。约见的内容包括：约见的内容和目的，以及要求约见的具体人士及约见时间（一般可给出一定时间范围以便对方安排）、地点、参加人员等。约见的提议可通过电话、信函、传真等形式告知，也可派人登门提出。如果外宾允诺，我方则应立即着手做好各方面准备，以便按时赴约。

（2）会见（接见）外宾时的准备。如果外宾提出会见，我方也已允诺，则应主动将会见的具体时间、地点、客人抵达的方式、是否派车接送及我方出席人员等事项通知对方，以便对方尽早安排。同时立即着手进行会见场所、物质资料、信息资料等各方面的准备，以确保会谈成功。

（3）信息资料的准备。不管是作为主方还是客方，与外宾会谈时均应了解对方的背景资料及其习俗、禁忌、礼仪特征等。参加会谈时，应在文字资料方面做好准备，如果需要外宾参阅的，还要准备好外文资料。

（4）其他方面的准备。其他方面的准备包括：参加会谈人员及相关人员的确定和会谈场所的准备，以及设备、设施、物质资料等方面的准备，均应从严从细。

13.2.2 会见与会谈的场所布置及座次安排

1. 会见与会谈的场所布置

会见与会谈一般安排在会客室或会议室进行。公关人员应对会见与会谈的场所进行精心布置，使其宽敞明亮，整洁大方。会谈场所的布置是对外宾的礼貌和尊重，同时是组织者整体形象的外在显现。首先，要安排足够的座位，并事先排好座席卡，需用中英文对照的，上部写中文，下部写英文，并在现场放置座席卡。其次，要准备好扩音器、麦克风等音响设备，以及一定的茶具、茶水和饮料。最后，会见与会谈的场所周围还应备有完好的通信、传真、复印设备及必要的文具，以备临时急需。

2. 会见时的座次安排

会见一般安排在会客室，座次安排要求：主宾坐在主人右边，如果需要译员和记录员，则安排坐在主人和主宾身后，其他客人按礼宾次序在主宾一侧就座，主方其他人员在主人一侧就座。座位不够可在后排加座，具体有半圆形和门形两种形式，如图 13.1 和图 13.2 所示。

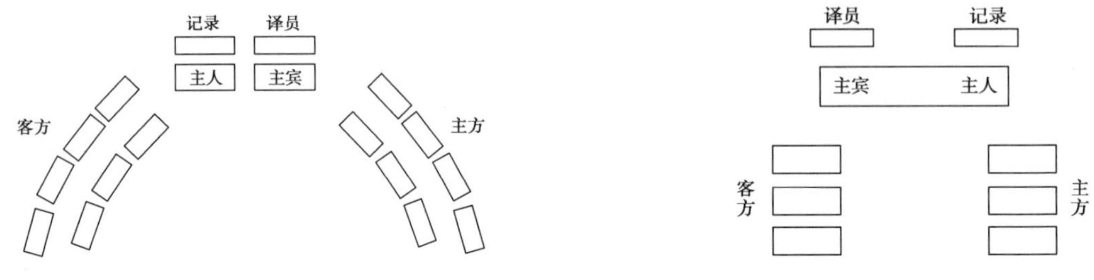

图 13.1　半圆形会见座次安排

图 13.2　门形会见座次安排

3. 会谈时的座次安排

正式会谈特别是谈判气氛比较严肃、郑重时，座次的安排更讲究对等性与双方或各方的平衡。比较常见的是长方形桌横向摆放，宾主相对而坐，以正门为准，主人在背门一侧，客人面向正门。主谈人居中，译员安排在主谈人右侧或身后就座，其他人员按礼宾次序左右排列，如图 13.3 所示。

如果会谈长桌一端朝向正门（纵向摆放），则以入门方向为准，右为客方，左为主方，如图 13.4 所示。

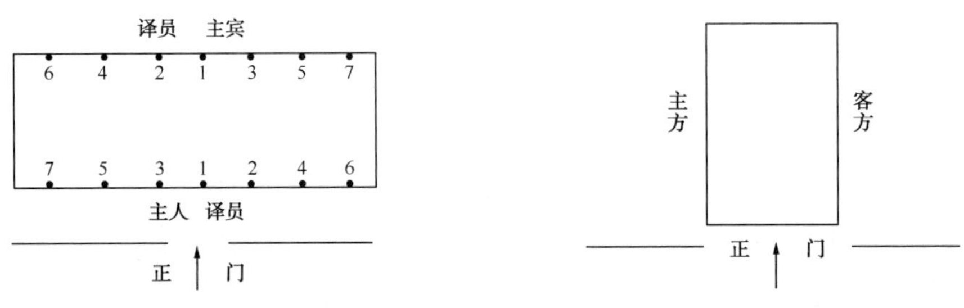

图 13.3　会谈的座次安排（一）

图 13.4　会谈的座次安排（二）

多边会谈的座次安排最好围成圆形或方形，如图 13.5 所示。

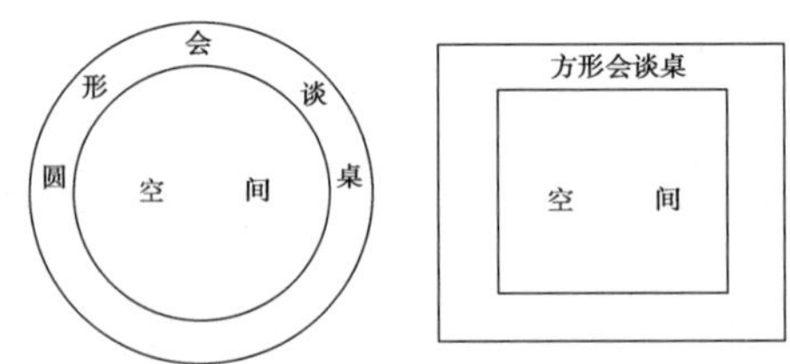

图 13.5　多边会谈的座次安排

13.2.3 会见与会谈的具体礼仪

会见与会谈的具体礼仪如下。

（1）主人应提前到达会见与会谈的场所，以迎候外宾到来。因此公关人员应准确掌握会见与会谈的时间、出席人员等事项，注意落实和核实，并与各方人员保持密切联系，随时了解变化情况。

（2）外宾抵达时，应组织迎宾人员迎接。主人在正门口迎候，握手、致意，然后由迎宾人员开门，主人在主宾左侧，陪伴客人步入会见厅。

（3）正式的会见和会谈，出席人员进入场所后，不应再随意走动或进出，工作人员安排就绪后应主动退出，只留必要的服务人员负责倒水、端送饮料等。记者只在会谈前采访几分钟后就离场，根据双方协议，会谈后可共同或单独会见记者。

（4）会谈过程的掌握。为保证会谈的顺利进行，会谈期间，会谈场所附近应有公关人员驻在，以应付意外需要。在会谈过程的掌握中，更重要的是时间的掌握，较长时间的会谈，应安排中间休息，因为参加会谈的人员精力有限，并按一定规律变化。比尔·斯科特认为，在会谈过程中，随着时间的推移，人的精力的变化规律：开始阶段精力充沛，中间阶段波动下滑，最后时刻再度集中。根据这一规律来掌握会谈时间，并安排适当的休息时间，可以收到事半功倍的效果。

（5）会谈结束，主人应送外宾至车前或门口，并目送客人离去。如果会谈的时间较长，则会谈结束后可安排客人至休息厅稍作休息，并略备点心小吃，然后送别。

（6）如需合影，应安排好合影座次图。合影时，主人居中，按礼宾次序，以主人右手为上，主客双方间隔排列，会谈主要人员站在前排，其余按顺序排后。一般来说，不宜让客人站在两端，而应由主方人员在两端把边。

13.3 宴请、舞会及参观游览礼仪

外事交际的形式有很多，宴会、舞会是其中重要的交际形式，请外宾参观游览也是较常见的交际形式。

13.3.1 外事宴请

外事宴请，顾名思义是宴请国外客人，它具有以下几个方面的特点。

1. 邀请外宾

首先，要根据邀请的目的确定邀请名义和邀请对象。原则上，主客双方的身份应相当，

接待人员的职位低了会使对方感到不受尊重，但职位过高也没有必要。按中国习惯，正式宴请外宾时，多以个人名义发出邀请。

其次，要考虑好邀请哪些人，请到哪一级及主方哪些人员作陪。根据既定的邀请范围，草拟出被邀请人的具体名单。其中姓名、职务、称呼及是否有配偶等，都要尽可能准确无误地列出。

再次，确定宴请的形式、时间、地点。关于宴请地点的选择，如果是隆重的官方正式宴请，应安排在政府议会大厦或宾馆内，其余则视宴请的性质、规格、形式、主人意愿及实际可能而定。需注意的是，涉外宴请一般应于宴会厅外另设休息厅，供宴会前会见和简短交谈用。

最后，制作并发出请柬。外事宴请的请柬一般采用中英文对照的形式。正式宴请应在发请柬前排定席位，并在请柬右下角注明。

2. 席位安排

外事宴请中的席位安排，就是将主客双方出席人员的座位，分别按礼宾次序于事前排定。所谓礼宾次序是指在国际交往中，按一定的规则和惯例对出席活动的国家、团体、各国人士的位次进行排列的先后顺序。一般来说，礼宾次序体现了东道主对各国宾客的礼遇，在一些国际性的聚会上，则体现各国平等的地位。礼宾次序安排不当或不符合国际惯例，会引起不必要的争执，甚至影响国家之间的关系。因此，在涉外活动中，对礼宾次序格外重视。外事宴请中安排席位常用的礼宾次序主要有两种，一是按身份与职位高低排列；二是按字母顺序排列。后者主要适用于同时宴请多国客人的时候。

除礼宾次序之外，席位安排还应考虑一些其他因素，如国与国之间的关系、语言是否相通等。

桌次的安排，除常见的以 1、2、3……的顺序排定桌次高低之外，还有以花名，如菊花、兰花、牡丹花等为标志进行安排的，以体现各桌次之间的平等。

注意：涉外宴请的桌数和每桌人数，切勿排成 13，如果因来宾缺席而变动为 13 人/桌时，应临时设法增减一人/桌，从而避开 13 这个数字。

3. 拟定菜单

安排外事宴请时，应在预算标准范围内根据宴请的形式和规格拟定菜单。订菜的主要依据是外宾的国籍、宗教信仰及主宾的喜好和禁忌。因此，应设法了解他们喜欢什么，忌讳什么，并依此来确定菜单。如果个别人有特殊需要，也可单独安排。菜肴的道数和分量都要适中，分量太多反而会造成难堪。尽量用本地有名特产来招待外宾。选定菜单后，应事先制出中英文对照的精美菜单（卡），每桌放一份、二份或三份，也可每人一份。

另外，外事宴请中经常采用中餐西吃的形式，故应准备好各种西餐餐具，并按规则摆放。

4. 现场组织

宴请外宾时，一般是在门口迎接外宾，主人及随同人员站在迎宾线上，与外宾边握手边行进至休息厅，无休息厅可直接进入宴会厅，但均不得直接入座。

主宾到达后，主人陪同进入休息厅与其他宾客见面，并陪同进入宴会厅，全体宾客就座后宴会即开始。注意：上菜要有节奏，不可上得太快、太集中，也不可拖得太久，待吃完水果，主人和主宾起立，宴会即结束。外事宴请的时间一般安排在一小时至一个半小时之间。

宴请中如果有正式讲话，应事先备好讲稿，并在宴请之前双方交换，按国际惯例，一般应由东道主先提供给对方。

5. 其他方面的要求

出席外事宴请，应特别注意服饰和仪容。另外，遵时守约也十分重要，故应稍提前或准时到达，迟到或失约都是非常失礼的行为。

13.3.2 涉外舞会

涉外舞会指有外国人参加的舞会或参加由外国人组织的舞会，这里主要指前者。

1. 涉外舞会的组织

有外国人参加的舞会既是一种交际活动，又是一种涉外活动，因此需要按涉外礼仪要求精心组织。

第一，认真做好邀请工作，应使邀请的男女宾客在人数上大体相等，如果外宾夫妇均在，则一定要邀其夫妇二人共同出席；如果外宾中男宾人数明显多于女宾，则可适当在我方多安排一些女士，使得整个舞会男女宾客人数均衡。涉外舞会的请柬应尽早发出，以便外宾有足够的时间准备。

第二，做好舞会现场的准备，使舞会现场呈现欢乐友好的气氛。组织好乐曲的编排和乐队的演奏，一般涉外舞会应事先编制出节目单，并分发给外宾人手一份。

2. 涉外舞会礼仪

涉外舞会注重礼仪，因此需要认真了解并正确掌握。

首先，服饰和仪容都要美观大方，因为整齐的服饰能体现一个人的修养与精神面貌，所以无论是组织者或是参加者均应十分注意。目前，按中国习惯，在正式场合中，男士主要是穿着深色、质地好的西服，女士的服装及妆色应亮丽些。外国人邀请的舞会，通常会在请柬上注明对服饰的要求，如果决定参加，则应尊重组织者的要求，一般以穿西服和晚礼服居多。

其次，注意舞会入舞的秩序。在正式舞会中，第一场舞和第二场舞由谁先跳是有一定规则的，不可乱来。只有第二场舞以后，其他宾客才可入池跳舞。

最后，注意邀舞的礼仪。在正式舞会上，男士邀女士共舞，如果其亲友在场，则应向其亲友致意，表示礼貌。邀请他人共舞时，应先立正，然后向对方点头示意邀请，待对方同意后，相伴进入舞池。一曲完毕，男士应向女士致谢，并陪送回原处，仍向其亲友致意后才可离去。

3. 与外宾跳舞时的礼节

涉外舞会上，如果有人将一位外宾女士介绍给你，那你就必须请她与你跳一次舞，如果自己跳得不好，可以问一问她，是否愿意在你身边稍坐一会儿而不去跳舞。如果要邀请外宾女士跳舞，可以走到她面前，然后彬彬有礼地鞠躬，并说："可以请您跟我一起跳一次舞吗？"一般涉外舞会都有节目单，如果她愿意与你跳舞，她会告诉你在奏哪一支曲子时愿意跳舞，如果没有节目单，她可能婉言谢绝，你应说："对不起，打扰了。"作为主方女士，如果有外宾邀舞，一般不要拒绝，而应落落大方地与之共舞。

13.3.3 参观游览

一般接待外宾时，应安排他们进行必要的参观游览，特别是初次来华的外宾，通过参观游览让他们了解中国的文化传统、风土人情，对于建立和增进友好关系有着重要意义。

1. 参观游览计划的安排

安排外宾参观游览时，应根据其来华的目的和他们的兴趣特点等来考虑，同时结合实际情况进行有针对性的安排，既可以游览风景区、建筑群等名胜古迹，也可以参观公司大楼或生产工厂。对外宾提出的合理要求，只要条件允许，应尽量予以满足，如果确有困难不能安排，则应解释清楚。

参观游览日程由我方陪同人员事先与对方交换意见，最后共同商定。日程确定后，应制订具体的参观游览计划，包括参观项目、参观路线、参观顺序、是否安排休息、是否安排讲解员等。其他如各参观点之间的距离、乘车或徒步的时间等也要掌握好，在车辆安排、出发时间、集合地点等具体要求和细节确定之后，应立即通知被参观单位和相关部门及全体接待人员，并对他们的配合工作提出要求。参观游览计划一旦确定，不要轻易改变，如果确实需要变更，则要及时通知相关部门和工作人员。

2. 陪同外宾参观游览

外宾参观游览时，一般都要有身份相当的人员陪同，并根据实际需要安排译员、解说员、导游，以及必要的工作人员来维持正常秩序。在参观游览过程中，我方人员不得中途离去，更不能不辞而别。有的组织前期工作做得很好，而参观游览完毕后，却在何时送到何地等方面疏忽大意，结果引起了外宾的反感，以致前功尽弃。

在参观游览时，除照顾好主要外宾之外，也要注意照顾其他外宾，使他们看好、听好，要防止队伍拉得过长，首尾不衔接。有些外宾对参观游览的内容有兴趣，看得细，应有专人照顾，并做好前后联络工作。

3. 参观单位的接待工作

接待外宾来参观之前，首先要尽量多了解外宾的情况，掌握他们的特点和要求，以及他们可能提出的问题和需要注意的事项，以便做好接待准备及有针对性地讲解说明和回答提问。介绍本单位时力求简明扼要，既要体现本单位的特点，又要实事求是，同时注意保密工作。对于商业公司来说，接待外宾参观时，准备一份中英文对照的公司简介是非常必要的。公司简介中应简明扼要地说明公司的基本情况，如员工的人数、公司的生产经营范

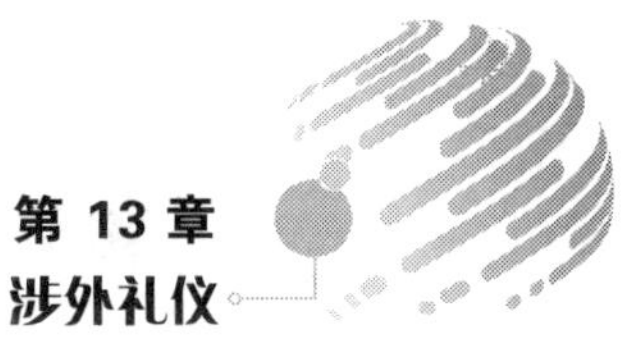

围、公司的规模、公司的技术装备水平等。不要轻易允诺送外宾产品或技术资料，重要问题不要随意表态，向外宾介绍时，不宜使用汇报、请指示、检查指导等词语。

13.4 礼宾次序与国旗的悬挂礼仪

13.4.1 礼宾次序

礼宾次序是指在国际交往中，按照一定的规则和惯例对出席活动的国家、团体、各国人士的座次进行排列的先后顺序。礼宾次序体现了东道国给予各国宾客的礼遇，因此它是一个政治性很强又极为敏感的问题。在一些国际会议上，礼宾次序表示各国主权平等的地位。礼宾次序的安排上若有不当或不符合国际惯例，就会引起不必要的争执，甚至会影响国与国之间的关系。因此，在涉外活动中，应特别重视礼宾次序。虽然国际上已有一定的礼宾次序的排列惯例，但各国的做法不尽相同，常用的礼宾次序排列方法有以下三种。

1. 按身份与职务高低排列

在官方活动中，通常是按身份与职务的高低来安排礼宾次序的。各国提供的正式名单或正式通知中通常会注明职务。由于各个国家的体制不同，部门之间的职务高低也不尽相同，因此礼宾次序需要根据各国的规定，按照相当的职务高低与级别来安排。

2. 按字母顺序排列

在多边活动中，礼宾次序常采用按参加国的国名字母顺序排列。使用这种排列方法时，一般以英语字母顺序排列最为常见。例如，在国际会议、国际比赛中，在公布参会者名单、悬挂参会国国旗及座位安排时，往往按各国国名的英文拼写字母的顺序排列。为了避免一些国家总是占据前排席位，常用每年抽一次签的方法来决定本年度大会的席位从哪个字母开始顺次排列，以便让各国都有机会排在前列。

3. 按接到派遣国答复的时间先后顺序排列

在一些国家举办的多边活动中，礼宾次序也常采用按接到派遣国答复的时间先后顺序排列。采用这种方法排列同等身份的外国代表团的礼宾次序时，具体有三种方法：按派遣国通知东道国该国代表团的到达时间的先后顺序排列；按派遣国决定应邀参加该活动的答复时间的先后顺序排列；按派遣国代表团抵达活动地点的先后顺序排列。具体采用何种方法排列，东道国往往事先会在邀请书中加以说明。在多边活动中，有时还可见到东道国交叉使用多种方法排列礼宾次序，或者将本国排列在最后。

在涉外工作中，遇到的情况往往是很复杂的。除上述的各种因素之外，国家间的关系和所在的地区、活动的性质和内容、参加国对活动的贡献大小，以及参加者的个人威望、资历等，也是需要考虑的因素。总之，在安排礼宾次序时，要全面、周到、细致、慎重地考虑各方面的因素，才能使各国都得到应有的尊重。

13.4.2 国旗的悬挂礼仪

国旗是由国家法律规定的具有一定形式和格式的旗帜，是国家的象征和标志。国旗能够唤起国民的爱国热情，培养国民对国家的责任感和荣誉感。国际上通常以悬挂国旗的形式表示对自己祖国的热爱和对他国的尊重，但是在一个主权国家的领土上，一般不得随意悬挂别国的国旗，在国际交往中，应遵守各国公认的悬挂国旗的惯例。

1. 悬挂国旗的场合

按照国际关系准则，一国元首、政府首脑在他国访问期间，在其下榻处及乘坐的交通工具上悬挂国旗，这是一种外交特权。东道国接待来访的国家元首、政府首脑时，在隆重的场合、下榻的宾馆、乘坐的汽车上悬挂对方国旗（或双方的国旗），这是一种特殊的礼遇。此外，国际上公认一个国家的外交代表在所驻国境内有权在其办公处和居住地及交通工具上悬挂本国国旗。

在国际会议上，除会场悬挂参会国国旗之外，各国政府代表团团长亦可按会议组织者的相关规定，在一些场所或车辆上悬挂本国国旗。有些国际性体育比赛、展览会等活动，也会悬挂相关国家的国旗。

2. 悬挂国旗的方式

在建筑物上或室外悬挂国旗时，一般应日出升旗，日落降旗。升国旗一定要升到旗杆顶部，如需降旗致哀，要先将旗升至杆顶，然后下降至离杆顶1/3处；日落降旗时，要先将旗升至杆顶，然后降下。担负升国旗任务的人员，着装要整齐，国旗不能有破损或污染。

按照国际惯例，在悬挂双方国旗时，应以右方为上，左方为下。两国国旗并挂时，以旗本身的面向为准，右方挂客方国旗，左方挂本国国旗；汽车上挂国旗时，以汽车行进方向为准，驾驶员右手为客方，左手为主方。所谓主方与客方，不以活动举行的所在国来划分，而以举办活动方为主方。例如，外国代表团来访，在欢迎宴会上，东道国为主人，而在答谢宴会上，来访者则是主人。

以下是国旗的几种悬挂方法。

（1）两国国旗并挂时的悬挂方法，如图13.6所示。

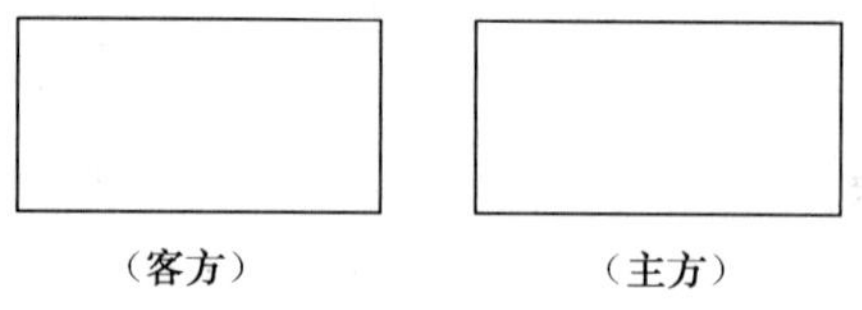

图13.6 两国国旗并挂

（2）三国以上国旗并挂时的悬挂方法，如图 13.7 所示。

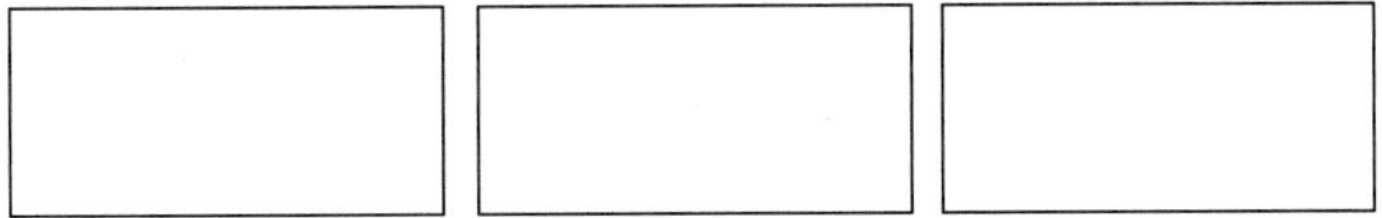

图 13.7　三国以上国旗并挂

（3）两国国旗并列悬挂时的悬挂方法，如图 13.8 所示。

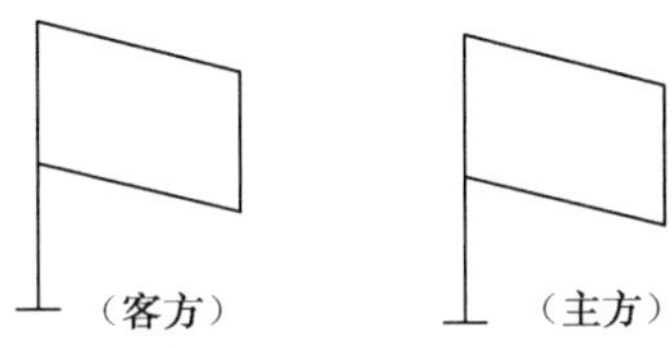

图 13.8　并列悬挂

（4）两国国旗交叉悬挂时的悬挂方法，如图 13.9 所示。

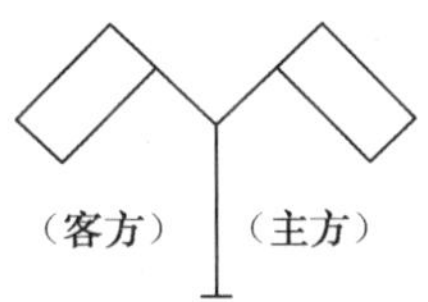

图 13.9　交叉悬挂

（5）第一种国旗竖挂方式如图 13.10 所示。

（6）第二种国旗竖挂方式如图 13.11 所示。

图 13.10　第一种国旗竖挂方式

图 13.11　第二种国旗竖挂方式

国旗既不能倒挂，也不能反挂。有些国家甚至明确规定，凡国旗反挂需另行制作国旗。在正式场合悬挂国旗时，要把正面面向观众。

各国国旗的式样、图案、颜色、尺寸、比例都是按本国宪法中的有关规定制作的。由于不同国家的国旗比例不同，两面旗帜悬挂在一起时有大有小就会显得不协调，因此在并排悬挂不同比例的国旗时，应注意将旗帜的面积调整得大致相等。

本章小结

本章主要介绍了有关外事迎送、会见与会谈的礼仪。迎送是国际交往的常见礼节，是接待工作中的一个重要环节。会见与会谈是常见的国际交往活动，涉外人员要熟悉这些知识。另外，本章还介绍了外事宴请、舞会及参观游览的礼仪、礼宾次序及国旗悬挂的礼仪。

思考与练习

一、选择题

1．在建筑物上或室外悬挂国旗时，一般应日出升旗，日落降旗。升国旗一定要升到旗杆顶部，如需降旗致哀，要先将旗升至杆顶，然后下降至离杆顶（　　）处。

A．1/3　　B．1/2　　C．顶端　　D．末端

2．首先，要根据邀请的目的确定邀请名义和邀请对象。原则上，应主客双方身份相当，身份低了会使对方感到不受尊重，但规格过高也没有必要。按中国习惯，正式宴请外宾时，多以（　　）名义发出邀请。

A．国家　　B．集体　　C．单位　　D．个人

二、填空题

1．国旗既不能（　　），也不能反挂。有些国家甚至明确规定，凡国旗反挂需另行制作国旗。在正式场合悬挂国旗时，要把正面面向观众。

2．在多边活动中，礼宾次序常采用按参加国（　　）顺序排列。

三、简答题

1．什么是会见？安排会见要做好哪些工作？

2．外事迎送有哪些内容？

四、实训题

制作一些国家的国旗，练习国旗悬挂的礼仪。

参 考 文 献

[1] 何浩然，杨丹妮．中外礼仪[M]．大连：东北财经大学出版社，2002

[2] 胡静．实用礼仪教程[M]．武汉：武汉大学出版社，2003

[3] 李莉．实用礼仪教程[M]．北京：中国人民大学出版社，2003

[4] 刘小清，何浩然．现代营销礼仪[M]．大连：东北财经大学出版社，2004

[5] 赵景卓．公关礼仪[M]．北京：中国财政经济出版社，1999

[6] 黄曼青．社交礼仪教程[M]．广州：广东高等教育出版社，2004

[7] 狄保荣．社交礼仪[M]．北京：黄河出版社，2004

[8] 金正昆．服务礼仪教程[M]．北京：中国人民大学出版社，2001